本书为国家社科基金青年项目“反垄断法实施中的承诺制度执行难题研究”（10CFX074）的最终成果

安徽大学法学文库

反垄断法实施中的承诺制度

焦海涛·著

法律出版社
LAW PRESS·CHINA

献给天堂中的父亲

总　序

时光荏苒，岁月如歌。回顾安徽大学法学学科 85 年的发展历程，展现在眼前的是一轴筚路蓝缕、命运坎坷、自强不息的历史画卷。1928 年安徽大学始建之初即设有法学院，下辖法律、经济、政治等系科。抗战期间几经离散，1946 年建国立安徽大学，学校又得以恢复。1952 年全国高校院系调整，安徽大学法律系被并入华东政法学院等院校。20 世纪 70 年代后期，随着共和国的改革开放，濒临消散的法学教育迎来了春天。1979 年，安徽大学在全国地方综合性大学中率先恢复重建法律系，当年即招收本科生。以陈盛清、周枏、陈安明、朱学山、王镕等为代表的著名法学家先后加盟，并于 1982 年在国内较早招收法律史、民法、行政法、国际法和经济法专业方向的硕士研究生。他们为奠基安徽大学法学教育事业呕心沥血、无私奉献、倾注了毕生精力。我们今天所面临的法学教育发展环境与竞争态势已发生了很大变化，但学术前辈们高尚的人格、渊博的学识、严谨的学风永远是我们后学的典范，是激励一代又一代安徽大学法学院师生不断前行的动力。

秉承“明法、尚德、求实、维新”的办院理念，我们坚持以学科建设为龙头，以人才培养为根本，走“人才强院、科研强院、质量强院、特色强院”之路。经过 30 多年几代法学人的孜孜追求和不懈努力，我们目前在人才培养、学科建设、师资队伍、科研与社会服务等方面呈现良好发展态势，特别是省级重点学科、省人文社科重点基地、国家特色专业建设点、教育部法律专业学位研究生培养教育综合改革试点、教育部卓越法律人才教育培养基地、法学一级学科博士学位授予权等诸多建设平台，为我们提供了发展机遇。30多年来，我们汇聚了一支爱岗敬业、团结进取、富有创新意识的学术梯队，形成了一批有一定学术价值和社会影响的标志性成果，为国家和区域法治建设培养了一大批优秀法律人才，为我国法学教育事业的振兴与发展做出了应有贡献。

科学研究是现代大学的重要功能之一，是促进高校内涵发展的应有之义，更是提高人才培养质量的重要支撑。为进一步提升科研与学科建设水平，鼓励教师学术创新、多出高质量的科研成果，我们特设立"安徽大学法学文库"，专门资助具有重大理论价值与实践意义的较高水平学术著作的出版，使其成为集中展示安徽大学法学院教师具有前沿性、创新性、建设性研究成果的学术窗口。我们期待，通过每一位作者的辛勤耕耘，"安徽大学法学文库"有望成为一套有质量、有水准的学术精品；我们深信，文库的出版将对我们建设高水平法学院目标的实现和我国法学研究的繁荣与发展大有裨益。因为，我们承载着安徽大学法学人曾经的光荣与梦想，追求卓越是我们不变的信念。我们有责任使安徽大学法学院的事业薪火传承，基业长青。

"初生之物，其形必陋。""安徽大学法学文库"刚刚起步，难免有些单薄和稚嫩，恳请得到各位读者的理解、支持和帮助。特别感谢法律出版社对我们这项"学术工程"的悉心指导与大力扶持。

《安徽大学法学文库》编委会

2013年10月18日

序

《反垄断法》颁布后，实施成了重要的工作。执法机构处理垄断案件，既可以通过调查活动确定行为性质，在行为人违法时予以处罚，也可以在相对人提出消除涉案行为消极影响的有效承诺后，中止调查程序。我国《反垄断法》第 45 条规定的经营者承诺制度，就是一种中止调查程序。承诺制度是一种特殊的垄断行为处理方式，实际上是执法机构与相对人之间的和解。垄断行为的和解，在国外已实施较长一段时间，但在我国还属于新制度。

新制度的实施，对执法机构来说是一种挑战。我国《反垄断法》虽规定了承诺制度，但内容较为简单，加上执法机构缺乏和解经验，承诺制度的适用因此缺少规范或经验上的指导。在我国实践中，已有不少案件适用了承诺制度，有些案件也受到一定批评，如中国电信、中国联通涉嫌垄断案。但总体上，正如本书所言，在违法程度较轻、调查取证困难、执法成本过高以及处罚依据不明确的案件中适用承诺制度，有利于垄断行为的及时制止，并大大节约执法成本。所以，只要规范得当，承诺制度的适用也能较好地实现反垄断法的目的。本研究的首要意义，就是通过提出细化、完善我国承诺制度的具体措施，为执法机构准确适用承诺制度提供基本方向与规则指导。

本书对承诺制度的介绍，也有助于深化人们对反垄断法实施方式的认识,纠正反垄断法实施只依赖严厉执法的观念。一般认为,处罚的严厉性与反垄断法的威慑力联系在一起。在反垄断法的实施中,维持法的威慑力非常重要。但实际上,维持威慑力,不意味着每个垄断行为都应受到严厉处罚。要对一个垄断行为进行处罚,不仅要求相关法律有明确规定,也要求执法机构通过详细调查,能掌握充分的证据。这种执法方式会耗费较多的执法资源,也可能因为法律规定的不明确而缺乏足够的规范依据。适用承诺制度能够节约执法资源,所节约的资源可以用来调查更多的垄断行为,这在一定程度上能够提升反垄断法的威慑力,因为它使在执法资源有限的情况下,更多的垄断行为得到制止。

本书对反垄断法承诺制度的研究较为系统,既对承诺制度的含义、法律适用等基本问题作了介绍,也解释了承诺制度的主要功能,并着重分析了承诺制度适用可能面临的各种风险,最后回归我国制度,对我国立法提出了完善建议,并对我国承诺制度实践作了评析。在讨论上述问题时,本书并非追求面面俱到,而是将重点放在了承诺制度的适用风险上。尽管全书的观点是,承诺制度是一种具有多重优势的垄断行为处理方式,在特定类型的案件中应推广承诺制度的适用,但作者又用了整整四章,差不多全书一半的篇幅来分析承诺制度适用中可能面临的风险。这种看似矛盾的处理方式,实则反映了作者对承诺制度适用持有较为慎重的态度,或者作者的这样一种认识:只有在相应的风险控制措施具备的情况下,承诺制度才能更好地被适用。这在欧美等垄断行为和解制度比较完善的国家或地区可能是一个常识,但在我国却是一个十分重要的新问题。因为这类控制措施还未能在立法上全面建立,执法机构的经验也未必能弥补这种制度缺失。虽然本书提出的风险控制措施未必都适当,但作者在解释承诺制度的功能之后提出其适用风险,有助于人们对承诺制度形成较为全面、客观的认识。这种研究思路应当予以肯定。

本书也有一些不足或需要进一步研究之处。例如,关于欧美等境外制度的介绍可能过于分散,不利于人们对这些辖区相关制度的整体把握,案例分析内容较少或者所选取的案例未必具有足够的代表性。本书提出控制承诺制度风险的一个重要措施是限制承诺制度的适用范围,尽管作者从反面限制与正面建议两个方面讨论了该范围,但这些建议可能仍是模糊的,在实践中,不同类型的案件之间往往存在交叉关系,很难被截然分开,所以,即便有了这些措施,法律适用上仍可能具有相当大的不确定性。此外,本书对经营者履行承诺的监督措施、承诺决定错误的救济措施,以及我国承诺制度实践的评述等内容的研究也可能不够充分,需要作者进一步丰富或拓展。

总体上,本书对反垄断法承诺制度的研究具有一定的引导性。希望本书出版后,更多的学者开始关注该制度,并深入研究,促成承诺制度的适用逐渐走向常态与理性。我本人对承诺制度的适用也主要持肯定态度,并在多个场合宣传该制度。世界范围内的反垄断法已有100多年历史,现代反垄断法的实施环境随着经济发展而不断变化,已经和反垄断法产生之初大不相同。反垄断也是一种经济干预,在企业行为越来越复杂,经济活动越来越专业的经济环境中,反垄断法的实施应尽力保持谦抑。承诺制度就是一种较温和的垄断行为处理方式,其适用有利于在保证对企业最小影响的前提下实现制止企业垄断行为的目的。

本书作者焦海涛是我指导的硕士研究生。早在2006年毕业时,他就以对该制度的研究作为硕士学位论文并通过了答辩。这样算来,他对该制度的关注已超过了10年。难得的是,这些年里,不论在其继续攻读博士学位期间,还是之后的工作期间,他都继续关注该制度,还作了进一步思考。本书的很多内容,曾在学术会议上交流,或以论文形式对外发表。有些内容还发表在较好的学术期刊。这也反映了大家对其研究成果的认可。当然,本书的出版,不意味着对这一问题研究的结束。不论作者本人还是学界,都应继续研究承诺制度适用中更细致的问题,尤其是实践中暴露出来的问题。

在学术研究中,焦海涛具有较为明确的目标和刻苦的钻研精神。现今的学术环境已和以往不同,学术研究是一项长期投入的工作,要想出成果,研究者不仅要有远近规划并付诸实施,还要耐得住寂寞,要有心无旁骛的决心。焦海涛这些年里一直潜心学术,没有受到浮躁的社会风气影响,没有因为各方面的压力而放弃或放松科研。这虽看似是学术研究的基本要求,但对一位年轻学者来说其实并不容易。因为学术与生活的双重压力,已让很多年轻人难以安心做学问。他能够顶住这种压力,持之以恒地在学术之路上前进,与其一贯以来的勤奋、刻苦精神是分不开的。只要他能这样坚持下去,相信未来必有更大收获。

尽管焦海涛已从我这儿毕业多年,博士毕业后又回家乡工作,但这些年来他一直与我走得很近,我习惯地叫他"小焦"。每次在学术会议上见面,他都和我聊聊近况,我会给他鼓励。他有事来到北京,也常来我家里坐坐,拉拉家常。所以,我对小焦比较了解,对他的学术态度也较放心,很高兴看到他的这本专著出版，也乐意向读者推荐本书。

希望并相信他能在学术道路上越走越远、越走越高！

盛杰民

2017 年 3 月 26 日

Contents

目　录

第一章　反垄断法承诺制度的初步界定

一、反垄断法承诺制度的基本含义

反垄断法承诺制度是一种协商性的垄断行为处理方式。在反垄断执法机构调查垄断案件时，如果被调查的市场主体向执法机构作出停止、修正或从事特定行为的承诺，执法机构认为市场主体的承诺足以消除垄断行为的消极影响，则可接受该承诺并据此作出决定，要求市场主体履行承诺，从而结束案件调查程序。

反垄断法承诺制度不是一个规范意义上的概念，在不同国家或地区的反垄断法中，其称谓不尽相同。美国反托拉斯法中的承诺制度主要表现为司法部的"同意判决"(consent decree)与联邦贸易委员会的"同意命令"(consent order)。欧盟竞争法中的承诺制度规定在《关于实施欧共体条约第81条和第82条竞争规则的第1/2003号理事会条例》(以下简称第1/2003号条例)第9条之中，属于欧盟委员会可作出的执法决定之一，名为"承诺决定"(commitment decision)。欧盟成员国基本也使用"承诺决定"的提法。日本公正交易委员会的"同意审决"，我国台湾地区"公平交易法"执行中的行政和解，也属反垄断法承诺制度。

由于各国或地区的法律制度传统、反垄断执法经验不同，反垄断法承诺制度的适用会存在一些差异，但大致可从以下几个方面来把握该制度的基本含义：

第一，反垄断法承诺制度本质上是一种和解机制。适用承诺制度时，垄断行为人向执法机构做出承诺，由执法机构判断承诺内容是否足以消除垄断行为的消极影响，如果承诺内容不够充分，执法机构会和相对人进一步协商，直至承诺内容能够消除垄断行为的消极影响时才会接受该承诺。从合同缔结的角度上分析，这一过程基本可视为相对人与执法机构之间要约与承诺的过程。所以，承诺制度本质上是一种和解机制。但这种和解并非发生于垄断行为人与受害人之间，而是执法机构与垄断行为人之间的和解，因而是一种执法和解。①

第二，与反垄断执法机构通过正式调查②活动确立市场主体法律责任的执法方式相比，承诺制度是一种比较简便的执法方式。在适用承诺制度时，执法机构一般不需要经过详细的调查活动，而只需根据市场主体的有效承诺即可结束案件处理程序。我国《反垄断法》规定的承诺制度，就直接将执法机构作出的承诺决定称为中止/终止调查决定：执法机构接受市场主体承诺时，作出中止调查决定；市场主体承诺履行完毕，再作出终止调查决定。通过接受市场主体承诺而停止调查，不仅可以大大节约执法资源，也能提高市场主体合作的积极性，有利于案件的最终解决。这些优势使以承诺方式结案的垄断案件在很多国家或地区越来越多。例如，在美国，司法部处理的反托拉斯争议超过60%是通过同意判决解决的；③欧盟自引入承诺决定程序以来，欧盟委员会已经在30多个案件中作出了承诺决定，较为著名的有苹果公司电子书案、④三

---

① 严格来说，"执法和解"的提法不甚规范，其范围不仅包括与司法并列的执法领域中的和解，也涵盖了有些国家在诉讼过程中实行的和解，如美国司法部的同意判决。之所以有这种差异，是因为各国反垄断法的执法体制存在差异，具体是指法院在反垄断法实施中的地位不同。从这个角度上看，反垄断执法和解更准确的提法应该是"反垄断法实施中的和解"。

② 在欧盟竞争法中，人们习惯将与承诺决定相对应的通过严格调查活动来解决垄断问题的程序称为正式调查(formal proceedings)。参见欧盟委员会2013年发布的备忘录：MEMO/13/189。但实际上，承诺决定也是一种正式的调查程序。之所以有这种称谓，主要是因为在第1/2003号条例正式确立承诺决定制度之前，实践中也以和解方式来处理垄断问题，只不过没有明确的规范依据，所以惯称"非正式和解"，而在第1/2003号条例之中，这种非正式的和解机制完全被"正式化"了，但基于习惯，以正式性与非正式性来区分严格调查程序与承诺决定制度也不会造成人们误解。

③ See Richard A. Epstein, *Antitrust Consent Decrees in Theory and Practice: Why Less is More*, The AEI Press, 2007, p.1.

④ See CASE COMP/AT.39847 – E – BOOKS, OJ [2013] C 73/17.

星公司的标准必要专利案,①以及第一个因违背承诺决定而被罚款的微软公司搭售案。②

第三,反垄断法承诺制度的适用虽不以严格的执法调查程序为前提,执法结果也是以双方合意代替了正式处罚,但与私人和解不同的是,执法双方③的合意即相对人承诺的具体内容,一般会体现在执法机构作出的正式决定之中。这种基于相对人承诺而作出的决定,与执法机构通过正式调查程序而作出的处罚决定或其他决定在性质及效力上没有任何差异。在私权救济中的和解中,和解协议没有强制执行力,只在双方内部发生基于互相认可而产生的合同约束力,且任何一方不愿履行和解协议的,仍可寻求其他的救济手段,违背和解协议本身不会给当事人带来任何法律责任。反垄断法承诺制度的适用则与之不同,虽然承诺决定本质上就是执法双方的合意,但承诺决定本身也是执法机构决定的一种,它不仅对执法双方具有拘束力,对其他主体也一样具有法律效力。承诺决定一经作出,执法双方都应遵守该决定,执法机构在无法定理由时不得撤销该决定;相对人如果违背承诺决定中的义务,不仅执法机构可能会重新启动调查程序来追究其所实施的垄断行为法律责任,违背该决定本身也可能会产生一定的法律责任。例如,欧盟委员会作出承诺决定后,如果企业故意或过失地未遵守其承诺义务,委员会可作出决定,对其处以不超过上一经营年度全部营业额10%的罚款(fines);为督促企业履行承诺,还可对企业处以定期罚款(periodic penalty payments),即从指定的某日起算,每迟延一天,对其征收不超过上一经营年度日平均营业额5%的罚款。④

第四,反垄断执法机构一旦选择接受相对人承诺,则在其作出的承诺决定中,对相对人行为是否违法通常保持沉默。从各国实践来看,承诺制度较多地适用于执法机构已掌握市场主体从事垄断行为的初步证据,但又难以获取充分证据,或者获取充分证据成本较高的场合。在这种情况下,从终止违法行为的目的出发,接受相对人承诺就是一个较为合理的选择。由于尚未掌握充分证据,就不能对相对人行为的合法性进行认定;同时,作出承诺决定也不意味

---

① See Case AT. 39939 – Samsung-Enforcement of UMTS Standard Essential Patents, OJ [2014] C 350/8.

② See Case AT. 39530 – Microsoft (Tying), OJ [2010] C 36/7.

③ 本书将执法机构与相对人合称为执法双方,表述不尽准确,只为简便称谓。

④ 国内学者对"periodic penalty payments"的概念,也有译为"日罚款""延迟罚款""持续性惩罚赔偿"的。

着相对人的行为合法,相对人行为的合法性通常都存在一定问题,甚至有时,其违法性是双方共知的,只不过尚缺乏充分证据去证实。所以,当执法机构拟作出承诺决定时,最重要的是确定相对人承诺的具体内容,至于相对人行为的合法与否则无须特别关注。对市场主体来说,其乐意以承诺来终结调查程序的重要原因,就是承诺决定不能作为其行为违法的证明,这样就可避免在日后的损害赔偿诉讼中处于被动地位。相反,如果执法机构在作出承诺决定时要求市场主体承认违法,则市场主体会担心日后对自己不利,可能就不愿作出承诺。在这种情况下,因正式调查也存在证据收集难题,故正式调查与承诺制度的适用都可能陷入两难境地。

第五,适用反垄断法承诺制度时,相对人虽也基于承诺而负有一定义务,但这种义务是针对其后续行为的,执法机构对相对人之前涉嫌垄断的行为基本是"既往不咎",即承诺决定不会对相对人之前的行为设置处罚措施。这在一定程度上可能产生放纵违法行为的效果,尤其可能被批评为不能弥补垄断行为可能造成的公共利益损失,故各国立法或实践一般要求,只有在正式调查难以进行或成本过高时才可适用承诺制度。这意味着,相比正式调查来说,承诺制度在反垄断执法中一般处于辅助与补充的地位。

二、反垄断法承诺制度的产生与发展

(一)美国的同意判决与同意命令

1. 美国司法部:同意判决

反垄断法承诺制度的源头是美国司法部的同意判决制度。同意判决在美国实践中的很多领域发挥着重要作用,尤其在备受争议的反托拉斯法领域。同意判决的操作方式是,在司法部的提起反托拉斯民事诉讼中,被告可与其达成和解,请求终止审判;和解协议达成之后,由法院以判决形式作出。根据美国学者的总结,同意判决不是单纯的双方约定,而是一种独特的混合物:它既是争议双方或多方之间的一种契约安排,也是法院的最终判决。因此,同意判决能将契约的适应性与法院判决的影响力完美结合。① 这种机制能为争议双方节约冗长审判可能带来的风险与花费。另外,因以法院判决的形式作出,同意判决的效力与权威也会较强。因此,同意判决的案件解决方式,不仅受到司

---

① See Richard A. Epstein, *Antitrust Consent Decrees in Theory and Practice: Why Less is More*, The AEI Press, 2007, p. 4.

法部青睐,企业也很欢迎。

美国司法部的同意判决制度有以下特点:

第一,同意判决由法院确认符合公共利益要求后以判决形式作出。司法部与被告达成和解协议后,协议内容需经法院判断是否符合公共利益的要求,法院认可后会作出一份判决,赋予和解协议判决的效力。由法院审查和解协议的内容,可以避免执法机构与相对人之间的合谋,或者防止在一些不当的案件中适用和解制度,但这样做会增加法院负担。在没有明确的审查标准和审查程序的情况下,法院也会敷衍了事。有学者指出,在早期阶段,法院的许可往往“马马虎虎”,法院的角色如同“橡皮图章”(rubber stamp)。[①] 直到1974年《反垄断程序和处罚法》(Antitrust Procedures and Penalties Act)即《托尼法案》(Tunney Act)的颁布,[②]同意判决的作出程序才得以完善,法院的角色也随之发生了转变。《托尼法案》一方面以公开机制与评论机制为核心,建立了一套详细的公共利益维护机制;另一方面也对法院的公共利益审查提出了参考建议。《托尼法案》颁布之后,在1976年、1980年及2004年经过了3次修订,公共利益维护机制日渐完善,法院的作用也因此变得更加重要。

第二,尊重并维护第三方利益。第三方在同意判决中一直很难维护自身利益,直到1967年在El Paso案[③]中,最高法院推翻了对第三方干涉同意判决的限制。此后,第三方可援引《联邦民事诉讼规则》(Federal Rule of Civil Procedure)第24(a)(2)条之规定来维护自身利益,[④]尽管现实仍不甚理想。[⑤]《托尼法案》颁布后,不仅公共利益维护机制得以确立,第三方利益也得到了全面而有效的保护。《托尼法案》规定的这类措施大致包括:司法部拟以同意

---

① 参见[美]菲利普·阿瑞达、路易斯·卡普洛著:《反垄断法精析:难点与案例》(第5版),中信出版社2003年版,第66页。

② 2004年修订后的《托尼法案》,可参见《美国法典》第15篇第16条(15 U.S.C.A. § 16)。

③ Cascade Natural Gas Corp. v. El Paso Natural Gas Co., 386 U.S. 129 (1967).

④ See Federal Rules of Civil Procedure, Rule 24. Intervention: (a) Intervention of Right. On timely motion, the court must permit anyone to intervene who: (1) is given an unconditional right to intervene by a federal statute; or (2) claims an interest relating to the property or transaction that is the subject of the action, and is so situated that disposing of the action may as a practical matter impair or impede the movant's ability to protect its interest, unless existing parties adequately represent that interest.

⑤ 参见[美]菲利普·阿瑞达、路易斯·卡普洛著:《反垄断法精析:难点与案例》(第5版),中信出版社2003年版,第65页。

判决结案的,应将双方达成的和解协议内容提交管辖该案的地区法院;除法院发现因"极特别情况"的需要可以缩短期限外,同意判决必须在《联邦公报》(*Federal Register*)上至少公布 60 日后才能生效;在公布期间,任何书面评论以及美国政府对此的回应,也应递交给该地区法院并在《联邦公报》上公布;和解协议副本以及对达成和解协议具有决定性作用的其他任何相关材料,都应置于地区法院或法院指定的其他区域供公众使用。此外,政府还有义务出具一份"竞争影响声明"(competitive impact statement),就同意判决对竞争可能产生的影响作出评估;竞争影响声明应递交至法院,在《联邦公报》上刊载,并在任何主体有需要时向其提供。

第三,同意判决内容的修改受到限制。同意判决既然是一种和解机制,理论上,和解双方只要达成一致意见,均可向法院申请修改判决内容。但是,由于同意判决形式上仍然是法院判决,其生效后与一般诉讼判决无异,而且同意判决的达成经过了复杂的公众评论程序,涉及公共利益和第三人利益问题,所以,如果仅因司法部与行为人同意就可修改同意判决的内容,可能会损害他人利益甚至公共利益。实践中,司法部与被告(垄断行为实施者)均可向法院递交修改同意判决的提议(motion),但决定权在法院。① 在 1932 年 Swift 案中,②联邦最高法院建立了一套同意判决的修改标准,即市场主体可以申请修改同意判决的内容,但必须提供证据证明该判决因新的、不可预见的事实出现致使具有严重错误。③ 这实际上赋予了被告较重的举证责任。此后,同意判决的修改标准有所变化,区分了被告单方申请和司法部同意的情况,在司法部同意时,法院往往按照同意判决作出时的标准即"公共利益"标准来决定是否准许修改。

2. 美国联邦贸易委员会:同意命令

美国反托拉斯法的执法机构除了司法部之外还有美国联邦贸易委员会,其在执法过程中也可与相对人达成和解,此即同意命令制度。通常,对联邦贸易委员会来说,发布终止令(cease and desist orders)是其法定的裁决方式,但在正式裁决之前,很多案件已通过同意命令的方式结案。

---

① See John D. Anderson, "Modifications of Antitrust Consent Decrees: Over a Double Barrel", *Mich. L. Rev.*, 1985, 84(1), p. 134.

② See United States v. Swift & Co., 286 U.S. 106, 52 S. Ct. 460 (1932).

③ See Richard A. Epstein, *Antitrust Consent Decrees in Theory and Practice: Why Less is More*, The AEI Press, 2007, p. 28.

同意命令的前身是联邦贸易委员会1925年3月17日在其程序规则中引入的“约定”(stipulation)程序。[①] 根据约定程序的规定,在联邦委员会发布正式控诉前,当事人承认被指控的行为并同意停止该行为的,联邦委员会可与其达成约定,案件据此终结而无任何处罚,这一约定也不公开。[②] 但在当事人违反约定时,控诉程序立即展开,当事人在原约定中承认的事实即成为对其不利的证据。[③]

1961年7月21日,联邦贸易委员会新程序规则生效,修订后的程序规则正式引入以“同意命令”制度取代了“约定”程序。[④] 根据联邦委员会的同意命令规则,在调查的任何阶段,只要案件性质和公共利益允许,被调查的行为人均可向负责案件调查的委员会执行局(Operating Bureau)或地区办事处(Regional Office)提出同意命令的适用建议。[⑤] 同意命令一经签署,即具有与联邦贸易委员会最后命令(final order)同样效力。[⑥] 与司法部的同意判决一样,被指控的行为人在同意命令中不必承认行为违法。[⑦] 同时,为了维护公共利益及第三人利益,联邦贸易委员会接受和解协议的,会将拟作出同意命令的内容、同意命令条款的解释、可能的救济措施以及委员会认为必要的其他信息向公众公开,以收集公众的评论意见。公开日期一般为30天,也可能是委员会指定的其他期限。此外,对同意命令条款的解释也会在《联邦公报》上刊载。[⑧]

(二)其他国家或地区实践

1.欧盟:承诺决定

欧盟的承诺决定制度尽管由第1/2003号条例引入,但在该条例实施之

---

① See *Annual Report of the Federal Trade Commission for the Fiscal Year Ended June* 30, 1925, p.21.

② 参见王炳著:《反垄断非强制性执法制度与实践分析》,法律出版社2011年版,第88页。

③ 参见殷继国著:《反垄断执法和解制度:国家干预契约化之滥觞》,中国法制出版社2013年版,第136页。

④ See *Annual Report of the Federal Trade Commission for the Fiscal Year Ended June* 30, 1962, pp.3,21.

⑤ See 16 C.F.R. § 2.31.

⑥ 参见[美]菲利普·阿瑞达、路易斯·卡普洛著:《反垄断法精析:难点与案例》(第5版),中信出版社2003年版,第69页。

⑦ See 16 C.F.R. § 2.32.

⑧ See 16 C.F.R. § 2.34.

前，在1962年第17号条例实施期间，欧盟委员会已经在实践中采用非正式的“和解程序”（informal settlement procedure）来处理案件。欧盟委员会作出的第一个承诺决定是1984年的IBM案、①之后也有多个作出承诺决定的案件，如1997年的La Poste案、②2002年的GFU案。③ 第1/2003号条例实施之后，非正式和解程序得以制度化，体现为第1/2003号条例第9条所规定的承诺决定制度。有人认为，欧盟的承诺决定制度就是一种美国式的反垄断和解制度，④其源头正是美国的同意判决。⑤

根据第1/2003号条例第9条的规定及实践做法，如果欧盟委员会发现企业行为可能涉嫌违法，会通过调查程序对企业行为作出“初步评估”（Preliminary Assessment，PA），实践中主要表现为向企业发出一份《异议声明》（Statement of Objections，SO）。这时，企业可向欧盟委员会作出承诺，愿意终止或修正相关行为，或采取积极措施消除行为的消极影响，如果承诺能够消除欧盟委员会在初步评估中表达出的对竞争问题的担忧，则欧盟委员会可据此作出一份有约束力的承诺决定，要求企业遵守其承诺。承诺决定作出后，如果发生下列情况，则欧盟委员会可依相关主体申请或依职权重新开始调查程序：承诺决定所依赖的事实发生了实质性的变化；企业违反了承诺；承诺决定基于不真实、不充分或误导性的信息而作出。

承诺决定是欧盟委员会决定的一种，与其他决定相比，承诺决定对企业的影响较小，因为它既不对企业行为的违法性作出认定，也不对企业作出惩罚。一旦欧盟委员会接受企业的承诺并据此作出决定，企业就有理由相信欧盟委员会不会再采取进一步的行动；同时，欧盟委员会作出承诺决定时，不必对企业是否存在或曾经发生过违法行为作出决定，就可以停止采取进一步的调查措施。

在欧盟竞争法中，有关承诺决定的内容，最主要的就是第1/2003号条例

---

① See Case IV/30.849 – IBM Personal Computer, OJ [1984] L 118/24.

② See Case IV/36.120 – La Poste/SWIFT + GUF, OJ [1997] C 335/3.

③ See Case COMP/36.072 – GFU – Norwegian Gas Negotiation Committee, IP/02/1084 (Commission successfully settles GFU case with Norwegian gas producers), Brussels, 17 July 2002.

④ See George Stephanov Georgiev, “Contagious Efficiency: The Growing Reliance on U.S. – Style Antitrust Settlements in EU Law”, 2007 *Utah L. Rev.* 971, p.997.

⑤ See Miguel Sousa Ferro, “Committing to Commitment Decisions-Unanswered Questions on Article 9 Decisions”, *E. C. L. R.* 2005, 26(8), p.451.

第9条。但除此之外，第1/2003号条例的其他条款以及第1/2003号条例之外的其他条例或通告，也有较多涉及承诺决定程序的内容。例如，第1/2003号条例第27(4)条规定的公开机制与利害关系人抗辩机制，就是承诺决定程序适用中的一项至关重要程序性制度；第23条关于罚款(fines)、第24条关于定期罚款的规定，在承诺决定的履行中也可适用，这对监督、威慑市场主体履行其承诺义务具有重要作用。此外，第1/2003号条例第15条还有关于欧盟委员会与成员国法院合作的规定，为使这一规定更加细化，欧盟委员会还专门颁布了与成员国法院之间合作的通告。① 这些内容涉及承诺决定程序与第三人损害赔偿诉讼之间的衔接关系，对承诺决定程序的适用与第三人利益之间的冲突作了很好的协调。这些内容共同构成了欧盟委员会适用承诺决定程序的法律依据。

承诺制度生效之后在实践中运用较为广泛，根据欧盟网站公布的执法案例，第1/2003号条例实施之后，欧盟委员会作出承诺决定的案件大致如下：

序号	案例号	作出日期	案件名
1	37214	2005.1.19	DFB
2	37966	2007.10.11	Distrigaz
3	38173	2006.3.22	The Football Association Premier League Limited
4	38348	2006.4.12	REPSOL C. P. P. SA-Distribution de Carburants et Combustibles
5	38381	2006.2.22	ALROSA + DBCAG (part of de Beers group) + City and West East (part of de Beers group)
6	38636	2009.12.9	Rambus
7	38681	2006.10.4	Cannes Agreement
8	39116	2005.6.22	Coca-Cola
9	39230	2012.12.20	Rio Tinto Alcan
10	39315	2010.9.29	ENI

① See *Commission Notice on the Co-operation Between the Commission and the Courts of the EU Member States in the Application of Articles* 81 *and* 82 *EC* (2004/C 101/04), OJ [2004] C 101/54.

续表

序号	案例号	作出日期	案件名
11	39316	2009.12.3	GDF foreclosure
12	39317	2010.5.4	E. On gas foreclosure
13	39351	2010.4.14	Swedish Interconnectors
14	39386	2010.3.17	Long term electricity contracts in France
15	39388	2008.11.26	German electricity wholesale market
16	39389	2008.11.26	German electricity balancing market
17	39398	2014.2.26	Visa MIF
18	39402	2009.3.18	RWE gas foreclosure
19	39416	2009.10.14	Ship Classification
20	39530	2009.12.16	Microsoft (Tying)
21	39592	2011.11.15	Standard and Poor's
22	39595	2013.5.23	Continental/United/Lufthansa/Air Canada
23	39596	2010.7.14	BA/AA/IB
24	39654	2012.12.20	Reuters Instrument Codes
25	39678	2013.12.18	Deutsche Bahn I
26	39692	2011.12.13	IBM-Maintenance services
27	39727	2013.4.10	CEZ
28	39731	2013.12.18	Deutsche Bahn II
29	39736	2013.6.18	SIEMENS/AREVA
30	39847	2012.12.12	Ebooks
31	39939	2014.4.29	Samsung-Enforcement of UMTS standard essential patents
32	39964	2015.5.12	AF-KL/DL/AZ
33	40023	2016.7.26	Cross-border access to pay-TV

(欧盟委员会作出的承诺决定,以立案日期排序,截止时间:2016年年底)

2. 欧盟成员国：第 1/2003 号条例第 9 条的翻版

第 1/2003 号条例关于承诺决定的规定迅速对成员国产生影响。第 1/2003号条例第 5 条规定，成员国竞争主管部门有权在个案中适用《欧共体条约》第 81 条和第 82 条（即现在的《欧盟运行条约》第 101 条和第 102 条，后文对此不作严格区分），为此，它们也可像欧盟委员会一样作出各种决定，包括承诺决定。之后，大多欧盟成员国在立法中规定了自己的承诺制度，内容基本以第 1/2003 号条例的承诺决定为蓝本，有些国家甚至是直接复制。

法国 2004 年颁布了第 1173 号条例，规定了承诺制度，之后该条例并入法国《商法典》成为第 L. 464 – 2 – I 条。法国的承诺制度是受第 1/2003 号条例启发的产物，但内容较短，只简单授予竞争当局法国竞争事务管理局（French Competition Authority，FCA）可以接受或拒绝企业承诺，并在企业不遵守承诺时施加罚款。法国在 2005 年还颁布了关于承诺制度适用程序的第 1688 号法令。①

意大利在其《反垄断法》（287/1990 号法令）中增加了第 14 条之三（承诺），规定在调查程序开始的 3 个月内，企业可向执法当局提交消除垄断行为影响的承诺。2006 年意大利执法当局意大利竞争局（Italian Competition Authority，ICA）还颁布了承诺制度适用程序的通告（Notice relating to the implementation procedure pursuant to s. 14 – *ter* of Law No. 287）。② 意大利承诺制度的内容，与第 1/2003 号条例第 9 条基本一致。

德国《反对限制竞争法》2005 年修订时增加了第 32b 条（承诺），内容基本也是第 1/2003 号条例第 9 条的复制。之后该法虽经修订，但承诺制度的内容及条文号均未变化。根据第 32b 条，卡特尔当局在作出制止违法行为的决定前，被调查的企业可以提出承诺，如果承诺能消除卡特尔当局在初步评估（preliminary assessment）中表达出的担忧，卡特尔当局可以作出决定，宣布该承诺对企业具有约束力。决定还应表明卡特尔当局将不会再对涉案行为作出制止违法行为的决定。如果决定所依据的客观事实事后发生了重大变化，或者相关企业没有遵守承诺，或者决定是基于当事人的不全面、不正确或误导性

---

① See Lucie Carswell-Parmentier, "Recent Developments in French Competition Law-Commitments, Leniency and Settlement Procedures-the French Approach", *E. C. L. R.* 2006, 27 (11), p. 617.

② See Luca Simonetti, "The New Co-operation Approach Under the Italian Antitrust Rules", *E. C. L. R.* 2008, 29(1), p. 56.

陈述而作出的,则卡特尔当局可以取消上述决定并且恢复程序。

英国《1998 年竞争法》(Competition Act 1998)通过时没有承诺制度的内容,经 2004 年第 1261 号条例修订后增加了关于承诺制度的内容,体现为该法的第 31A 条至第 31D 条。第 31A 条是关于承诺决定作出及撤销程序的规定;第 31B 条是关于承诺决定效果的规定,主要规定了对当事人的效果,如调查程序终止、不作出禁止决定等,以及对执法机构的效果,如哪些情况下可以采取进一步行动、继续调查等;第 31C 条是关于执法机构就承诺案件向国务大臣(the Secretary of State)提供报告及公开报告的规定;第 31D 条要求执法机构必须制定承诺制度适用指南(guidance),以阐明其在哪些情况下会考虑接受市场主体的承诺。指南的目的是为市场主体提供预期。基于第 31D 条的规定,当时的竞争执法机构英国公平贸易办公室(Office of Fair Trading, OFT)[①]2004 年发布了关于哪些情况适于接受承诺的指南,[②]该指南与其他执法指南合并为竞争法指南(Competition Law Guideline)统一对外发布。竞争法指南一方面规定,接受承诺由执法机构自由裁量;另一方面也指出了哪些案件不宜接受承诺,如秘密卡特尔案件,以及不完成调查并作出禁止决定可能有损反垄断法威慑力的案件等。

3. 澳大利亚:可强制执行的承诺(enforceable undertakings)

澳大利亚《1974 年贸易实践法》(Trade Practices Act 1974)在 1992 年修订时插入了第 87B 条,内容即为可强制执行的承诺(enforceable undertakings),该条 1993 年开始生效。2010 年澳大利亚颁布了《2010 年竞争与消费者法》(Competition and Consumer Act 2010),该法是对《1974 年贸易实践法》的修订并取代了后者,承诺制度在新法中仍为第 87B 条。承诺制度确立之后,澳大利亚竞争执法机构竞争和消费者委员会(Australian Competition and Consumer Commission, ACCC)每年都依据该制度处理了不少案件。例如,根据 ACCC 的年度报告,在 2012 年 7 月 1 日至 2013 年 6 月 30 日期间,ACCC 在 6 个垄断案件中接受了企业的承诺,其中两个是并购中的承诺;[③]在 2013 年 7 月 1 日至 2014 年 6 月 30 日期间,ACCC 在 13 个垄断案件中接受了企业承诺,其中 9 个

---

① 根据英国《2013 年企业与规制改革法》(Enterprise and Regulatory Reform Act 2013)第 25 条的要求,英国竞争法的执法机构已改为 CMA(the Competition and Markets Authority)。

② The OFT's guidance as to the circumstances in which it may be appropriate to accept commitments.

③ See *ACCC &AER Annual Report* 2012 – 13, pp. 342 – 350.

是并购中的承诺;[①]在 2014 年 7 月 1 日至 2015 年 6 月 30 日期间,ACCC 在 11 个垄断案件中接受了企业的承诺,其中 7 个是并购中的承诺。[②]

澳大利亚承诺制度的主要内容为:(1)企业可以书面形式向 ACCC 提交承诺,经 ACCC 同意后,还可随时撤回或变更承诺的内容。(2)如果 ACCC 认为企业违背了承诺,可向法院申请执行令。(3)法院确认企业违反承诺时,可视情况作出如下命令:要求企业遵守承诺;要求企业向联邦支付罚款,罚款数额为企业因违背承诺直接或间接获得的所有好处;企业违背承诺致使他人受损时,要求企业向受损方支付赔偿;其他任何法院认为合适的命令。

澳大利亚的承诺制度与欧盟承诺决定有些不同:一是 ACCC 在澳大利亚不具有直接的惩罚权,其主要工作是向法院提起诉讼,所以它不能像欧盟委员会那样基于企业的承诺直接作出一个有约束力的决定,也不能在企业违背承诺时惩罚企业,而只能向法院申请执行令,寻求法院的强制执行,[③]也因如此,澳大利亚的承诺制度被称为"可强制执行的承诺"。二是澳大利亚《1974 年贸易实践法》及《2010 年竞争与消费者法》适用于对所有垄断行为的规制,所以承诺制度也适用于垄断协议、滥用市场支配地位行为和并购控制,甚至在并购控制中特别流行,[④]而第 1/2003 号条例是关于《欧盟运行条约》第 101 条和第 102 条即垄断协议和滥用市场支配地位行为的执法程序,所以承诺决定也主要适用于垄断协议与滥用行为规制,欧盟并购条例中有专门适用于并购控制的承诺程序。[⑤] 三是 ACCC 接受企业承诺时没有过多的形式约束,例如,不需要先向企业寄送初步评估文件,企业只要以书面形式作出承诺即可。四是尽管在最终决定中企业不需要承认行为违法,但在 ACCC 看来,只有违法行为已经或很可能已经发生时才会考虑接受企业的承诺,所以在实际谈判中,如果企业拒绝承认违法,ACCC 可能不会接受企业承诺。[⑥]

---

① See *ACCC & AER Annual Report* 2013 - 14, pp. 331 - 334.

② See *ACCC & AER Annual Report* 2014 - 15, pp. 342 - 350.

③ See Marina Nehme, "Enforceable Undertakings in Australia and Beyond", *Australian Journal of Corporate Law*, 2005, 18, p. 70.

④ See Marina Nehme, "The Use of Enforceable Undertakings by the Australian Competition and Consumer Commission", *University of Tasmania Law Review*, 2008, 27(2), p. 200.

⑤ See Council Regulation (EC) No 139/2004 of 20 January 2004 on the Control of Concentrations Between Undertakings, OJ [2004] L 24/1, Art. 8 (2).

⑥ See Sonja Eibl, "Commitment Decisions: An Australian Perspective", *E. C. L. R.* 2005, 26 (6), p. 332.

4. 日本:劝告审决和同意审决

日本反垄断法的执法机构是公正交易委员会,有学者认为,“非正式执法是公平交易委员会的重要特点”。[①] 在日本《禁止私人垄断及确保公正交易法》(以下简称日本《禁止垄断法》)2005 年修订之前,“劝告审决”与“同意审决”是日本反垄断法明确规定的两种承诺制度。

所谓劝告审决,是指公正交易委员会对垄断违法行为者可劝告其采取适当措施,收到劝告之企业应尽快通知是否应诺该劝告,一旦应诺劝告,公正交易委员会可不经行政审判程序[②]作出与该劝告内容相同的审决。所谓同意审决,是指对于垄断行为,公正交易委员会认为将案件付诸审判程序符合公共利益时,可以作出审判开始决定,之后,如果被审人同意审判开始决定书记载的事实及法律适用,以书面形式向公正交易委员会申请不经过其后的审判程序而接受审决,并提交记载有排除该违法行为或保证排除该违法行为,或者为使处于垄断状态的商品或劳务恢复竞争自己所应采取具体措施内容的计划书的,公正交易委员会如认为适当,可不经其后审判程序而作出与该计划书所载具体措施内容相同的审决。

劝告审决与同意审决都是行政审判的简略程序,二者的不同之处在于:前者只对“采取适当措施”有所应诺,无须承认违法事实;后者之被审人须全盘承认公正交易委员会所调查之全部违法事实,[③]因此,它只是基于申请免除了审判程序,而非违法否定。

劝告审决规定以来,现实中很多案件都以此程序了结。[④] 但是,日本在 2005 年修订日本《禁止垄断法》时,为了尽快恢复竞争秩序,力图使案件处理效率化,改革了案件调查及处理程序,内容之一就是改造了审判程序,并相应地废除了劝告审决制度。以前,公正交易委员会通过调查程序确认存在垄断违法行为时,首先会采取适当措施劝告行为人,行为人允诺劝告的,不经审判程序直接作出劝告审决;行为人未应诺劝告的,开始审判程序。在审判程序开始后,如果被审人同意审判开始决定书记载的事实及法律适用并提交相关整

---

① [日]栗田诚:《竞争执法的有效性和透明性——关于国内外对日本实施反垄断法认识之差异的分析》,朱忠良译,载《环球法律评论》2003 年春季号。

② 这里的审判程序,指公正交易委员会的行政审判程序,而非法院的审判程序。在日本,公正交易委员会属于准司法机关,为了查明案件,它可以进行类似法院审判的行政审判程序。

③ 参见苏永钦著:《经济法的挑战》,清华大学出版社 2005 年版,第 75 页。

④ 参见[日]村上政博著:《日本禁止垄断法》,姜姗译,法律出版社 2008 年版,第 60 页。

改计划书的，可作出同意审决；无法达成同意审决时，经正式审判程序作出审判审决。可以看出，这一程序相当漫长，尽管这样做对行为人来说可能更加公平，也相当于给了当事人多次和解机会，但可能延缓案件处理程序，不利于竞争秩序的尽快恢复。之所以有这种负面效果，是因为日本的行政审判程序在很多案件中并不需要。当公正交易委员会经调查确认存在垄断违法行为时，本可不必再经行政审判，而直接对行为人作出"排除措施命令"（Cease and desist order），即命令其停止违法行为及采取其他为排除违法行为所必需的措施。基于此，2005 年日本《禁止垄断法》修改时，规定大多经公正交易委员会调查确认违法的垄断行为不必再付诸行政审查程序，而只需给当事人一个陈述意见、提供证据的机会，在此基础上，公正交易委员会可直接作出作为行政处分的"排除措施命令"。① 当事人对该行政命令不服的，才可以向公正交易委员会提起行政审判程序申请，由审判程序确定是否维持、撤回或变更已经作出的"排除措施命令"。也就是说，经改造之后，行政审查程序不再是作出"排除措施命令"的前置程序，而仅仅是该命令的一种救济措施。

既然大多垄断行为已不需再经过行政审判阶段，以简化审判程序为目的的劝告审决也就没有了意义，所以相应地，随着行政审判程序性质的改变，劝告审决制度也被废除了。

所以，2005 年日本《禁止垄断法》修订之后，作为行政决定前置程序的行政审判，只适用于垄断状态的规制。对垄断状态仍保留行政审判程序，可能处于慎重规制垄断状态的考虑，因为现在大多国家反垄断法都不规制垄断状态本身。根据日本《禁止垄断法》的规定，当公正交易委员会确认存在垄断状态，认为将案件付诸审判程序有利于公共利益时，可以对案件开始审判程序。公正交易委员会决定对垄断状态行政审判的，应以书面形式作出审判开始决定书。之后，如果被审人同意审判开始决定书记载的事实及法律适用，书面申请不经审判，并提交整改计划书的，公正交易委员会可直接作出同意审决。

不过，日本 2013 年再次修订《禁止垄断法》，新法 2015 年实施，这次修订的核心内容是全面废除了行政审判程序。② 如此修订着实令人意外，背后原

① 参见［日］根岸哲、舟田正之著：《日本禁止垄断法概论》（第 3 版），王为农、陈杰译，中国法制出版社 2007 年版，第 304 页。

② 参见稗贯俊文：《日本反垄断法的修订及其最新发展》，张广杰译，载《华东政法大学学报》2016 年第 4 期。

因可能在于，即便将行政审判程序改为事后救济机制仍不免存在漏洞，因为事后审判仍是公正交易委员会对自己已作出命令的审查，审查主体与审查对象都是公正交易委员会，本质上是自我监督，这很可能有损审判制度的公平性。行政审判程序废除后，作为行政审判替代程序的同意审决制度也就不复存在了。根据新日本《禁止垄断法》的规定，对确认存在垄断状态的，公正交易委员会不再基于行政审判作出审决，而是直接作出“竞争恢复令”（competition restoration order）。①

5. 我国台湾地区：行政和解

我国台湾地区“公平交易法”并无承诺制度的规定，但“公平交易法”的执法程序一直遵守“行政程序法”的相关规定，因此，“行政程序法”关于行政和解的规定便可适用于“公平交易法”的执行。② “公平交易委员会”依此积累了不少行政和解经验，在多个案件如英特尔案、马特拉案、三阳机车案以及最引人注目的台湾地区微软案中，都运用了和解制度。③ 为配合“行政程序法”在“公平交易法”执行领域的进一步实施，台湾地区“公平交易委员会”2000年9月于第463次委员会议上通过了“缔结行政和解契约处理原则”，就“公平交易法”执行中的行政和解作了详细规定。

结合规定与实务，可以看出我国台湾地区反垄断行政和解制度主要有以下内容及特点：(1)反垄断行政和解制度并非台湾地区“公平交易法”独创，行政诉讼中一贯适用的行政和解制度是反垄断执法和解的重要依据。(2)行政和解的适用条件较为严格。台湾地区“行政程序法”要求行政和解的适用必须以“经依职权调查仍不能确定者”为前提，“公平交易委员会”颁布的“缔结行政和解契约处理原则”援用了“行政程序法”中的规定，因而，垄断案件的行政和解同样受此条件限制。(3)注重保护公共利益及利害关系人利益。“缔结行政和解契约处理原则”规定，进行行政和解契约协商程序之前，应衡酌公共利益之维护及利害关系人因和解契约成立可能遭受之损害；和解协商中，“公平交易委员会”可征询利害关系人意见，或要求相对人与利害关系人达成民事和解协议；和解协议的履行将侵害第三人权利时，应经第三方书面同意后

---

① 参见日本《禁止私人垄断及确保公正交易法》(2013年修订版)第64条。

② 我国台湾地区“行政程序法”于1999年2月3日公布，2001年1月1日起施行，其第136条规定：“行政机关对于行政处分所依据之事实或法律关系，经依职权调查仍不能确定者，为有效达成行政目的，并解决争执，得与人民和解，缔结行政契约，以代替行政处分。”

③ 参见刘孔中著：《公平交易法》，台北，元照出版公司2003年版，第409~416页。

方生效力。(4)限制行政和解契约的撤销。和解契约不得以错误为由撤销，但有下列事项之一的除外：相对人提出作为和解契约所依据之文件，事后发现为伪造或变造；和解事件已经过法院确定判决，而"公平交易委员会"与相对人双方或一方于和解当时并不知情；"公平交易委员会"对于相对人之资格或双方对于重要争点的认识发生错误，以此为基础而进行的和解；相对人故意欺瞒重要事实，以致对公共利益产生严重损害。(5)规定了违约不再和解原则。除契约另有规定外，一旦相对人违反已经达成的行政和解契约，"公平交易委员会"可解除或终止契约；同时，"公平交易委员会"对违法行为继续进行调查，相对人不得就同一行为再次向"公平交易委员会"请求和解。

(三)我国《反垄断法》：经营者承诺制度

我国2007年颁布的《中华人民共和国反垄断法》(以下简称《反垄断法》)充分借鉴欧盟的承诺决定制度，在第45条规定了"经营者承诺制度"。根据《反垄断法》的规定，经营者承诺制度的内容主要包括：(1)对反垄断执法机构调查的涉嫌垄断行为，被调查的经营者承诺在反垄断执法机构认可的期限内采取具体措施消除该行为后果的，反垄断执法机构可以决定中止调查。中止调查的决定应当载明被调查的经营者承诺的具体内容。(2)反垄断执法机构决定中止调查的，应当对经营者履行承诺的情况进行监督。经营者履行承诺的，反垄断执法机构可以决定终止调查。(3)有下列情形之一的，反垄断执法机构应当恢复调查：经营者未履行承诺的；作出中止调查决定所依据的事实发生重大变化的；中止调查的决定是基于经营者提供的不完整或者不真实的信息作出的。

在《反垄断法》之外，国家工商行政管理总局2009年颁布的《工商行政管理机关查处垄断协议、滥用市场支配地位案件程序规定》和国家发展和改革委员会2010年颁布的《反价格垄断行政执法程序规定》中也规定了承诺制度，但其内容除稍作细化外，基本未超出《反垄断法》的范围。

三、反垄断法承诺制度的共性与差异

(一)承诺制度的共性

虽然垄断行为一直备受诟病，各国反垄断法最初也倾向于设置严厉的处罚制度，但随着垄断行为日趋复杂，以及反垄断执法经验的不断丰富，各国反垄断法在执行中也表现出较为温和的一面。作为一种替代性的执法方式，反垄断承诺制度虽不能用以处理所有的垄断案件，具体操作上各国也不尽相同，但在反垄断法的实施中引入该制度已逐渐有了普遍化的趋势。这种对承诺制度的“公共选择”过程，既表明了该制度在处理垄断问题上的优越性，例如，节约有限的执法资源，有利于“从法律和竞争政策的双重角度解决整个行业面临的竞争问题”；①也从侧面反映了该制度具有较强的适用性，它可以为更多的国家，尤其是正在实行经济转型、反垄断法制度刚建立的国家采用。同时，制度的普遍化必然意味着它存在某些共性，这些共性是各国采纳该制度的基础，也是其具有强盛生命力的重要原因。

1. 制度适用的灵活性

反垄断法承诺制度是一种比较简便的执法方式，其适用较正式的调查程序要灵活得多，以致在理论上人们多称之为非正式程序。

第一，承诺制的适用不是垄断案件处理的必经程序，而是由市场主体自由决定是否作出承诺，由执法机构自由决定是否接受市场主体的承诺。承诺制度的适用总体上较为灵活，它充分尊重执法双方的自由选择权，为执法双方在正式的执法调查程序之外提供了另一种可能的选择。

第二，承诺决定作出前的证据审查没有正式调查程序严格。正式调查的目的是行为定性并据此进行惩罚，在这一过程中，证据十分重要。一方面，各种垄断行为之间的界限可能是模糊的，而不同的垄断行为可能存在不同的规制模式，也可能有不同的法律责任，因而必须通过准确的证据来确定市场主体垄断行为的性质；另一方面，面对执法机构的指控，市场主体会以各种理由、提出各种证据进行抗辩，执法机构只有掌握了充分证据，才能对其进行惩罚。而在承诺决定中，执法机构一般仅需掌握初步证据，在法律惩罚的威慑下，市场主体多会主动承诺停止或修正违法行为。在协商过程中，执法机构一般也很少对市场主体的行为进行严厉指控，市场主体也很少进行抗辩，因而执法机构无须在作出承诺决定前收集充分证据。

第三，制度适用过程更加经济及富有效率。反垄断正式调查程序较为烦琐、冗长，程序运行成本往往过高，这些成本最终会转化为执法机构或相对人的负担。承诺制度则是对正式调查程序的简化，适用承诺制度即可停止正式的调查活动，它对执法双方来说都是一种更加经济及富有效率的执法方式。承诺制度被引入反垄断法的重要原因之一就是对效率的追求。在正式调查程

① [日]栗田诚：《竞争执法的有效性和透明性——关于国内外对日本实施反垄断法认识之差异的分析》，朱忠良译，载《环球法律评论》2003年春季号。

序中,过多地追求效率可能带来公平性方面的风险。而且在正式调查中,市场主体发表意见、参与决定的机会原本就少,这时若还追求便利、简化程序,处于弱势一方的市场主体就更容易陷入被动。但在反垄断法承诺制度中,从程序的启动到决定的作出,市场主体都具有参与权,都贯彻了合意精神,因而,只要协商机制能够真正落到实处,程序的便利或简化不仅不会带来公正性问题,还能大大节约执法机构与市场主体的成本。

2. 行为定性的模糊性

在承诺制度适用中,市场主体行为的性质有时并不重要。在通常情况下,市场主体作出承诺,执法机构接受承诺,执法和解即已完成。至于市场主体行为的性质,由于承诺决定的内容并不涉及对相对人的惩罚,执法机构较少关心。在有些国家或地区,例如,我国台湾地区,其"公平交易法"还要求,执法和解的适用前提是执法机构经调查无法确定市场主体违法,在这种情况下,自然不涉及行为定性问题。在承诺制度的适用条件上,大多国家或地区虽不进行上述限制,但通过承诺决定了结的案件,基本有一共同点,即执法机构掌握的证据是初步的,仅凭初步证据进行行为定性无疑是困难的。需要注意的是,日本的同意审决在这方面是个例外。因为同意审决发生于公正交易委员会的审判程序之中,一般情况下,进入审判程序的案件,公正交易委员会都已掌握了较充分的证据,且对被指控人有明确的指控。同意审决的基本含义是被指控人同意公正交易委员会的所有指控,因而它只是基于申请免除了审判程序,被指控人必须承认行为违法。

3. 主体间的利益平衡

从形式上看,反垄断法承诺制度作为一种执法和解机制,仅发生于执法机构与特定市场主体之间,但其中的利益关系却较为复杂。既涉及作出承诺的市场主体的竞争对手,也涉及处于上下游关系中的供应商、购买者,以及涉嫌垄断行为的直接受害人等利害关系人,还因垄断行为的受害人具有不特定性而涉及社会公共利益。因而在承诺制度适用中,必须保护这些相关主体的合法利益,以实现不同主体之间的利益平衡。

承诺制度被引入反垄断法以来,曾一度遭受批评。批评者的主要理由就是适用该制度会带来主体间的利益格局失衡。应当说,承诺制度的风险或局限性是存在的,但这些问题可以通过适当的制度设计来解决。从各国实践上看,承诺制度适用中的利益平衡机制一般体现在三个方面:一是平衡执法双方之间的利益,例如,强调承诺内容的协商,限制承诺内容的任意修改;二是保护可能受承诺影响的第三人利益，如保障第三人的参与权；三是维护公共利益，如接受社会公众评论。

（二）承诺制度的差异

各国或地区反垄断法具有不同的建立基础，由于文化观念、法律传统以及执法体制等因素不同，反垄断法承诺制度在各国或地区实践中必然会呈现一定差异。甚至在有的国家或地区，承诺制度的采用还可能被认为是某些特有因素的产物。例如，有学者就认为，日本的非正式执法正是其民族“耻感”伦理观“所产生的必然结果”。① 具体而言，反垄断法承诺制度的差异在各国或地区常表现为以下几点：

1. 承诺种类不同

反垄断法承诺制度依适用阶段的不同，可分为行政执法中的承诺与诉讼中的承诺。大多数国家或地区的反垄断法承诺制度都是一种行政执法中的和解机制，但在有些国家或地区，诉讼是反垄断法的主要实施方式之一，因而诉讼中也可能发生和解。

在欧盟竞争法中，欧盟委员会处置竞争案件有自己一套独立的程序，决定作出前不会进入法院，欧盟委员会基于市场主体承诺作出决定的程序，是典型的行政执法中的和解。欧盟成员国的承诺制度、我国台湾地区的行政和解以及我国的经营者承诺制度，都属于行政执法中的和解机制。在日本，同意审决发生于公正交易委员会的审判程序中，但这种审判程序的主持者不是法院，而是一种行政审判，因而同意审决也是一种行政和解。澳大利亚的承诺制度也是执法机构 ACCC 与市场主体之间达成的和解，尽管 ACCC 本身不能赋予承诺约束力，但在接受企业承诺时，ACCC 享有充分的自主权。

在美国，上述两种承诺形式都有存在。联邦贸易委员会的主要执法方式是发布终止令，虽然命令作成过程中多会进行行政审判，但其性质仍属于行政行为，同意命令就是一种执法决定。司法部与相对人之间的和解协议，既可能达成于诉讼前的调查阶段，也可于诉讼中协商——只要法院尚未判决，司法部仍可与被告达成合意。不论在哪个阶段达成合意，最终都须交由法院以判决的形式作出，故同意判决的性质可理解为诉讼中的和解。

2. 适用范围不同

美国反托拉斯成文法没有限定同意判决的适用范围，但《托尼法案》将同

---

① 参见徐士英：《反垄断法在日本实现“本土化”的启示》，载《法商研究》1999 年第 4 期。

意判决视为反托拉斯民事诉讼中的一项特别制度。美国司法部对垄断行为提起诉讼时,一般会根据行为的性质来决定提起民事诉讼还是刑事诉讼。在实践中,几乎所有由司法部提起的刑事诉讼都针对固定价格、串通投标、划分市场等核心卡特尔。既然同意判决不适用于刑事诉讼中,也就意味着对违法性严重的核心卡特尔行为,司法部不能与被告达成和解。联邦贸易委员会不具有针对垄断行为提起刑事诉讼的权力,其处理的案件很少涉及违法性严重的核心卡特尔,所以同意命令的适用范围也基本被排除在核心卡特尔外。

欧盟与美国类似,承诺决定一般不适用于危害性较大的垄断行为。第1/2003号条例第9条规定,欧盟委员会在其试图采取终止违法行为决定的程序中可接受企业的承诺。换言之,如果欧盟委员会意图对某种行为作出罚款决定,则该程序中不适用承诺。[①] 而对于违法性比较明显的垄断行为,欧盟委员会通常都会作出罚款决定,故承诺决定的适用会受到较大限制。这在欧盟委员会2004年发布的一份备忘录(MEMO/04/217)中得到了证实,其明确规定,在具有严重危害性的核心卡特尔案件中,承诺决定的适用是不合适的。

日本《禁止垄断法》2005年修订之前规定的劝告审决与同意审决,适用于所有的垄断行为,但经2005年改革之后,不仅劝告审决被废除,同意审决也仅适用于日本公正交易委员会对垄断状态的行政审判程序中,2013年改革之后,承诺制度更是被全面废除。我国台湾地区的反垄断行政和解制度,尽管没有明确规定哪些案件可以适用,但其适用前提是执法机构"经依职权调查仍不能确定"相关事实及法律关系,这实际上从另一个角度限制了行政和解的适用范围。我国2007年《反垄断法》规定,"对反垄断执法机构调查的涉嫌垄断行为",经营者可以作出承诺。至于在实践中哪些案件可以承诺,依现行法表述,只能由执法机构进行裁量。

3. 承诺决定的法律性质不同

承诺决定的法律性质与作出决定的公权机关的地位有关,也受制于一国的法律传统。如果不考虑法系因素,反垄断法承诺制度一般都可以被视为一种公法契约。公法契约的种类多样,不同国家的承诺决定具有不同的契约性质。

美国司法部的同意判决,形式上是法院判决,实质上是司法部与行为人达

---

① 参见欧盟体1/2003号条例的陈述条款(13)。本书将条例正文前的序言称为"陈述条款"。

成并经法院判断符合公共利益的合意,故其性质可理解为诉讼上契约。美国联邦贸易委员会的同意命令与日本的劝告审决和同意审决,由执法机构以命令方式作出,形式上看是一种行政契约。但这两个执法机构不同于一般的执法机构,其处理案件的程序与法院审判类似,基本按照民事诉讼程序进行,[①]而且经行政审判程序作出的同意命令或审决,具有准司法效力,对其不服的,按上诉程序处理,因此,虽然它们不发生于诉讼程序中,仍有学者将其性质视为诉讼上契约。[②]

在欧盟竞争法中,承诺决定的性质与其他决定没有任何区别,只不过该决定基于相对人承诺而作出,其内容主要就是相对人承诺的义务,所以其性质是行政契约。但需要注意的一个问题是,欧盟委员会作出的承诺决定对成员国来说不具有当然效力。第 1/2003 号条例指出,承诺决定不影响各成员国竞争主管机构或法院查明违法事实并作出决定的权力。[③] 即就同一行为,成员国主管机关或法院仍可作出与承诺决定不一致的认定。所以,对成员国来说,欧盟委员会的承诺决定不再是一个具有约束力的公法行为,而只能被视为一种不具有约束力的声明。

欧盟成员国的承诺制度,因主要是欧盟承诺决定的翻版,所以性质也都属于行政契约。我国台湾地区的行政和解本质上也是行政契约,且台湾地区"行政程序法"也明确使用了"行政契约"的概念。澳大利亚的承诺制度比较特殊,因主管机构 ACCC 不具有实质上的惩罚权,所以当其接受企业承诺时,并不会作出一个有约束力的承诺决定,但这种承诺却又存在强制执行力,企业违背承诺本身虽不构成违法,但 ACCC 却可直接向法院寻求强制执行。赋予承诺约束力的主体是法院而不是 ACCC,但法院又不事先接入承诺程序之中,所以总的来说,这种承诺制度更像是一种行政契约与诉讼契约的混合物。澳大利亚就有学者将这种承诺制度称为"中间制裁"(intermediate sanction)。[④]

---

① 参见[日]村上政博著:《日本禁止垄断法》,姜姗译,法律出版社 2008 年版,第 62 页。

② 参见苏永钦著:《经济法的挑战》,清华大学出版社 2005 年版,第 94 页。

③ 参见第 1/2003 号条例的陈述条款(13)。

④ See Marina Nehme, "The Use of Enforceable Undertakings by the Australian Competition and Consumer Commission", *University of Tasmania Law Review*, 2008, 27(2), p. 200.

四、反垄断法承诺制度的法律属性

(一)补救式执法方式

法律的运行方式,根据执法双方对抗程度的差异可分为两种:一是控告式执法;二是补救式执法。前者的主要表现是禁令与诉讼。禁令要求相对方无条件地遵守,否则承担法律责任;诉讼则多以追究责任或要求赔偿为目标,结果无论是胜诉还是败诉,多是一方成功、另一方失败。后者的主要表现是和解(广义上还包括调解)。和解中尽管也可能存在对抗要素,但补救性是主要特征,和解的结果不是利益偏向一方,而是双方均能从中获利。

控告式执法与补救式执法追求的目标与具体的运行机制不同,在解决不同案件或处理不同关系时各有优劣。与法律运行方式密切相关的因素,主要是执法双方之间的关系距离与能力差异。关系距离的远近,反映了执法双方之间的交往是否具有持续性,关系距离越近,交往就越频密,法律运作就越应偏向补救式的。能力差异则反映了执法双方之间互相牵制、相互抗衡的可能性。如果能力差异较大,法律运作又偏向控告式,则处于弱势一方的主体就缺少对抗能力。在没有其他机制保证的情况下,法律运作结果可能就是强者强加于弱者的。因此,在确定法律运行方式时,不仅应看法律追求的目标,还应看法律适用的对象。

就反垄断执法来说,应区分不同情况选择不同的执法方式。如果相关事实或法律关系清晰、确定,法律适用明确,则执法方式可采取控告式的,因为这时即便主体间能力存在差异,也不大可能发生侵犯相对人权益的情况。如果相关事实、法律关系或法律适用具有模糊性,则应慎重选择执法方式:通过持续的执法调查,如果能够明晰相关事实及法律关系,在规范层面也有明确的法律适用依据,则可继续调查,在查清案情后适用控告式执法;一旦执法调查活动陷入困境,无法查清案件,或即便能查清案件事实,也无法确定法律适用(例如,现行立法对这种行为未作规定或规定不明确),则控告式执法就不能轻易适用,因为这时执法机构会倾向于通过行使裁量权来作出执法决定,在相对人一直处于弱势地位的情况下,其合法利益就可能得不到保障。而从关系距离来看,反垄断执法机构与市场主体之间的交往具有持续性,属于重复博弈关系。如果反垄断执法一律采用控告式,则执法双方之间就难以形成良性的合作关系,从而影响执法实效的取得。

在反垄断执法中,市场主体实施违法行为后,正式调查的结果要么是惩罚市场主体,要么是因证据不足而放任行为发生。这种执法方式的结果是一方胜利一方失败,属于典型的控告式执法。承诺制度则不同,任何一方都不会全赢或全输,而是均能从承诺决定中获得特定利益,是一种双赢的执法方式。这种执法方式具有补救性:一方面是对垄断行为产生的消极影响及执法调查可能耗费的执法投入的补救;另一方面是对执法机构与市场主体之间关系的补救。通过承诺制度的适用,不仅垄断行为能以付出较小成本的方式得到终止或修正,执法双方之间也会建立更加信任的合作关系。

在反垄断法承诺制度的具体运作中,其补救性有多种体现。例如,制度启动不是单方面的,执法双方均可启动承诺制度,市场主体甚至可以拒绝执法机构提出的承诺建议;市场主体作出承诺系主动行为,而不依赖执法机构的命令;市场主体可就承诺内容与执法机构进行协商等。

(二)非正式执法程序

反垄断法承诺制度发生于执法阶段,是一种执法程序;同时,相对于严格的执法调查活动来说,它又是一种非正式的执法程序。

"非正式程序"是一个范围较广的概念。除承诺制度之外,公法中还存在其他各种非正式程序,例如,咨询程序也可看作一种非正式程序。很多时候,非正式程序是相对于正式程序而言的,主要是指在公法的运作中,那些法定性较弱,或没有规定,或规定极为抽象、简单,其具体展开需要相关主体根据实际情况灵活选定,或相关主体可在适用过程中就程序的展开程式及实体性权益配置进行协商并最终达成一种法律所鼓励或认可的合意的法律程序。

在行政法上,有一个概念与非正式程序极为相关,即"非强制行政行为"。这一概念由我国学者提出之后,被作为行政指导、行政合同等行政行为的上位概念而得到人们认可。① 具体来看,非强制行政行为是指,由一定的行为主体依其职责权限主动发出的,不以强制相对方服从、接受为特征的行政行为。现在,已有学者对这一概念进行了批评,认为其语义与内涵都存在不科学之处,

---

① 最早提出非强制行政行为概念的是崔卓兰教授,可参见崔卓兰:《试论非强制行政行为》,载《吉林大学社会科学学报》1998 年第 5 期;崔卓兰、蔡立东:《非强制行政行为——现代行政法学的新范畴》,载罗豪才主编:《行政法论丛》(第 4 卷),法律出版社 2001 年版,第 132 ~ 133 页。此后很多学者沿用非强制行政行为的概念。可参见石佑启著:《论公共行政与行政法学范式研究》,北京大学出版社 2002 年版,第 133 ~ 137 页;马生安著:《行政行为研究——宪政下的行政行为基本理论》,山东人民出版社 2008 版,第 196 页;赵肖筠、陈凯:《在非强制行政行为中引入诚信原则的价值分析》,载《山西大学学报》(哲学社会科学版)2003 年第 3 期。

例如,在国外已有类似概念的情况下,再创设一个新概念似乎没有必要,且非正式行政行为并非没有强制因素,"非强制"的提法不能概括出这类行为的本质特征。①

就反垄断法承诺制度来说,其是否具有强制性不能一概而论。在制度启动上,执法机构或市场主体均不能强迫对方适用该制度,这里的确没有强制性,但若执法双方选择了适用该制度,则在具体适用过程中,会有很多规则是强制性的,任何一方均不得违背这些规则,例如,很多国家或地区规定的程序公开要求、第三人抗辩机制等。此外,承诺制度的适用结果是作出承诺决定,承诺决定的强制效力与执法机构的其他决定没有任何区别。可见,与完全没有强制性的咨询程序或行政指导不同,承诺制度的强制性有时非常明显。

在理论上,有人反对将反垄断法承诺制度视为非正式程序。主要理由是,以承诺方式处理垄断案件起源于实践,早期可能没有在立法中规定,但其后各国或地区纷纷以立法的方式将承诺制度规定下来,这时承诺制度就成为一种正式的执法方式,因而属于正式程序。② 这种说法有一定道理。在欧盟竞争法中,早期的第 17 号条例虽未规定承诺制度,但实践中也有不少案件以和解方式处理,人们习惯将这种和解称为"非正式和解"。在第 1/2003 号条例中,承诺决定被规定为欧盟委员会可作出的决定之一,和解已成为法定的结案方式。基于这种区分,欧盟有些学者就将"承诺决定"称为正式和解,以区别于之前的非正式和解。③

如果以法定性为依据,反垄断法承诺制度基本是一种正式程序。之所以将其称为非正式程序,主要基于两方面以下考虑:一是非正式程序本身只是一个学理概念,提出这一概念的目的是将反垄断执法中的和解制度与正式调查制度相区别,因为任何国家只要制定反垄断法,都会十分依赖正式调查制度,承诺制度则未必会被规定,所以承诺制度相对而言具有非正式性的属性;二是承诺制度尽管有很多优势,但不是一种主导性的执法方式,执法机构通常只有在正式调查活动无法展开或成本巨大时才会考虑承诺制度的适用,所以反垄

---

① 参见熊樟林:《"非正式行政行为"概念界定——兼"非强制行政行为"评析》,载《行政法学研究》2009 年第 4 期。

② 参见周琳静、殷继国:《误读与澄清:垄断执法和解制度之本相追问》,载《东北大学学报》(社会科学版)2012 年第 1 期。

③ See Heike Schweitzer, "Commitment Decisions Under Art. 9 of Regulation 1/2003: The Developing EC Practice and Case Law", EUI *Working Papers* LAW 2008/22, p. 1.

断法的实施更主要依赖正式调查程序,承诺制度只是处于补充性、替代性的地位,不是所有的案件都可适用承诺制度;三是大多关系公共利益的法律制度的运行,程序一般比较强调法定性,而承诺制度在运作中没有正式调查程序那么严格,而是充满了裁量因素,例如,执法机构不会被要求在何种情况下必须作出承诺决定,甚至在其拒绝接受企业承诺时也无须说明理由;[①]四是相比正式调查程序的严厉性,权力因素在承诺制度适用中较为淡化,例如,承诺制度的适用不是执法机构强制的结果,而是更多地依赖于企业的主动承诺或自愿接受,在承诺内容的确定过程中,程序的参与性与协商性也十分明显;五是在制度运作结果上,正式调查程序往往较为严厉,而承诺制度的适用结果虽然也体现为执法机构的决定,但内容却较为温和,基本不对市场主体的行为作出违法认定,也不会对其施加处罚。

总体来说,承诺制度尽管是一种制度化了的执法方式,但其在反垄断法实施中的地位,接受的法律约束程度,程序展开的灵活性、裁量性与协商性等,与正式调查活动相比都存在较大差异。基于约定俗成的考虑,我们不妨仍称之为非正式程序。[②] 将承诺制度视为非正式程序,不是说它不需要在立法中规定,也不意味着对其适用不需作出法律限制。相反,确立其非正式程序的地位,首先就意味着它不是一种常态的执法方式,不能泛化其适用。

(三)执法和解的本质[③]

1. 承诺决定实为执法双方的合意

承诺决定表面上由执法机构单方作出,但其内容实际上是执法双方经过协商而达成的合意。反垄断法承诺制度的适用,不是简单地表现为市场主体提出申请,再由执法机构审查并作出决定的单方过程,而是在整个制度适用中,都伴随着执法双方的协商,执法机构或市场主体都可能对对方意见作出同意或拒绝的意思表示,最终通过双方间的妥协达成合意。

反垄断法承诺制度的合意性,集中体现在其不同于正式调查程序的运作

---

① See Wouter P. J. Wils, "The Use of Settlements in Public Antitrust Enforcement: Objectives and Principle", Accessed June 12, 2016. http://ssrn. com/abstract = 1135627.

② 目前学界基本将反垄断法承诺制度视为一种"非正式程序",可参见王晓晔主编:《中华人民共和国反垄断法详解》,知识产权出版社 2008 年版,第 228 页;王先林、何敏:《反垄断案件调查中非正式的协商和解程序规则的初步设计》,载《工商行政管理》2006 年第 11 期。

③ 这部分内容的更详细版本,参见论文《经营者承诺制度的和解本质》,载李明发主编:《安徽大学法律评论》(2011 年第 2 辑),安徽大学出版社 2011 年版,第 41 ~ 49 页。

模式上。正式的反垄断调查程序的展开，更多地采用单向的运行方式，要求市场主体对执法机构的服从。这种运行模式内部缺少一种自下而上的信息反馈渠道，或者信息反馈难以对执法机构的行为产生实质性影响。而在承诺制度中，市场主体的意见一般可以得到合理的尊重，正式调查程序中单方面的命令与服从模式逐步让位于通过吸纳相对方的平等参与与理性对话而达成合意的模式。这种模式具有双向性的特点，使市场主体的参与有了可能，增加了反垄断执法活动的民主性，同时也能保证执法结果的理性化。

保证合意的关键，不仅看制度运行的结果是否体现为一种契约形式，更要看制度适用过程中是否允许协商，也即承诺内容确定的合意性。反垄断法承诺制度的适用结果，表现为执法机构根据市场主体的承诺作出决定，以赋予承诺约束力。在这一过程中，承诺内容的形成应当经过双方的协商。也就是说，市场主体作出的承诺，不是执行执法机构命令的结果，而是双方"讨价还价"的产物。承诺的内容形成在先，执法机构以决定方式赋予承诺效力在后。

欧盟承诺决定的作出，充分体现了协商精神。通常，欧盟委员会向企业发出异议声明之后，是否向欧盟委员会作出承诺，完全由企业自由决定；是否接受市场主体的承诺，也由欧盟委员会根据案件情况及"市场测试"结果而定，作出承诺决定在任何情况下都不是欧盟委员会的一项义务。即便最终以承诺决定结案，承诺的具体内容也往往要经过欧盟委员会与市场主体之间的多次协商。

2. 承诺制度的适用实际上是一个要约与承诺的过程

反垄断法承诺制度的适用一般包括承诺制度的启动、承诺内容的确定和承诺决定的作出三个阶段。从合同法角度看，这三个阶段实际上就是相对人与执法机构之间发出要约、提出新要约和作出承诺的过程。

在承诺制度适用上，法律往往会要求，市场主体欲作出承诺的，须向执法机构提出明确要求，例如，以书面申请方式为之。这里的申请，性质上类似于合同缔结中的"要约"行为。申请人为要约人，执法机构为受要约人。

通常，构成一项有效申请，法律会设定一些基本要求。例如，将来可能要基于申请作出有正式约束力的承诺决定，故申请应以书面方式进行。此外，作为市场主体向执法机构发出的"要约"，该申请还应包含确定的要约内容，要约内容会包含两个方面：一是市场主体提出的确定的和解条款，主要表现为市场主体承诺在多长期限内采取哪些措施，以消除涉嫌垄断行为的消极后果；二是市场主体作出的一旦执法机构接受其申请，自己即受该申请拘束的意思表示，即市场主体应明确表示，如果执法机构接受其申请并作出相应决定，则其会在承诺的期限内将所有承诺的义务履行完毕。

执法机构收到市场主体申请时,如认为该申请足以消除涉嫌垄断行为的消极影响,则可接受其申请。这种接受性质上可理解为执法机构对相对人的“要约”作出了“承诺”,至此,合意达成。之后,执法机构只需依此作出承诺决定,以使合意变成有约束力的正式决定即可。当然,如果执法机构认为相对人的承诺还不够充分或明确,则不会接受其申请,而会要求市场主体重新设定申请内容,或直接提出自己的要求。这种行为,在合同订立中即为对要约提出实质性变更,即拒绝原要约、提出新要约。之后,执法双方之间通过一轮又一轮的协商,即一次又一次地提出新要约,直至确定双方都可接受的合意内容。

另外,在市场主体未提出申请时,执法机构可否主动提出适用承诺制度的建议,大多国家或地区未明确规定,但理论上应该是可以的。因为执法机构提出相关建议后,是否愿意适用该制度仍由市场主体自己决定,执法机构的建议并不会对市场主体的实体权益造成任何不利影响。通常,为了避免执法机构强制市场主体作出特定承诺,在实践中不宜由执法机构向相对人提出承诺的具体内容,故执法机构欲适用承诺制度时,一般也只能建议相对人去申请。执法机构的这种建议类似于合同缔结中的“要约邀请”。根据该要约邀请,市场主体可自由决定是否向执法机构发出要约,即决定是否申请适用承诺制度。

可见,不仅市场主体有发出要约的权利,反垄断执法机构也有发出要约邀请的权利。不论要约还是要约邀请,都是双方寻求适用承诺制度的意思表示。只不过,因涉及公共利益,执法机构在适用该制度时会受到一定限制。例如,执法机构一般不得作为最初的要约方;执法机构甚至会被要求在某些情况下不得接受市场主体的申请。

不论是市场主体提出申请,还是执法机构提出建议,要约的核心内容都是关于市场主体应履行的特定义务,即市场主体承诺的具体内容。这正是欧盟及我国反垄断法将该制度称为承诺决定或承诺制度的原因所在。

3. 承诺制度的作用机理在于双方互信并互相承诺

反垄断法承诺制度从表面上看似乎仅是市场主体的单方承诺,但实质上却是一种典型的双方行为。不仅市场主体需要承诺停止、修正或从事特定行为,以消除行为的消极影响,而且反垄断执法机构也应承诺在市场主体作出有效承诺之后,停止执法调查活动;在市场主体履行完承诺之后,案件处理程序结束。可见,反垄断法承诺制度的有效运作,不仅依赖于市场主体作出有效承诺,也依赖于执法机构接受承诺并履行法律规定的结束调查、免除处罚义务。

从这个角度看,承诺制度实际上是一种双方承诺,执法机构与市场主体互为承诺人。

反垄断法承诺制度之所以在实践中能发挥重要作用,从本质上看,就在于其作用机理贯彻了平等协商理念,这使通过协商达成的承诺决定在通常情况下都是对执法双方最有利的安排。具体来说,这种作用机理表现在,通过法律上的一种制度安排,使市场主体充分相信在特定案件中,向执法机构作出承诺是自己的最优选择,并且在确定自己的最优选择时,接受市场主体承诺并停止调查也是执法机构的最优选择。如果市场主体基于这种预期,向反垄断执法机构作出了停止、修正或从事特定行为的承诺,执法机构也接受该承诺,并据此作出结束调查、免除处罚的决定,则双方的预期目标都会实现,该制度就具有较高的可执行性。

可见,要使承诺制度成为执法双方在动态博弈中形成的一种最优选择,要保证集体理性的最终实现,其核心在于保证博弈过程中双方的"理性预期"。任何一方的预期被破坏,制度适用都会出现障碍。保障理性预期的关键,是让市场主体的承诺与执法机构的承诺在对方看来都是可信的,即保障事前承诺(pre-commitment)的可置信性。这是反垄断执法承诺制度有效运作的条件之一。

虽然事前进行令人置信的承诺在承诺制度中尤为重要,但承诺的可置信性往往是困扰执法机构与市场主体的难题。具体来说,如果市场主体已经违法,执法机构可能会认为,最优选择不是容忍而是严厉惩罚,因为违法的垄断行为会给其他主体甚至整个社会带来利益损失,只有通过惩罚才能形成有效威慑,从而杜绝此后这类行为的发生。更重要的是,只有足够的惩罚才能转移垄断行为带来的社会成本。但是,实施垄断行为的市场主体显然也会预期到这一点,那么这种情况下,它的选择主要有两个:一是干脆不实施垄断行为;二是继续实施垄断行为但避免被执法机构察觉。显然,基于竞争压力及利润最大化的考虑,市场主体多数会选择后者。如果每个市场主体都存在这种预期,都试图增加垄断行为的隐蔽性,则反垄断执法就变得困难重重。

因此,为增加执法的有效性,执法机构不得不进行策略转移,它的最优选择不再是惩罚而是合作,以此来激励市场主体自我纠正。这实际上对市场主体来说也是有好处的。但问题的关键是,市场主体是否会相信执法机构。对市场主体来说,如果承诺的结果不是免于处罚,而是"自投罗网",则承诺就不是它们的最优选择。这里产生了市场主体对执法机构的信任问题,如果信任不足，则市场主体不会主动作出承诺。显然，为了保证集体理性的实现，执法机构也需要意识到这一点。这就意味着，为了解决信任不足的问题，在反垄断法承诺制度中，不仅经营者需要承诺，执法机构也应有所承诺，执法机构承诺的主要内容是向市场主体宣布，只要后者作出有效承诺即可受到免罚处理。要做到这一点，不能仅在个案中由执法机构向特定市场主体进行保证，而是更多地需要从制度层面进行规定，具体体现为对执法机构单方修改、终止承诺决定进行限制，防止市场主体的承诺成为执法机构惩罚市场主体的有力证据。

4. 我国执法实践已承认承诺制度的和解本质

我国的经营者承诺制度，本质上也是一种执法和解，但各种立法文件较少使用“和解”的提法。这可能与承诺制度的现实地位以及我国的公法执行体制有关。一方面，我国《反垄断法》虽然规定了经营者承诺制度，但与正式调查相比，承诺制度往往处于补充地位，不仅很多案件本身无法适用承诺制度，即便对可以适用承诺制度的案件，根据国家工商总局 2009 年颁布的《工商行政管理机关查处垄断协议、滥用市场支配地位案件程序规定》以及国家发改委 2010 年颁布的《反价格垄断行政执法程序规定》，执法机构在决定是否中止调查时，也应考虑行为的性质、持续时间、后果及社会影响等具体情况，即必须对市场主体的承诺请求进行实质审查；另一方面，反垄断法在我国基本被定位为公法，在公法领域引入和解的做法在我国才刚刚起步，甚至还存在一些体制上的障碍，在这种情况下，反垄断法执行中自然也慎用“和解”的概念。

不过，不管经营者承诺制度的具体称谓如何，其和解本质是肯定的。与正式调查的单方性不同，承诺制度的适用离不开执法双方的合意，如果市场主体不愿作出承诺，或执法双方无法就承诺内容达成一致意见，则执法机构是无法单方决定适用该制度的。这是承诺制度适用上的最大特点，也是我们将其看作执法和解制度的重要原因之一。

承诺制度的和解本质，在我国实践中已基本得到确认。《反垄断法》出台后，全国人大常委会法制工作委员会在其编写的《反垄断法》条文说明中就明确指出，“承诺制度是反垄断执法机构与被调查的经营者和解的一种重要方式”。[①] 工商局的上述程序规定出台不久，其相关负责人也曾就该规章的有关情况回答了记者提问。在对经营者承诺制度意义的回答中，该负责人也明确

① 全国人大常委会法制工作委员会经济法室编：《〈中华人民共和国法垄断法〉条文说明、立法理由及相关规定》，北京大学出版社 2007 年版，第 270 页。

提出，“经营者承诺制度又称和解制度”，能“使垄断行为及时得到制止，能及时保护消费者合法权益，提高执法效率，节约执法成本”。①

五、反垄断法承诺制度与相关制度关系

（一）承诺制度与正式调查

在反垄断法实施中，承诺制度与正式调查都是垄断案件的处理方式。在现代很多国家反垄断法中，两种执法方式不仅共同存在，而且分工明确、配合得宜。从各国反垄断执法实践看，对承诺制度与正式调查之间的关系，可从两个角度进行分析：一是从抽象层面看，两种执法方式之间总体上是替代互补的；二是在具体案件中，两种执法方式之间的关系还可能表现为先后相继。

1. 替代互补关系

所谓替代性，是指在反垄断执法中，承诺制度的适用具有替代正式调查的效果。即在通常情况下，一个案件如果采用了承诺制度，则无须展开正式调查活动。在立法上，一国反垄断法往往规定哪些案件不能或可以适用承诺制度，即确定承诺制度的适用范围。如果法律明确规定某些案件不能适用承诺制度，则在实践中，执法机构只能就该案展开正式调查活动。如果法律只是建议执法机构在某些案件中适用承诺制度，则承诺制度是否最终替代正式调查还应具体分析。

所谓互补性，是指就整个反垄断法的执行来说，承诺制度与正式调查之间是互补关系，二者都是现代反垄断法执行中不可缺少的方式，单靠任何一种执法方式，反垄断执法都是不全面的。如果反垄断执法完全依赖正式调查，则必然存在执法缺口，甚至产生执法困境。同时，承诺制度的适用范围也是有限的，如果所有的案件都适用承诺制度，则各种风险会随之而来，反垄断法的功能就最终难以实现。因此，不论是正式调查还是承诺制度，都各有优势并各具不足，在反垄断执法实践中，两种执法方式应共同作用、互补不足。

互补性还有另一重含义，即指一种有侧重的补充。从理论上看，所有案件都可采用正式调查的方式，但能适用承诺制度的案件范围却是有限的。同时，反垄断法与私法不同，对大多数垄断案件，除要纠正违法行为，还要实现威慑

---

① 《国家工商总局竞争执法局负责人就〈反垄断法〉两个配套规章出台答记者问》，载中国工商行政总局网：http://www.saic.gov.cn/zwgk/zyfb/qt/fld/200906/t20090608_61152.html，最后访问日期：2016 年 6 月 12 日。

违法者的目的。承诺制度可以纠正违法行为,但不足以形成有效威慑。这就决定了,承诺制度通常适用于违法性不大或证据难以获取的案件,这类案件虽然数量不少,但其重要性程度相对较弱。因此,在反垄断法的执行中,一般将正式调查看作主导性的执法方式,承诺制度仅具有补充地位,即承诺制度的适用主要用来弥补正式调查的不足,在能以正式调查方式处理垄断案件时,一般不需或不能适用承诺制度。

当然,如果着眼于实践,我们可能会发现适用承诺制度的案件其实并不少,例如,美国大多数垄断案件都以和解方式了结。这种状况不足以说明承诺制度已在反垄断执法中占据主导地位,而只能说明,相对于现实中存在的垄断行为来说,最终进入执法机构视野的案件目前还少之又少。这种现状的形成,主要原因是执法资源有限,且垄断行为越发复杂。因为执法资源有限,执法机构无力对所有的垄断行为展开执法活动,即便发现了某些垄断行为,如果法律允许,也可能倾向于选择适用承诺制度。再加上现在的垄断行为越来越复杂、隐秘,很多垄断行为根本就无法进入执法机构的处理程序。

2. 先后相继关系

先后相继关系是承诺制度与正式调查之间关系的特殊形态,是指在特定案件中,两种执法方式可能先后出现。在通常情况下,承诺制度与正式调查之间具有相互替代的效果,适用了一种执法方式,另一种执法方式就被排除,但在特定情形之下,可能先适用一种执法方式,之后又转入另一种执法方式。从各国或地区实践上看,先后相继关系有两种具体形态:一是正式调查之后转入承诺制度;二是承诺制度适用之后转入正式调查程序。

就某一案件来说,执法机构可能先启动正式调查程序,之后因种种原因又决定适用承诺制度。通过调查,执法机构可能发现,案件采用承诺制度更有利于实现执法目的,例如,被调查的市场主体态度良好,主动作出承诺,这时执法机构可能会选择停止调查,接受市场主体作出的承诺。此外,如果执法机构通过正式调查仍难以获取充分证据,则正式调查进入僵局,这时,无论市场主体主动承诺,还是执法机构提出承诺建议,都可能使案件转入承诺制度的适用。我国台湾地区甚至规定,对任何垄断案件,“公平交易委员会”必须先进行正式调查,如果能够将案件事实及法律关系调查清楚,就不能适用承诺制度。只有在“经依职权调查仍不能确定”时,才可与相对人和解。这就意味着,承诺制度只能出现在正式调查程序之后,没有正式调查程序,也就不可能有承诺制度的适用。

适用承诺制度的案件,最后也可能会转入正式调查程序。执法机构在决定某一案件是否适宜采用承诺制度时,通常只进行初步判断,而这种判断总有发生偏差的情况。随着承诺制度的进行,执法机构可能发现,以承诺方式结案会对公共利益产生损害,这时就应放弃承诺制度的适用而转入正式调查。此外,有些案件可能在当初适用了承诺制度,但随着新事实的出现或客观情况的变化,原来的承诺已经不再合适,这时也可能需要重新开始正式调查程序。例如,市场主体在承诺决定作出后没有履行其承诺,这时,只要限制竞争的问题没有解除,案件就需要重新处理。当然,为了防止执法机构随意变更执法方式,破坏市场主体的理性预期,法律通常又会规定,执法机构变更承诺决定要受到各种条件约束。

(二)承诺制度与宽大制度

反垄断法上的宽大制度(leniency program),是对垄断行为人的从宽处理制度。根据这一制度,在反垄断执法机构尚未知悉或完全掌握足够证据时,如果垄断违法行为人主动向执法机构报告其参与的卡特尔情况并协助主管机关调查,则该报告人可被免除或减轻法律责任。宽大政策一般适用于秘密性较强、危害性较大的核心卡特尔案件中,它在披露与制止卡特尔行为方面可以发挥重要作用。美国反托拉斯法与欧盟竞争法中都采纳了宽大制度。

宽大制度实际上是一种告发奖励制度。反垄断法上的告发有两种:一是垄断行为实施人告发其他参与人;二是第三人的告发或举报。反垄断法上的宽大政策主要针对第一种,即垄断行为内部成员的告发。各国反垄断法一般也支持第三人告发,但因为第三人不是垄断行为的实施人,不会受到执法机构的处罚,因而也就不存在从宽处理的问题。

承诺制度与宽大制度有一定的相似性:一是在制度功能上,二者都能节约执法资源,提高执法效率,也能迅速纠正垄断行为;二是在适用效果上,承诺决定不会给行为人施加惩罚,宽大制度的实施结果是告发人受到减免处罚的奖励。

尽管如此,两种制度的区别比较明显:

第一,法律性质不同。承诺制度具有明显的协商性或合意性,承诺决定是执法双方的合意。宽大制度的适用不允许协商,《反垄断法》对宽大制度的适用条件规定得非常严格,因而宽大政策的适用结果虽也表现为减免责任,但这是基于法律明确规定的结果,而且甚至减免人数、减免幅度等也有明确的法律规定。

第二,适用范围不同。承诺制度的适用范围,有些国家或地区立法可能没有规定,但从美国与欧盟实践上看,具有严重危害性的卡特尔一般不允许适用承诺制度。宽大制度的主要目的是瓦解秘密垄断行为,因而主要适用于卡特尔,尤其是核心卡特尔。美国反托拉斯法与欧盟竞争法这方面的规定非常明确。我国《反垄断法》第46条也规定了宽大制度,其适用范围被明确限定为垄断协议。① 也就是说,反垄断法承诺制度与宽大制度的适用范围基本上是互补关系,且不论从立法还是执法实践来看,承诺制度的适用范围都比宽大政策的适用范围大得多。

第三,适用阶段不同。承诺制度一般发生于执法调查过程之中,通常是执法机构已经展开调查并掌握了初步证据。一般而言,在执法活动尚未展开时,市场主体不会作出承诺。宽大制度是在执法机构未掌握相关证据,甚至毫不知情的情况之下,特定行为人主动告发并申请从宽处理,因此,它既可能适用于调查活动之前,也可能适用于调查活动之中。有些国家,如日本甚至规定,只有在调查展开之前申请宽大待遇,才有免除处罚的可能,否则,只能依情形予以适度减轻处罚。②

第四,公开程度不同。为了保护利害关系人利益或公共利益,承诺制度的适用一般应公开进行,以便相关主体能够加以评论、陈述意见。宽大制度的适

---

① 我国《反垄断法》对宽大制度的适用范围仅规定为垄断协议,而未区分横向垄断协议还是纵向垄断协议。大多国家或地区则将宽大政策的适用对象限制为横向垄断协议。2013年国家发改委对9大奶粉企业实施的转售价格维持行为作出处理决定,其中有3家企业因申请宽大待遇而被免除处罚,这是我国反垄断执法实践中首次对纵向垄断协议适用宽大制度。这一做法引起人们热烈讨论。从法律适用来看,国家发改委根据《反垄断法》的规定,对纵向垄断协议适用宽大制度并无不妥。但从宽大制度的产生背景及作用原理上看,纵向垄断协议在我国没有适用宽大制度的必要条件。宽大制度的适用结果是在明确认定被调查的企业行为违法的情况下,给予其减免处罚的待遇,而其获得减免待遇的前提是,因其自首与告发使垄断协议被查处并使其他未告发者受到了处罚。因此,一方面,宽大制度主要适用于垄断行为人在自首的同时也告发了垄断行为其他参加人的情形,仅有自首而无告发,一般不可获得宽大待遇;另一方面,如果对一项垄断行为适用宽大制度,使所有的行为人都被免除处罚,则实际上就使公共利益遭受了难以弥补的损失,宽大制度的适用就缺乏正当性。换言之,适用宽大制度只能减免部分违法行为人的处罚责任,而不能使所有人都逃脱惩罚。这就意味着,那些只有单一违法主体的垄断行为不能适用宽大制度。由于我国对纵向垄断协议的处理,只惩罚实施纵向限制的一方,而不会对被限制方作出处罚,所以,纵向垄断协议虽然参加人是两个以上主体,但违法者只有一方,一旦对其适用宽大制度,就会使得唯一的违法者也被减免责任,故其不满足宽大制度的适用条件。

② 参见王秋良、刘金妫:《反垄断法宽恕制度实施条件比较》,载《东方法学》2010年第4期。

用一般具有保密性，即执法机构对告发人的身份和违法情况负有一定的保密义务，非依法律规定或未经该告发人同意，不得擅自向外界披露。宽大制度保密进行的目的是消除告发人的后顾之忧，以更好地鼓励告发。

第五，适用效果不同。对市场主体来说，承诺制度的适用效果有三个：一是对垄断行为的合法与否不作认定；二是之前的垄断行为不受处罚；三是之后必须履行某些义务。换言之，对市场主体来说，"既往不咎"需以之后的行为受到限制为代价。宽大制度的适用效果则与其有所区别：一是行为人需承认行为违法，执法机构在处理决定中也会明确表明行为的违法性；二是宽大待遇不完全是免予处罚，通常只有第一个告发者可被免予处罚，而之后的告发者只能是减轻处罚；三是处罚完毕之后，市场主体不会再受到其他限制，即宽大待遇基于自首、告发而获得，而非来源于之后履行某些义务。

（三）承诺制度与卡特尔案件和解制度

在欧盟竞争法中，除承诺决定外，还有一种和解制度，即委员会第622/2008号条例所规定的卡特尔案件和解程序（settlement procedure in cartel cases）。[①] 为促进该制度的有效适用，欧盟委员会还专门颁布了卡特尔案件决定中适用和解程序的行为通告，[②]详细规定了程序启动、和解讨论、和解书提交、和解决定的作出以及当事人可能享受到和解奖励等内容。

卡特尔案件和解程序是欧盟委员会继宽大制度后，推出的另一个有效打击卡特尔的执法工具，并且可以与宽大制度并用。通过与执法机构合作，卡特尔的参与者可以获得10%的减免处罚额，任何为了提高威慑力而增加的罚款也不会超过两倍。执法机构从中获得的好处是尽快结案，这样能使其以有限的资源处理更多的案件。[③] 卡特尔案件和解程序引入2年后，欧盟委员会在2010年的DRAM案中第一次运用了该程序，所有参与卡特尔的成员均得到

---

① 参见第622/2008号条例于2008年6月30日发布，是对第773/2004号条例的修正，主要是增加了第10a条，即卡特尔案件中的和解程序（settlement procedure in cartel cases）。See Commission Regulation（EC）No 622/2008 of 30 June 2008 amending Regulation（EC）No 773/2004, as Regards the Conduct of Settlement Procedures in Cartel Cases, OJ [2008] L 171/3.

② See Commission Notice on the Conduct of Settlement Procedures in View of the Adoption of Decisions Pursuant to Article 7 and Article 23 of Council Regulation（EC）No 1/2003 in Cartel Cases, OJ [2008] C 167/1.

③ See Mag. Marie-Therese Richter, "The Settlement Procedure in the Context of the Enforcement Tools of European Competition Law-A Comparison and Impact Analysis", *E. C. L. R.* 2012, 33(11), p. 537.

了10%的减免罚款额。① 紧接着在两个月后的动物饲料案中,欧盟委员会再次运用了卡特尔案件和解程序,只不过与第一个案件不同,该案是一个"混合"的和解案,②即有的企业同意和解,有的企业不同意和解(其中1家企业不同意和解),所以欧盟委员会就该案作出了两份决定。③ 该案也是卡特尔和解程序与宽大制度并用的案件,其中一个参与人因报告卡特尔情况而获得了免予处罚的奖励。

卡特尔案件和解程序与承诺决定都是简便的执法方式,二者的功能相似,都是为了提高执法效率、节约执法资源,性质上也都属于和解制度,但二者的差异仍是比较明显的。第一,在适用范围上,承诺决定主要适用于行为性质与违法性较轻的案件,特别不能适用于核心卡特尔案件(hardcore cartel cases);在核心卡特尔案件中,如果执法双方想寻求简便方式,则只能适用第622/2008号条例所规定的和解制度。第二,在行为性质认定上,卡特尔的参与者要想适用和解程序,必须承认参与了违法的卡特尔,④欧盟委员会据此作出的和解决定不会回避对其行为违法性的认定;而在承诺决定中,欧盟委员会对涉案行为的性质保持沉默。第三,在适用效果上,卡特尔案件的和解程序不会对和解方免除处罚,只会给予其减免10%罚款额的和解奖励;而在承诺决定中,则不会带来任何处罚效果。

---

① See Case COMP/38.511 – DRAMs, OJ [2011] C 180/15.

② See Antitrust: European Commission Fines Animal Feed Phosphates Producers €175 647 000 for Price-fixing and Market-sharing in First "Hybrid" Cartel Settlement Case, IP/10/985, Brussels, 20 July 2010.

③ See Case COMP/38.866 – Animal Feed Phosphates, OJ [2011] C 111/15, OJ [2011] C 111/19.

④ See Angela Ortega Gonzalez, "The Cartel Settlement Procedure in Practice", *E. C. L. R.* 2011, 32(4), p.170.

第二章　反垄断法承诺制度的法律适用

一、反垄断法承诺制度的适用原则

（一）自愿原则

反垄断法承诺制度的本质既然是一种和解，在适用上就必须贯彻自愿原则。承诺制度虽发生于反垄断法的公共实施过程之中，但仍具有契约形式，是执法双方通过协商解决垄断争议的一种方式，自愿是协商一致的前提和保证。自愿与强制相对，在承诺制度适用中，执法机构不能将其单方意志强加给市场主体，只有在市场主体自愿的前提下，才能适用承诺制度。

自愿原则既是承诺制度适用的前提，也是保障市场主体权益的最直接手段，是平衡执法双方能力差异的重要途径。通过自愿原则的贯彻，反垄断执法手段的强制性得以弱化，执法机构的管理者地位得以削弱，从而能够在执法双方之间形成一种平衡，有利于确保反垄断执法过程与执法结果的妥当性。

自愿原则包括程序启动上的自愿和程序适用中的自愿两方面内容。

程序启动上的自愿，意为承诺制度的适用是执法双方共同选择的结果，若只有一方愿意适用，而另一方拒绝适用，则不会引发承诺制度的启动。因此，在现实中，既可能发生市场主体主动作出承诺而执法机构不接受其承诺的情况，也可能存在执法机构提议适用承诺制度而市场主体不愿作出承诺的情形。

程序适用中的自愿，主要是指承诺内容的确立应体现协商精神。一旦承诺制度启动，执法双方应就市场主体应履行的承诺的内容进行协商，协商应在平等、自愿的前提下进行，一方不得将其意志强加给另一方，执法机构尤其不得强迫市场主体必须作出某种承诺。通常，市场主体作出承诺之后，执法机构可判断该承诺是否足以消除行为的消极影响。如果执法机构认为承诺的内容不完全或不充分，则可要求市场主体修改承诺，双方由此进入谈判阶段。在谈判过程中，市场主体应当可以进行实质性的“讨价还价”，在认为承诺内容不合理时，市场主体可以直接拒绝作出承诺。承诺内容的最终确定，应为双方“讨价还价”的结果。

自愿原则是针对执法双方的原则，而不是仅仅针对执法机构或市场主体。自愿原则意味着必须尊重市场主体拒绝适用承诺制度的权利，也就是说，在任何情况下，市场主体都可以拒绝向执法机构作出承诺。市场主体拒绝作出承诺可能存在多种原因，例如，市场主体认为自己实施的垄断行为并不违法，因而也就没有承诺的必要。另外，如果市场主体认为自己所实施的垄断违法行为并不能被执法机构通过正式调查程序所证明，则作为理性人，市场主体一般也不愿作出承诺。在现实中，不论市场主体是基于何种原因而不愿意作出承诺，这种意愿都应当得到充分的尊重。换言之，如果市场主体不承诺，则执法机构有义务通过正式的调查活动来认定市场主体行为的性质。

（二）裁量原则

裁量原则与自愿原则相伴而生，自愿原则本身就意味着执法机构对是否接受市场主体的承诺具有自由裁量权。反垄断法承诺制度即便在法律上有明确规定，其内容往往也是原则性的，法律很难规定在哪些情况下执法机构必须适用承诺制度，也较少规定承诺制度的适用条件、适用范围、承诺内容的确定等实体内容。法律的规定多限于该制度的运作形式，实体问题更多的是需要执法机构在个案中进行判断。现实中，垄断案件本身也十分复杂，承诺能否消除行为的消极影响，大多时候也只能由执法机构进行判断。

反垄断法承诺制度适用中的裁量，包括程序启动上的裁量和程序运作中的裁量两方面内容。

在承诺制度的启动上，法律不会规定执法机构在何种情况下必须采用承诺制度，而只会建议在哪些情况下执法机构可以采用该程序。欧盟委员会

2004 年发布的关于承诺决定常见问答的备忘录就指出,承诺决定是一种新颖的执法机制,其适用条件是灵活的,欧盟委员会绝不会被强制在何种情况下必须采纳承诺决定程序,而只会被建议在有些情况下可以考虑适用该程序。①

执法机构是否采用承诺制度取决于多重因素。一般来说,如果执法机构认为通过正式调查可以确认违法行为且调查成本又不高,或者违法行为重大、社会危害性明显,不通过严厉惩罚不足以产生遏制效果,则执法机构会倾向于正式执法而不采纳承诺程序。② 即便在法律建议可以适用承诺制度的场合下,执法机构也可以自由决定是否适用该制度,立法层面的法律建议对执法机构来说不具有约束力,而只是为其适用该制度提供了更为明确的依据。

承诺制度在具体运作中也充满了自由裁量因素。为减少适用承诺制度可能带来的负面效果,法律往往只对承诺制度的运作形式进行规定,而具体的承诺内容的确立以及市场主体的承诺是否适当、有效等问题,则只能交给执法机构进行裁量。

在欧盟的承诺决定程序实践中,执法机构的裁量权非常大,整个承诺程序的适用充满了协商精神。如果欧盟委员会发现企业行为可能涉嫌违法,就会对企业行为作出"初步评估",实践中表现为向企业发出一份《异议声明》。《异议声明》往往包含了欧盟委员会对企业提出的大致要求,这些要求基本上构成了企业承诺的基础,企业据此向欧盟委员会作出承诺,欧盟委员会可评估承诺内容能否消除涉案行为的危害性,并可进一步与企业进行协商,直到承诺的内容充分、足够,或在无法达成一致意见时放弃作出承诺决定。③ 最终确立的承诺内容,基本上是执法双方不断协商的结果,且在这一过程中,欧盟委员会的自由裁量权处于主导地位。

此外,承诺内容应当是结构性的(structural)还是行为性的(behavioral),承诺的期限应该多长,如何将承诺的履行置于执法机构的监督之下等,这些问题既与案件事实紧密相联,也可能需要在承诺执行中进行变更,因而也都离不

---

① See Commitment Decisions (Article 9 of Council Regulation 1/2003 Providing for a Modernised Framework for Antitrust Scrutiny of Company Behaviour)-Frequently Asked Questions and Answers, MEMO/04/217, Brussels, 17. September 2004.

② See Wouter P. J. Wils, "The Use of Settlements in Public Antitrust Enforcement: Objectives and Principle", Accessed June 12, 2016. http://ssrn.com/abstract=1135627.

③ See Heike Schweitzer, "Commitment Decisions Under Art. 9 of Regulation 1/2003: The Developing EC Practice and Case law", EUI *Working Papers* LAW 2008/22, p. 4.

开执法机构的自由裁量。

在承诺履行中,各国法律一般会规定,如果执法机构作出相关决定所依据的事实发生了重大变化,则承诺应当终止、修改或执法机构应重新开始正式调查程序。例如,根据第1/2003号条例及2004年备忘录(MEMO/04/217)的规定,当作出承诺决定所依据的任何事实发生实质性变化(material change)时,欧盟委员会都可以重新开始调查程序;如果承诺决定在履行中变得不再恰当(no longer appropriate),作出承诺的市场主体也可申请终止承诺决定的履行。我国《反垄断法》也规定,如果中止调查的决定所依据的事实发生重大变化,则反垄断执法机构应当恢复调查。这里要求,事实变化必须是达到"重大"程度的事实变化而不是所有的或一般的事实变化,或者承诺决定的履行"不再恰当"。至于何为"所依据的事实""事实变化"以及如何认定"重大变化""不再恰当",法律都未予规定,而是留给执法机构根据案件事实进行自由裁量。

(三)适度原则

适度原则是指反垄断法承诺制度的适用应有所限制。一方面,承诺制度的适用不宜泛化到所有的垄断案件中,执法机构决定是否适用承诺制度时,应综合权衡多种因素,而不能仅基于简化执法调查活动的考虑;另一方面,即便作为一种和解机制,承诺制度也关涉众多主体利益乃至公共利益,因而其适用过程不能全由执法双方任意协商。适度原则是一种平衡手段,要求将承诺制度适用可能带来的消极后果降到最低,争取适用过程与适用结果都能做到最优,因而适度原则的要求也可理解为权衡利弊规则。

适度原则要求执法机构在适用承诺制度时,应权衡可能产生的各种利弊。即便法律规定某类垄断行为可以适用承诺制度,也不意味着市场主体就这类行为作出承诺时,执法机构都应接受其承诺,是否接受必须有一个利益衡量的过程。即便承诺制度已经启动,在适用过程中也应考虑将可能带来的消极后果或可能造成的利益伤害降到最低,为此,那些在私人和解时可任意处分的利益或可任意选择的程序,在承诺制度适用中可能受到限制。

适度原则主要针对反垄断执法机构,基本目的是将反垄断法承诺制度与普通的私人和解相区别开来,这是反垄断法承诺制度作为公法执行方式的必然要求。从各国立法或实践上看,适度原则主要体现在对承诺制度的适用范围、适用形式及适用次数等各个方面的限制上。

第一,范围限制。承诺制度的适用总伴随着一定风险,不是所有的垄断行为都可适用承诺制度。能以承诺方式结案的垄断行为,有的国家或地区反垄断法有明确规定,有的国家或地区则由执法机构裁量。不论采用何种形式,防止在一些违法性严重的案件中适用承诺制度,基本上是各国或地区的共同做法。

第二,形式限制。私人和解的形式非常灵活,只要双方认可,各种形式均具有约束力。但在反垄断法承诺制度适用中,基于保护相对人、利害关系人及公共利益的需要,执法双方的协商过程不能太随意。各国或地区反垄断法对承诺制度适用形式上的限制,一般体现在协商内容的书面性、公开性、公开期限以及是否需要批准等方面。限制的具体方式及宽严程度虽然有不同,但目的一致,都是为了避免在公法执行中引入和解制度可能造成的主体间利益格局失衡。

第三,次数限制。次数限制主要指对同一垄断行为,一般不允许市场主体作出多次承诺。适用承诺制度通常对市场主体更为有利,如果市场主体对承诺内容的确定或履行不诚信,则应限制其就同一行为再次获得适用承诺制度带来的好处。限制承诺次数的目的,是对市场主体进行警告,具有间接的惩罚效果。虽然对于是否作出承诺,市场主体具有选择权,但只要选择了承诺,就应当遵守诚实信用原则,不得欺诈,不得违约。如果市场主体有不诚信行为,则由于执法机构此时的身份具有双重性,既是有规制权的执法者,也是平等的协商者,故执法机构不仅可以对市场主体进行一定惩罚,作为和解当事人,还可以因对市场主体的信誉产生怀疑而拒绝与其再次和解。也就是说,承诺次数限制本身虽然不是对市场主体的正式惩罚,但实际上让市场主体承担了信誉责任,也具有一定的惩罚效果。

在反垄断法承诺制度的适用中,次数限制一般包括两项具体规则:一是欺诈不再接受承诺规则,即如果市场主体通过欺诈的方法,例如,提供了不完整、不正确或误导性的信息,骗取了执法机构接受其承诺,则在欺诈情况被发现后,不应允许其就同一行为再次作出承诺;二是违约不再接受承诺规则,即在承诺决定作出后,如果市场主体违背了其承诺的义务,例如,不履行、不完全履行或不适当履行承诺,则执法机构可以对垄断行为重新调查,在重新调查时,不应允许市场主体再次作出承诺。我国台湾地区"公平交易委员会"颁布的"缔结行政和解契约处理原则"明确规定,除契约另有规定外,一旦相对人违反行政和解契约,"公平交易委员会"可解除或终止契约;同时,"公平交易委员会"对违法行为继续进行调查,相对人不得就同一行为再次向"公平交易委员会"请求和解。

（四）参与原则

现代法律程序是一种有价值倾向的程序，基本目的在于促进理性选择。而要保证选择的理性，尤其是结果的理性，必须赋予当事人平等参与、对等沟通、充分交涉的权利，这就是程序的“参与性”特征。参与性是程序的最重要特征，在这个意义上，程序可以看作人们对事件的参与以及不断作出选择的过程，而所谓的法律程序，就是为了“法律性决定的选择而预备的相互行为系统”。[①]

程序的参与性特征，来自“程序正义”理论中的一个基本原理：“任何一方的诉词都要被听取。”这个原理的含义后来被扩大化，泛指任何人在行使权利可能使对方受到不利影响时，必须保障对方有被告知（notice）和陈述意见并得到倾听（hearing）的权利。[②] 为保证“意见交涉”而设置的知情权、听证权和辩论权等，是现代法律程序参与性特征的最典型表现。

在具体操作中，程序的参与性特征会转化为参与（participation）原则。民主社会中法律程序的一个重要特征就是设定各种“程序角色”吸纳民众参与。[③] 法律程序在设置上必须保证所有的利害关系人都有参与的权利，尽管在不同类型的程序中，每个人所担任的“程序角色”不同，既可能是申请者、对立面，也可能是决定着、中立者，但他们都应当拥有充分表达自己意见的机会，合理意见还应当被采纳。通过过程中的参与，一般情况下能实现结果的理性或优化，即使参与有时并不一定对结果有利，但这一过程本身就能增强人们对结果的认同感。

就反垄断执法来说，正式调查程序与承诺制度都有参与性的特征，但参与的主体与范围在两种执法方式中有所区别。反垄断法是公法，大部分执法程序都要贯彻法定原则。对正式的执法调查程序来说，相对人及其他相关主体能否以及多大程度上可以参与，法律多已明确规定，且由于这类程序具有明显的强制性，合意空间较小，相对人或其他相关主体即使对执法程序有所不满，往往也只能通过启动其他的程序来寻求救济。因而总体上，正式调查程序的参与性较为有限。反垄断法承诺制度不同，从程序启动到程序终结的整个过

---

① 季卫东：《比较程序论》，载《比较法研究》1993 年第 1 期。

② 参见孙笑侠著：《程序的法理》，商务印书馆 2005 年版，第 27 页。

③ 参见王锡锌著：《行政程序法理念与制度研究》，中国民主法制出版社 2007 年版，第 84 页。

程，市场主体与执法机构之间都可以进行充分的意见交涉，甚至相对人之外的市场主体或普通社会公众也会被赋予一定的参与权。

在反垄断法承诺制度的适用中，具有参与权的主体应扩展到所有的利益相关方，最核心的是执法相对人与利害关系人；同时，尽管承诺制度的性质是一种和解，但仍属反垄断法公共实施的一种方式，故还应考虑可能对公共利益造成的损害。由此，参与原则可具体化为三个子原则：一是相对方参与原则，即作为相对人的市场主体应当可以发表意见，争取对自己最为有利的承诺，并在执法机构提出不合理的承诺建议时，可以进行申辩，合理意见应作为承诺决定作出的依据；二是利害关系人参与原则，即可能因承诺制度的适用或承诺决定的执行而遭受利益损害的主体，应当能够参与到承诺制度的适用中，并就自身利益维护作出申辩，必要时可就利益损害与承诺人达成赔偿协议，或要求承诺决定的生效必须经过利害关系人的同意；三是公众参与原则，即任何社会公众均可基于公共利益维护之目的，对承诺制度适用的正当性提出意见。

为保证参与实效，参与方式应当多样并具有实质性影响，而不能仅是象征性地听取意见。参与的基本要求是参与方具有被听取意见的权利，即参与方就自己可能受到的利益损害进行申辩，或指出承诺制度适用的风险。如果参与者的意见合理并被采纳，则对执法相对人来说，承诺的内容就可能对自己更为有利；对利害关系人来说，自己的合法权益就可能在承诺决定的形成与执行中得到维护；对普通公众来说，就可能使一件不宜以承诺方式了结的案件及时转入正式调查程序。因而，参与不应仅仅是一个过程，还应能影响最终结果。这是参与原则的目的，对利害关系人来说尤其如此。

（五）情势变更原则

承诺决定生效后对执法双方具有约束力，市场主体与执法机构都应按照承诺决定的内容来履行各自义务。这是执法双方协商一致的结果，也是承诺制度作为垄断行为处理方式的基本要求。私人主体间的契约生效后，一般可由双方协商修改，但反垄断法承诺制度是一种公法的执行方式，涉及公共利益，即便执法双方都同意修改承诺决定的内容，修改也应符合公共利益的标准。在有些国家或地区，承诺内容确定后经法院批准，承诺决定与法院判决效力无异，这类承诺决定的合意修改更加严格。不仅承诺决定的合意修改受到限制，执法机构的单方修改更应受到限制。执法机构不当修改承诺决定的内容，例如，在接受市场主体承诺后并不停止调查活动，而是通过分析相对人承诺的内容，或借助与相对人接触的机会，来获取相对人实施违法行为的证据，进而惩罚相对人等，可能会破坏市场主体的合理预期，造成承诺决定的执行扭曲，影响承诺制度功能的发挥。

总的来说，反垄断法承诺制度虽是一种合意性执法方式，但承诺决定一经作出，就与正式决定具有同样效力，在承诺决定履行中，一般不允许修改。但市场情况可能会发生变化，这可能导致承诺决定不再合适。通常，执法机构决定是否适用承诺时会考虑多种因素，尤其是与市场竞争状况相关的因素，如竞争者数量、竞争者市场份额、市场集中度等。因为承诺制度的适用结果，是以市场主体履行承诺来代替反垄断法处罚，是反垄断执法机构对违法行为人的"谅解"，必然涉及一定的公共利益让步。从反垄断法宗旨来看，只有承诺决定不会对相关市场竞争状况造成较大影响，才应允许以这种方式结案。因此，承诺决定作出后，一旦发现其赖以存在的市场状况发生重大变化，继续执行承诺决定已不足以维护市场竞争秩序，则承诺决定就应被修改或终止，甚至对涉嫌违法的垄断行为可以重新处理。同时，市场状况的变化也可能使承诺义务已无履行必要，这时再执行承诺决定对市场主体来说就是不必要的负担。可见，当承诺决定作出时的客观情势在承诺履行阶段发生重大变化，以致继续履行承诺不再具有合理性时，承诺决定应可被修改或推翻。这就是承诺制度适用中的情势变更原则。

从信息角度来看，情势变更意味着信息发生变化，包括信息量的增减或信息内容的变更。承诺决定是市场主体与执法机构之间博弈的结果，是一种"团体理性"的体现，对执法双方来说，遵守决定应当是一种最优策略。这种最优不仅体现在承诺内容的确定阶段，还应贯彻到承诺决定的履行过程中。即承诺内容不仅要在确立时保持最优，也应在履行中保持最优。换言之，在市场主体与执法机构之间的动态博弈中，博弈主体应具有"序贯理性"(sequential rationality)，即每一点上都应保持策略最优。据此，依据既定信息，如果承诺内容在确立时最优，但在履行中信息发生了变更，这时再履行先前的承诺可能不再是一种最优策略，在这种情况下，要想保持主体理性的一贯性，就应修改或终止先前达成的承诺决定。从这个角度来看，情势变更原则可以理解为，随着信息量的增减或信息内容的变化，博弈主体对自身行动策略的一种变更。

情势变更原则是承诺决定遵守的例外，不当适用可能会破坏相关主体的合理预期，因而在适用上必须慎重，尤其不能成为执法机构惩罚市场主体的借口。对执法机构来说，当初与市场主体和解，可能存在"信息偏在"的因素，而在事后,通过承诺内容的确立与履行,执法机构可能掌握了市场主体违法的更多证据,在这种情况下,除非相关情势确实发生了重大变更或市场主体具有不诚信行为,否则,一般不应推翻承诺决定并溯及处分承诺决定所约束之垄断行为。换言之,情势变更原则的适用必须受到较大限制。

第一,所变更之情势必须为"重大情势",而不能仅仅是一般事实。执法机构作出承诺决定时的客观事实有多种,能够影响执法机构作出承诺决定的事实也有多种,如果所有客观事实的变化都可能导致承诺的履行被终止,则反垄断法承诺制度的适用就会具有极大的不确定性,市场主体的合理预期就会遭到破坏,长期下去,市场主体对这一制度就会丧失信心,进而不会选择向执法机构作出承诺。因而,这里必须要求所变更之情势应达到影响执法机构作出决定的程度。也就是说,这一情势变更,使承诺决定的存在基础消失或动摇了该基础。具体来说,判断何为"重大情势",应坚持两点标准:一是情势的相关性,即变更的情势须为执法机构作出承诺决定所依据的情势,而不是所有的情势;二是情势的重要性,即这一情势对执法机构作出承诺决定具有实质性影响,而不是一般性影响。相关性与重要性的标准,排除了与执法机构作出承诺决定无关的事实或仅具有一般关系的事实作为情势变更原则的适用基础,从而避免了该原则适用的任意性。

第二,重大情势的变更必须达到"实质性变更"的程度。所谓实质性变更,应当是一种重大的、根本性变更,是指变更的程度足以影响该情势的本质属性。现实中,随着经济的不断发展,市场竞争状况也会适度变易,市场主体的行为亦会作出相应调整,这使执法机构作出承诺决定所依据的事实难免会发生变化。也就是说,情势变更是必然的、绝对的,关键是变更的程度。实质性变更意味着,继续执行承诺决定已变得不合时宜,如不能有效维护竞争或给市场主体造成严重负担,则这时执法机构就可依职权或基于相关主体申请而决定撤销先前的承诺决定,重新开始调查程序。在实践中,何为实质性变更,难以由法律进行准确界定,故一般只能由执法机构根据案件事实进行裁量。

二、反垄断法承诺制度的适用条件

对市场主体来说,是否作出承诺由其自己判断,这是一个私人利益的衡量过程,法律一般不会干涉。但对执法机构来说,虽然在承诺制度启动上其具有相当大的裁量权,但基于公共利益维护的需要,法律会对其进行一定限制。这种限制主要来自两个方面:一是实体性限制,主要是可适用承诺制度的案件范围限制,即执法机构首先必须判断案件的性质是否适宜以承诺方式结案;二是程序性限制,主要是法律对执法机构是否展开调查以及调查程度的限制。这两个方面的限制,构成了承诺制度适用的先决条件。

(一)适用范围限定

有的国家或地区在立法中明确规定了承诺制度的适用范围,大多国家或地区则不加限制;即便规定了适用范围,不同国家或地区也有差异。总的来说,反垄断法承诺制度的适用范围,尚未形成统一模式,主要并存以下三种做法:

1. 宽泛模式

有些国家或地区反垄断法规定了承诺制度,但对其适用范围未加任何限制,这便是宽泛模式。我国《反垄断法》是这种模式的代表,我国台湾地区也类似。

我国《反垄断法》第45条规定,对反垄断执法机构调查的涉嫌垄断行为,被调查的经营者承诺在反垄断执法机构认可的期限内采取措施消除行为后果的,反垄断执法机构可以决定中止调查。据此,经营者承诺制度适用于"反垄断执法机构调查的涉嫌垄断行为",这意味着所有垄断行为都可适用承诺制度。

我国台湾地区"公平交易法"的执行程序依据"行政程序法"。"行政程序法"要求行政和解以执法机构"经依职权调查仍不能确定"相关事实及法律关系为前提,对其适用范围则未作规定。"公平交易法"执行中的行政和解,应遵守"行政程序法"的要求,故其适用范围,实际上也没有明确的法律限制。

在反垄断法承诺制度的适用范围上,虽然我国《反垄断法》与我国台湾地区"公平交易法"都采纳了宽泛模式,但实际上二者存在较大区别。我国台湾地区虽然没有规定反垄断行政和解的适用范围,但限定了其适用条件,且该条件非常严格,实际上起到了限制行政和解制度适用范围的效果,故"公平交易委员会"以和解程序处理垄断案件时,虽然在表面上没有范围限制,但实际上却存在较大制约。只不过这种限制不是针对垄断行为,而是针对执法机构。与此不同的是,我国《反垄断法》既未对承诺制度适用的垄断行为进行限制,也未对执法机构适用该制度的条件提出要求,即在制度启动上,既无实体限制,也无程序限制,因而我国《反垄断法》对承诺制度的适用范围未作任何限制。

2. 严谨模式

严谨模式即反垄断法承诺制度的适用范围被规定得非常有限，代表国家是2005年至2015年期间的日本。日本《禁止垄断法》曾经存在劝告审决与同意审决两种承诺制度。在2005年之前，公正交易委员会经调查确认存在垄断违法行为时，通常会开始行政审判程序以作出审决，但在审判之前，企业有两次和解机会：一是公正交易委员会会对企业进行劝告，如果企业允诺劝告，则作出劝告审决；二是企业不允诺劝告的，公正交易委员会作出开始审判决定书，这时企业仍可与公正交易委员会和解，由后者不经审判直接作出同意审决。劝告审决与同意审决的适用范围较大，可针对所有的垄断行为。但2005年日本修改《禁止垄断法》时，改造了行政审判程序，现在大多垄断行为被确认后，公正交易委员会不会再开始行政审判，而直接作出"排除措施命令"。只有对垄断状态，公正交易委员会认为付诸行政审判有利于公共利益的，才会开始行政审判程序。随着行政审判程序的改造，劝告审决被废除，同意审决也仅适用于垄断状态的规制。当然，2015年之后，同意审决也不复存在了。

日本是当前为数不多规制垄断状态的国家。根据2005年日本《禁止垄断法》的规定，当存在垄断状态时，公正交易委员会可责令企业转让部分营业或采取其他为恢复该商品或服务的竞争所必要的措施。公正交易委员会可对垄断状态开始审判程序。公正交易委员会作出审判开始决定后，被审人可申请同意审决以避免后续审判，具体做法是，如果被审人同意审判开始决定书记载的事实及法律适用，可向公正交易委员会申请不经审判程序而直接接受审决，并承诺采取相关措施排除垄断状态，公正交易委员会如认为妥当，则可直接作出同意审决。

垄断状态在大多国家或地区的反垄断法中都不是直接的规制对象，日本虽规制垄断状态，但其内涵与外延被限制得非常严格。根据日本《禁止垄断法》的规定，构成垄断状态必须满足以下条件：(1)规模要件，即同种商品以及在国内供应的与此商品在功能、效用上显著类似的其他商品的价格或在国内供应同种服务的价格，在最近1年内的合计额超过1000亿日元。(2)弊害要件，即上述商品或服务的经营者对市场结构及市场造成如下弊害：一是较高的市场占有率，具体是指一个企业超过50%或两个企业合计超过75%；二是造成市场进入障碍，即其他企业进入该领域显著困难；三是价格僵硬，即该企业提供的商品或服务，在相当期间，与需求的变动及其供给所需费用的变动相比，价格明显上涨或涨幅下降极小，并且该企业因此获得了显著的超额利润，或者支付了明显过大的销售费用或一般管理费用。[①] 正因规定过于严格，现实中很少有企业因存在垄断状态而被调查或惩罚的。公正交易委员会在2002 年曾确认16 种商品和6 种服务满足规模要件和市场占有率要件，但由于这些领域均不满足市场进入障碍要件和价格僵硬要件，因而未被确认属于垄断状态。[②]

3. 折中模式

在有些国家或地区立法或实践中，大部分垄断行为可适用承诺制度，但对一些违法性明显的垄断行为排除承诺制度的适用，这种模式可称为折中模式。在折中模式下，立法或实践通常会明确不宜适用承诺制度的垄断行为，其他垄断行为由执法机构在实践中自由决定是否适用承诺制度。折中模式的代表是美国与欧盟。

美国反托拉斯法中的同意判决与同意命令，均始于反托拉斯实践，之后才在立法中确认，其适用范围法律没作明确规定，但实践中却是明确的。在适用同意判决或同意命令程序上，立法赋予了执法机构充分的选择权，执法机构在实践中也形成了自己的选择标准。在反托拉斯法实施中，司法部的主要手段是提起民事诉讼与刑事诉讼；联邦贸易委员会的执法方式既有行政手段也有司法手段，但司法手段只限于民事诉讼。在行政阶段与民事诉讼中，一般可适用承诺制度，但在刑事诉讼中，被告的承诺不会被司法部接受。这是因为，刑事诉讼针对恶性卡特尔，对这些具有严重危害性的行为适用承诺制度不足以遏制违法行为。所以，美国承诺制度的适用范围，主要是核心卡特尔之外的其他垄断行为。具体来说，则是联邦贸易委员会不负责对核心卡特尔的执法，同意命令的适用范围没有限制；司法部在民事诉讼中可适用同意判决，在刑事诉讼中则不能适用同意判决。

第 1/2003 条例对承诺决定适用范围的规定非常模糊，实践中由欧盟委员会自主决定。但与美国类似，欧盟委员会的案件选择权也非没有限制。根据第 1/2003 条例第 9 条规定，如果欧盟委员会打算对企业作出终止违法行为的决定，则企业可向欧盟委员会作出承诺。据此，承诺决定实际上是终止违法行为决定的替代程序，其适用范围为欧盟委员会打算作出终止违法行为决定的

---

① 参见日本《禁止私人垄断及确保公正交易法》第 2 条(定义)第 7 款。

② 参见[日]根岸哲、舟田正之著:《日本禁止垄断法概论》(第 3 版)，王为农、陈杰译，中国法制出版社 2007 年版，第 126 页。

垄断行为。[①] 也即对一项垄断行为,如果欧盟委员会拟采取的规制措施是作出终止违法行为决定,则企业对此进行承诺就可能被接受。一旦欧盟委员会接受企业承诺,应作出承诺决定。但是,仅有这种范围限制还不够,因为根据第 1/2003 条例第 7 条,终止违法行为决定的适用范围非常广,涵盖了所有的垄断协议与滥用市场支配地位行为。为解决这一问题,第1/2003号条例在其陈述条款(13)中又规定,如果欧盟委员会打算对某一垄断行为施加罚款,则不宜作出承诺决定。换言之,承诺决定不适用于应作出罚款决定的垄断行为。但这种规定仍旧模糊,因为根据第 1/2003 条例第 23 条的规定,对所有违反《欧盟运行条约》第 101 条和第 102 条的行为,欧盟委员会都可作出罚款决定。

结合第 1/2003 条例第 7 条、第 9 条、第 23 条及陈述条款(13),可以看出,承诺决定的适用范围非常灵活,能否适用承诺决定,取决于欧盟委员会对一项垄断行为意图作出何种决定,这实际上赋予了欧盟委员会极大的自由裁量权。从理论上看,似乎所有的垄断行为都可适用承诺决定,但是,如果一项垄断行为的违法性明显,欧盟委员会通常会作出罚款决定,而不会仅仅是终止违法行为,故在这类案件中,承诺决定几乎没有适用的空间。也就是说,被调查行为的违法性程度构成了限制承诺决定程序的一个重要标准,严重违法的垄断行为实际上不宜适用承诺决定。

正是基于上述考虑,欧盟委员会在 2004 年第 217 号备忘录(MEMO/04/217)中指出,承诺决定的适用条件是灵活的,但如果罚款决定对一个案件来说更合适,则适用承诺决定就是不适宜的,因而在核心卡特尔案件中,应排除承诺决定的适用。这一做法在 2013 年第 189 号备忘录中再次得到肯定(MEMO/13/189)。

另外,承诺决定是第 1/2003 号条例规定的制度,而第 1/2003 号条例规定的是《欧盟运行条约》第 101 条和第 102 条的执行程序,即对垄断协议和滥用市场支配地位行为的执行程序,因而在控制企业集中时不适用承诺决定程序。在欧盟的企业集中控制条例即第 139/2004 号条例中,专门规定了承诺制度,与承诺决定一样,其也是一种执法和解制度。

---

① See Wouter P. J. Wils, "The Use of Settlements in Public Antitrust Enforcement: Objectives and Principle", Accessed June 12, 2016. http://ssrn.com/abstract=1135627, p. 6.

(二)调查程序要求

各国或地区反垄断法通常将承诺制度的适用限制在特定阶段。即便立法没有规定,但在实践中一般也是在执法调查活动启动后,经营者的承诺才可被接受。如果在调查之前,经营者就主动作出承诺,则执法机构不宜贸然接受该承诺并据此作出承诺决定。这便是承诺制度适用的先决程序。

之所以有此要求,主要基于两方面考虑:一是在未经调查时,案件的具体情况、能否接受承诺、承诺是否充分恰当等还难以判断,这时接受承诺,尽管可以节约调查成本,但可能导致制度适用错误,进而产生昂贵的错误成本,例如,违法行为严重,不宜适用承诺制度,或承诺可能不足以消除行为的消极后果;二是通过执法调查活动获取市场主体违法的初步证据,大多数时候是承诺制度有效适用的保证。在以承诺方式了结的案件中,市场主体违法通常都是确定的,这属于执法双方的“公共知识”,否则作为理性人,市场主体就没有作出承诺的必要。执法机构掌握这一信息的表现,就是通过调查活动掌握了市场主体违法的初步证据,一旦缺少这些初步证据,要么市场主体不会作出承诺,要么作出的承诺不够充分。也就是说,通过执法调查活动而获取的初步证据,既是迫使市场主体及时作出承诺的有效“武器”,也是保证承诺制度适用不致出现错误的必要条件。

在欧盟竞争法执行中,欧盟委员会只有在启动调查程序之后才可能接受企业的承诺,并且调查还应达到基本发现违法行为的程度。在实践中的做法是,欧盟委员会发现企业可能违法时会启动正式调查程序(formal investigation),以对企业行为进行“初步评估”,经调查确认存在竞争问题时,会向企业寄送《异议声明》。① 只有在异议声明发出后,企业作出的承诺才可能被接受。在异议声明中,欧盟委员会会向企业通报调查的初步结论(preliminary conclu-sion)或表明欧盟委员会的初步意见(preliminary view),并表达出对竞

---

① 有学者认为,在第1/2003号条例中,除《异议声明》外并无其他正式的《初步评估》形式,故《初步评估》在实践中常常为《异议声明》替代。See John Temple Lang, “Commitment Decisions Under Regulation 1/2003: Legal Aspects of a New Kind of Competition Decision”, *E. C. L. R.* 2003, 24(8), p. 347. Heike Schweitzer, “Commitment Decisions Under Art. 9 of Regulation 1/2003: The Developing EC Practice and Case Law”, EUI Working Papers LAW 2008/22, p. 4. 也有学者认为,《异议声明》在实践中可起到《初步评估》的作用,但《初步评估》还可以比《异议声明》更简略、短幅的其他形式存在。Wouter P. J. Wils, “Settlements of EU Antitrust Investigations: Commitment Decisions Under Article 9 of Regulation No. 1/2003”, 29(3), World Comp. 2006, pp. 345, 353.

争问题的担忧(concerns)。通常,欧盟委员会也会要求企业提出解决竞争问题的救济措施。之后,涉案企业会获得一个相对较长的答复期,以便对异议声明中的初步指控进行解释、抗辩。异议声明的内容与要求基本上构成了企业承诺的基础,如果企业打算作出承诺,承诺的内容应当能够消除欧盟委员会在异议声明表达出的对竞争问题的担忧。很显然,欧盟委员会的这种评估或声明虽然是初步的,但却意味着欧盟委员会已经基本掌握了企业行为违法的初步证据,并表明了欧盟委员会的态度。

实践中,也可能出现企业在欧盟委员会发出异议声明之前即主动作出承诺的,这时,欧盟委员会仍可接受它,但不会构成一个有正式约束力的承诺决定,哪怕企业的承诺内容已与利益第三方进行讨论并做了恰当安排。这种异议声明之前的承诺,在当事人之间也可能产生各种法律后果,但没有正式约束力,即不属于欧盟委员会的承诺决定。①

欧盟的这种限制模式对其成员国竞争法产生了重要影响,很多国家都作了基本类似的规定。例如,德国《反对限制竞争法》和欧盟一样规定了初步评估程序;丹麦《竞争法》也要求承诺决定只有在执法机构对企业行为进行过“初步评估”之后才可作出;②波兰《竞争与消费者保护法》中虽没有正式的“初步评估”程序,但实践中执法机构会向涉案企业发出一份表明其行为很有可能违法的通知,且通知对企业行为会有明确、清楚的描述,③只有在收到这份正式通知之后,企业才可作出承诺;④英国公平贸易办公室(Office of Fair Trading,OFT)2004 年发布的承诺制度适用指南规定,企业作出承诺的有效时间为调查程序启动之后、结论作出之前;⑤意大利《反垄断法》(287/1990 号法

---

① See John Temple Lang, “Commitment Decisions Under Regulation 1/2003: Legal Aspects of a New Kind of Competition Decision”, *E. C. L. R.* 2003, 24(8), p. 347.

② See Annette Wedel Fraemohs, “Commitments Under the Danish Competition Act: An overview”, *E. C. L. R.* 2006, 27(10), p. 554.

③ See Katarzyna Mrzygłód, “Commitment Decisions: A Polish Perspective”, *The ICC Global Antitrust Review*, Journal Issue 3, 2010, p. 103.

④ See Kozieł, Tomasz, “Commitment Decisions Under the Polish Competition Act-Enforcement Practice and Future Perspectives”, *Yearbook of Antitrust and Regulatory Studies*, 2010, 3(3), p. 78.

⑤ See Evi Mattioli, “Commitments and Settlements in the Future UK Competition Regime”, *E. C. L. R.* 2013, 34(3), p. 161.

令)要求企业作出承诺的,应当在调查程序开始的 3 个月内向执法当局提出。①

在日本,同意审决发生于公正交易委员会作出审判开始决定后。公正交易委员会作出审判开始决定,就意味着其已经掌握了垄断行为存在的相关证据,否则,公正交易委员会会继续调查而不会开始审判程序,因而同意审决针对的垄断行为,实际上多已被公正交易委员会证实违法。日本《禁止垄断法》2005 年修订之前的另一种承诺制度即劝告审决,其适用同样要求公正交易委员会已经通过调查程序,掌握了相关证据。根据日本《禁止垄断法》的规定,只有公正交易委员会经调查并基本确认行为人违法后,才会劝告其采取适当措施。②

我国《反垄断法》第 45 条规定,"对反垄断执法机构调查的涉嫌垄断行为",经营者可作出承诺。对此,也应当作同样理解,即只有反垄断执法机构已着手"调查"涉嫌的垄断行为,被调查的经营者才可作出承诺。至于调查到何种阶段,是否需要掌握行为人违法的初步证据,法律则未加规定。

三、反垄断法承诺制度的操作步骤

反垄断法承诺制度的适用,通常包括承诺制度的启动、承诺内容的协商、承诺决定的作出以及承诺决定的执行 4 个阶段。每一阶段的具体操作模式,在各国或地区反垄断法中的规定不尽一致,但通常都包含这 4 个阶段。

(一)承诺制度的启动

承诺制度的启动方式有两种:一是市场主体申请即主动作出承诺;二是执法机构提出适用承诺制度的建议。有些国家或地区反垄断法并未限制承诺制度的启动方式,有的则规定必须由市场主体提出明确的申请,也有实践中常由执法机构进行承诺提议的做法。

美国的同意判决与同意命令,既可以由市场主体提出,也可能是执法机构主动提出。在实践中,同意判决多由作为被告的市场主体在反托拉斯民事诉讼中提出,司法部如有和解意向,双方于庭外协商和解内容,达成一致意见后,

---

① See Luca Simonetti, "The New Co-operation Approach Under the Italian Antitrust Rules", *E. C. L. R.* 2008, 29(1), p.56.

② 参见[日]根岸哲、舟田正之著:《日本禁止垄断法概论》(第 3 版),王为农、陈杰译,中国法制出版社 2007 年版,第 304~305 页。

交由法院审查,之后司法部发布由法院批准的同意判决,诉讼程序结束。联邦贸易委员会通常在调查之后,正式裁决之前,如果认为案件和解更为适宜,会给被调查者提供一个和解机会,常表现为寄送同意命令草案,同意命令草案一经双方签署,即具有正式裁决同样的效力。欧盟竞争法中的承诺决定,发生于欧盟委员会对市场主体的行为进行初步评估后,市场主体如作出承诺,并符合欧盟委员会在初步评估中向其提出的要求,则欧盟委员会就可作出承诺决定。日本的同意审决,根据《禁止垄断法》的规定,只能由市场主体在公正交易委员会作出审判开始决定之后,以书面形式进行申请。我国台湾地区的行政和解,根据其"行政程序法"及"缔结行政和解契约处理原则"的规定,只能发生于"公平交易委员会"依职权调查仍不能确定相关事实及法律关系之后,从这一规定看,"公平交易委员会"应为该程序的启动者,因为是否"经依职权调查仍不能确定",只有"公平交易委员会"知晓。但在实践中,我国台湾地区却出现了市场主体提出行政和解的先例。例如,在台湾地区微软案中,有关台湾地区微软是否涉及软件市场垄断,经过"公平交易委员会"近半年的调查后,调查的相关事实及法律关系尚无法确定已违反"公平交易法",就在这时,微软竟主动向该会提出行政和解请求。①

从理论上看,法律无须限制承诺制度的启动方式。作为一种和解机制,承诺制度虽适用于反垄断法的实施之中,但仍应贯彻自愿原则,故任一方均应有权向对方提出适用建议。通常,市场主体提出申请时,应在申请书中载明拟作出承诺的具体内容,故其申请可理解为合同缔结中的"要约";执法机构提出和解建议,一般不会包含市场主体承诺的具体内容,其性质多为"要约邀请"。当然,如果执法机构已拟定承诺内容并交由相对人征询其同意,则执法机构的行为也构成"要约",但这种做法可能给相对人以无形压力,故现实中较少存在。面对执法机构的"要约邀请",市场主体可自由决定是否发出"要约";市场主体发出"要约"的,原则上执法机构也可自由决定是否应约作出"承诺",只不过,执法机构在作出是否同意的意思表示时,为了维护相关主体权益或公共利益,反垄断法会作出一定限制,例如,要求将承诺内容公开以征询相关主体意见。

---

① 参见《台当局调查微软涉嫌垄断案:原则同意行政和解》,载21CN网:http://news.21cn.com/domestic/sandi/2002-11-01/817666.html,最后访问日期:2016年6月12日。

(二)承诺内容的协商

和解机制的核心内容是和解协议,同样,反垄断法承诺制度适用中的最重要环节就是确定市场主体承诺的内容。承诺制度一经启动,执法双方就应通过协商确定承诺的内容。

市场主体要想以承诺来代替惩罚,必须向执法机构作出具体的承诺,该承诺大致包括两方面的义务:一是终止或修正垄断行为;二是消除垄断行为所产生的消极影响。第一个义务是消极方面的,即承诺停止实施涉嫌违法的垄断行为或修正行为中可能存在的违法因素。第二个义务是积极方面的,即对垄断行为已经产生的消极影响,承诺采取适当措施予以消除。不论是第一个义务还是第二个义务,针对的都是以前实施的垄断行为,但义务本身却是面向未来的。

市场主体不仅应承诺履行这些义务,还应向执法机构提出为履行这些义务将会采取的具体措施。这些措施应经执法机构衡量,执法机构会依据一定的标准来判断市场主体的承诺是否具有可接受性。至于达到何种程度的承诺内容是可接受的,会因案件具体情况差异而不同,立法上一般不会规定。实践表明,这些措施应当非常明确、具体,为消除垄断行为消极影响所必需。

在承诺内容确定程序上,市场主体应与执法机构共同协商,通过不断的谈判来确定承诺内容。不论市场主体提出申请,还是执法机构提出建议,初始的承诺内容都只是初步的,最终的承诺内容还需要执法双方以初始内容为基础进行不断的协商。通常,立法可能还要求承诺内容须经社会公众评论。在这一过程中,执法机构不能以命令的方式要求市场主体必须作出某种承诺;如果市场主体不接受执法机构的提议,可直接拒绝承诺,执法机构不能据此惩罚市场主体。如果执法机构认为市场主体作出的承诺内容不适当,或经公众评论表明承诺内容不充分,则可以要求市场主体修改,市场主体拒绝修改或修改的内容仍不能解决竞争问题的,执法机构可以拒绝以承诺决定的方式结案。也就是说,承诺内容的确立应以双方协商一致为前提,任何一方都可对对方提出的承诺内容提出修改建议,并可拒绝接受对方的申请或提议。这是反垄断法承诺制度作为和解机制的基本属性,是承诺制度与正式执法调查的重要区别。

(三)承诺决定的作出

承诺内容确定之后,应由执法机构作出承诺决定,承诺决定使执法双方之间经由协商而达成的和解协议即承诺内容具有了与正式执法决定相同的法律效力,尤其是承诺对市场主体具有约束力。但是,根据各国或地区法律实践,承诺内容确定之后,一般不宜立即作出承诺决定。拟作出的承诺决定的内容通常需要进行公示,还有可能需要有关机构的审查批准。

1. 承诺内容的公示

公示承诺内容的主要目的有两个:一是保护利害相关人的合法权益;二是维护公共利益。如果承诺的确立或履行将损害第三人权益或公共利益,则承诺内容应当进行变更,或者案件本身就不宜适用承诺制度。公示的内容应包括案件的基本情况及市场主体作出的承诺内容,公示应当持续一定时间,公示的方式主要是在官方媒体或网络上刊载。承诺内容公示之后,利害相关人可向反垄断执法机构提出意见,社会公众认为作出承诺决定有损公共利益时,也可进行评论。

承诺内容的公示制度在大多国家或地区的反垄断法中都有规定。美国司法部的同意判决与联邦贸易委员的同意命令,在作出之前都需在《联邦公报》上公布。欧盟委员会打算作出承诺决定的,也会先公布一个有关该案件的简明概要,以及企业作出的承诺或将要采取的行动的主要内容。我国台湾地区虽未要求公示行政和解的内容,但"缔结行政和解契约处理原则"规定,"公平交易委员会"进行行政和解契约协商程序之前,应衡酌公共利益之维护及利害关系人因和解契约成立可能遭受之损害;在和解协商中,"公平交易委员会"可征询利害关系人意见,或要求相对人与利害关系人达成民事和解协议;和解协议的履行将侵害第三人权利时,应经第三方书面同意后方生效力。

2. 承诺内容的审查

这里的审查不是指执法机构对市场主体承诺内容的审查,而是指有权机构对承诺内容的审查。通常,承诺决定是否有利于案件解决,是否能有效保护相关主体权益及公共利益,执法机构也会审查,但是执法机构的这种审查发生于承诺制度启动及承诺内容协商阶段,是执法机构对案件是否适宜采用承诺制度以及市场主体作出的承诺是否有效的审查。这里所说的承诺内容的审查,是指执法机构与市场主体就承诺内容达成一致意见后,在作出承诺决定之前,将承诺内容交由第三方进行审查。如果反垄断法规定了这种审查程序,则承诺决定只有经审查后才会发生法律效力。有权进行这种审查的机构主要是法院。

执法机构作出承诺决定之前是否需要第三方审查,各国或地区规定不同,大多国家或地区的反垄断法都未规定这一程序。例如,欧盟委员会的承诺决定无须法院批准即产生法律效力。日本的劝告审决和同意审决、我国台湾地区的行政和解以及我国经营者承诺制度适用中的中止调查决定和终止调查决定等,都不以法院批准为发生法律效力的前提。美国联邦贸易委员会的同意命令一般无须法院审查,除非当事人就同意命令及时向上诉法院申请了司法审查,否则其具有最终效力。司法部与被告达成和解协议后,则需法院许可,即将和解协议交由法院,只有经法院判断符合公共利益的要求后,才会以判决形式作出。

根据美国《托尼法案》的规定,法院可以通过考虑以下因素来判断在当前案件中作出同意判决是否会影响公共利益:违法行为是否得以终止;同意判决的执行与修改条款是否合适;是否就垄断行为提供了合适的救济措施与救济时间;协议内容是否表述清楚;同意判决对相关市场竞争的影响;一般公众或垄断行为受害人因同意判决可能受到的影响等。《托尼法案》还规定了法院在审查这些因素时可采取的一系列程序措施,例如,获取专家或证人证词,收集相关人员对同意判决的评估意见等。①

由法院对承诺进行审查实际上没有必要。法院审查的目的,主要是判断承诺内容的确立及履行是否会损害公共利益,而这种判断在执法机构决定是否适用承诺时已经进行了,而且在承诺制度适用中,反垄断法也会基于公共利益的考虑而要求承诺内容公开,以接受社会公众评论。要求法院对承诺内容进行实质性审查也不现实,法院在对案件进行调查前,很难对其作出准确判断。美国司法部的同意判决有可能发生在民事诉讼程序进行中,这时要求法院审查尚具有一定的合理性,但很多案件在进入法院之前就已达成和解,对这些案件中和解协议的审查,法院必然“马马虎虎”,甚至类似“橡皮图章”。所以在实践中,只要司法部与行为人达成和解,法院一般都会给予司法部实质性的尊重。②

3. 承诺决定的作出

承诺内容经过公示与审查程序之后,执法机构就可作出承诺决定。

执法机构在作出承诺决定时,通常需要对承诺决定可能对市场竞争产生的影响进行评估,评估的内容应当作为承诺决定的一部分。进行竞争影响评估既可以让公众知晓承诺决定的相关内容,以便对承诺决定作出评价,也可对执法机构滥用承诺制度形成制约作用。欧盟与美国在执法实践中均采纳了这

---

① See 15 U. S. C. A. § 16.

② 参见[美]欧内斯特·盖尔霍恩等著:《反垄断法与经济学》,任勇、邓志松、尹建平译,法律出版社2009年版,第528页。

种做法。欧盟委员会作出承诺决定时,必须解释企业提供的承诺能够消除对竞争的影响的理由;美国司法部将和解协议提交法院审查时,必须向法院出具一份竞争影响声明(competitive impact statement)。

承诺决定作出之后,还应予以公布。除涉及商业秘密之外,不仅应公布承诺决定的具体内容,还应公布当事人的有关信息。公布是为了让公众了解案件的特殊处理方式,以及市场主体承诺的具体内容。

承诺决定通常设有期限,这一期限既是市场主体履行承诺的约束期间,也是评估市场主体是否完全履行承诺的最长时间。承诺决定的期限与市场主体履行承诺的义务期间通常是一致的,它取决于案件的具体情况,如垄断行为消极后果的大小、所涉行业对时效性的要求等。确定的期限在执行中也可能会发生改变。如果客观情况发生变化,致使原有承诺不足以解决全部的竞争问题,执法机构可能会要求增加承诺内容或延长承诺履行期限。当然,客观情况变化也可能使原有承诺不再有履行的必要,这时执法机构也可提前终止承诺决定。①

(四)承诺决定的执行

承诺决定一经作出,即与执法机构通过正式调查而作出的决定具有同样效力。这时,执法双方之前自由协商的内容就成了对双方都具有约束力的正式决定,执法机构与市场主体都必须遵守。

市场主体遵守承诺决定主要表现为履行承诺决定载明的义务,执法机构则要对市场主体履行义务的情况进行监督。在履行期内,市场主体通常需要将履行义务的情况定期或者按执法机构的临时或特别要求向执法机构进行报告。履行期满,执法机构应评价市场主体是否及时、足额地履行了义务,义务履行完毕的,案件真正终结。如果义务未完全履行,则要根据履行情况采取相应措施,如限期履行、惩罚或撤销承诺决定、重新开始正式调查程序等。

四、反垄断法承诺制度的适用效果

(一)承诺决定对市场主体的效力

承诺决定对市场主体的效力体现在三个方面:

第一,市场主体必须充分尊重承诺决定的内容,主要表现为应履行其作出

① See John Temple Lang, "Commitment Decisions Under Regulation 1/2003: Legal Aspects of a New Kind of Competition Decision", *E. C. L. R.* 2003, 24(8), p. 351.

的承诺。承诺决定载明的义务对市场主体具有约束力,如果市场主体违背承诺,则一方面构成对执法机构的违约;另一方面也是对正式执法决定的违背。这时可能产生两项后果:一是市场主体违背承诺导致合同目的不能实现,执法机构可解除合同,之前停止调查的义务执法机构也就无须再履行,所以调查程序可能会重新启动;二是对执法决定的违背本身也可产生一定的法律责任。通常,在私人契约履行中,一方违约的,另一方只能追究其违约责任,而不能对其予以处罚。但在反垄断法承诺制度中,承诺决定本身也是一项正式的执法决定,故市场主体违反承诺决定的,与不遵守其他执法决定的效果一样,法律可能会对其进行处罚。例如,在美国,市场主体违反具有最终效力的同意命令,可招致每日多达5000美元的罚款;①在欧盟,企业故意或过失地未遵守承诺决定中具有约束力的承诺义务的,欧盟委员会可对其处以一定数额的罚款或定期罚款。

第二,对市场主体来说,承诺决定既不意味着其实施的垄断行为违法,也不意味着其行为得到豁免,更不意味着其行为合法。这在大多国家反垄断法中都有明确规定。欧盟的情况特殊一些,因为同一垄断行为可能被欧盟委员会调查,也可能被成员国当局调查,那么,欧盟委员会的承诺决定对成员国当局认定同一垄断行为的性质有无影响?根据欧盟实践,欧盟委员会作出的承诺决定中应表明两个结论:一是曾向企业寄发异议声明,且企业的承诺能够消除欧盟委员会在异议声明中表达出的竞争担忧;二是欧盟委员会不会再对企业采取行动。至于"欧盟委员会不会再对企业采取行动"是什么意思,其是指欧盟委员会丧失案件管理的优先权,即对同一案件,欧盟委员会不得再处理,而只能由成员国当局再处理,且成员国当局可作出与欧盟委员会不一致的认定,还是指欧盟委员会能确保只要承诺被遵守即不会再存在违法行为——并不清楚。有人主张是后者,理由为一是如果这样认定,那么对企业作出承诺的激励更大;二是如果欧盟委员会作出的承诺决定已履行完毕,则成员国当局不得再认定企业的违法行为仍然存在,否则就会与承诺决定相冲突。更多的人主张是前者,理由为:一是第1/2003号条例只规定"欧盟委员会"不得再采取行动,而非其他主体不得再采取行动;二是让欧盟委员会证明承诺一旦遵守即不存在违法行为,就必然要求欧盟委员会进行充分调查,这十分困难,也导致

---

① 参见[美]菲利普·阿瑞达、路易斯·卡普洛著:《反垄断法精析:难点与案例》(第5版,英文版),中信出版社2003年版,第70页。

承诺制度丧失了效率优势，这与第 1/2003 号条例规定承诺决定的目的相悖。[①]

从理论上看，主张为前者的观点更合理，这种看法也为第 1/2003 号条例所承认。例如，第 1/2003 号条例陈述条款（13）指出：承诺决定不影响各成员国竞争主管部门或法院查明违法事实并作出决定的权力。有人可能会提出异议，因为基于欧盟竞争法一体适用的考虑，第 1/2003 号条例第 16（2）条明确规定：当成员国竞争主管机构依据《欧共体条约》第 81 条或第 82 条处理相关行为时，如果欧盟委员会已就该行为作出过决定，则它们不能作出与欧盟委员会决定相违背的决定。那么，在欧盟委员会就某项行为作出承诺决定后，成员国当局作出违法决定，是否构成对委员会决定的抵触呢？显然不会，因为承诺决定不涉及行为性质认定，它只表明欧盟委员会对涉案行为是否违法保持沉默，沉默既不代表合法也不代表违法，所以成员国当局作出违法决定并不构成对承诺决定的违背。也就是说，尽管承诺决定表明了欧盟委员会不会再对涉案行为采取进一步行动，但成员国主管机关和法院仍可基于调查而认定该行为违法。当然，如果成员国主管机构或法院并不打算认定行为违法，则应监督企业履行欧盟委员会作出的承诺决定，包括必要时采取法律所允许的临时措施；[②]而且，如果竞争规则的一体适用不会带来消极后果，欧盟委员会的承诺决定还有可能直接在成员国法院被申请强制执行。[③]

第三，如果反垄断执法机构具有准司法权或承诺决定经过了法院批准，则一个生效的承诺决定就具有了法院判决的效力。这种承诺决定不仅可以直接在法院被申请强制执行，在市场主体或第三人对承诺决定不服时，也不能通过复议或一般的行政诉讼方式寻求救济，通常只能提起上诉程序，而在上诉期限届满的情况下，承诺决定就具有终局效力而难以获得救济。

---

① See John Temple Lang, "Commitment Decisions Under Regulation 1/2003: Legal Aspects of a New Kind of Competition Decision", *E. C. L. R.* 2003, 24(8), pp. 348 – 349.

② 采取临时措施是欧盟竞争法针对具有紧急危险的垄断行为所规定的一种救济措施。在第 1/2003 号条例之中，采取临时措施是欧盟委员决定的一种，是指在存在严重地、不可弥补地损害竞争的紧迫危险时，欧盟委员会可基于对违法行为的初步调查结果，主动地作出决定，采取临时措施。

③ See *Commitment Decisions* (*Article 9 of Council Regulation 1/2003 Providing for a Modernised Framework for Antitrust Scrutiny of Company Behaviour*) *-Frequently asked Questions and Answers*, MEMO/04/217, Brussels, 17. September 2004.

(二)承诺决定对执法机构的效力

承诺决定对执法机构的效力主要体现在以下方面:

第一,执法机构作出承诺决定意味着其不会就同一行为再采取进一步行动,调查活动随即终止。一旦市场主体作出承诺,执法机构接受其承诺并据此作出承诺决定,就有理由认为,执法机构将不会再采取进一步的调查行动,即执法机构应当履行中止调查的义务,不得对被和解的垄断行为继续调查。如果市场主体依照其承诺,在合理期限内,充分且恰当地履行了其承诺的义务,则承诺决定下的义务市场主体履行完毕,执法机构应终止调查,案件处理程序结束。

第二,执法机构没有义务对市场主体的行为作出性质认定。执法机构作出承诺决定时,通常不对市场主体的行为是否违法或曾经违法作出认定。承诺决定既非认可决定,也非禁止决定。因此,私人主体对承诺决定约束下的垄断行为提起损害赔偿诉讼,仍应证明行为违法,即承诺决定不能作为私人诉讼中证明市场主体行为违法的证据。在认定垄断行为性质上,日本的同意审决是个例外。市场主体向公正交易委员会申请同意判决时,必须同意公正交易委员会审判开始决定书记载的所有事实及法律适用,因此,同意判决只是基于申请免除了行政审判程序,被审决人必须承认违法事实。

第三,执法机构应当确保承诺决定得到有效执行,为此,只要在承诺决定的有效期内,执法机构都应持续地对市场主体履行承诺的情况进行监督。

第四,在承诺决定执行中,如果客观情况发生变化或执法机构事后发现作出承诺决定的基础丧失,则应以法定方式修改承诺决定的内容或者终止承诺决定。在终止承诺决定时,除非垄断行为的消极后果已全部消除,否则,执法机构应重新开始调查程序,或追究相关主体的法律责任。

第三章　反垄断法承诺制度的功能解释①

一、我国反垄断法承诺制度实践

作为一种便利的和解机制，承诺制度的主要优势在于节约执法资源，提升执法效率，所以在欧美竞争法实践中使用较为频繁，并影响大多数国家或地区。但如果对相对人行为是否违法保持沉默，也就意味着相对人不会受到处罚，所以在有些案件中适用承诺制度可能会带来放纵违法行为、降低反垄断法威慑力等结果。

我国实践中援引经营者承诺制度处理的第一个案件可能就是如此。根据国家发改委 2011 年年底的披露，中国电信、中国联通涉嫌滥用其在互联网接入市场上的支配地位，对有竞争关系的和没有竞争关系的互联网服务提供商（Internet Service Provider，ISP）给出了不同的宽带入网价格条件。案件曝光几日后，两家企业向国家发改委提交了中止反垄断调查申请，承诺整改，国家发改委接受了其申请。

本案一经曝光即成为热点案件，民众期望《反垄断法》能对垄断性国企有所作为，但以承诺方式结案意味着执法机构不会再对本案进行调查，不会认定两

---

①　本章主要内容，曾以论文《反垄断法承诺制度的功能解释——从我国实践案例切入》，发表于《财经法学》2016 年第 6 期。

家企业违法,更不会有处罚发生,所以民众对这种"不了了之"的处理方式批评较多。学界的声音基本上也是批评。① 但问题是,为什么大家都认为本案不宜以承诺方式了结,而执法机构却"一意孤行"?

随着媒体披露的信息增多,情况渐渐明朗。原来,并非执法机构不想调查。在案件调查中,国家发改委的态度、决心一直比较明确,但也因此"承受了太多不该承受的压力"。② 一个细节是,国家发改委对两家企业的调查一直是严格保密的,在得出初步调查结论后,国家发改委就有关情况还征求过国务院法制办、最高人民法院和工信部的意见,会上各部门意见分歧较大。之后,国家发改委在未知会其他部门的情况下,通过央视披露了案件调查情况。可以想见,如果其他部门对国家发改委的调查结论持支持态度,国家发改委也不会选择这种让"相关各部委除了感到吃惊,还有些尴尬"③的方式来向全社会披露这一原本被要求保密并仍处于调查阶段的要案。④

可见,国家发改委最终选择适用承诺制度乃不得已而为之。从应然层面上看,本案应当彻底调查,但从操作层面上看,本案陷入了"进退两难"的僵局——执法机构的调查活动因遭遇其他部门的阻力实际上已无法继续,但放弃执法显然也于法不合。在这种情况下,选择适用承诺制度,尽管很无奈,理论上也不该,但的确是一种能够迅速解决现实问题的处理方式。这恰是承诺制度的优势之一,它能够很好地应对反垄断执法中可能遭遇的执法困境。

除中国电信、中国联通垄断案外,根据新闻报道及官方公告,我国实践中还有不少案件适用了承诺制度。例如,2014 年 6 月,国家工商总局对北京盛开公司在销售巴西世界杯门票过程中的搭售行为作出了中止调查决定;⑤在

---

① 对本案的相关评述可参见王晓晔:《中国电信、中国联通涉嫌垄断案的再思考》,载《交大法学》2013 年第 2 期;时建中:《对反价格垄断行政执法机制和体制的延伸思考》,载《中国物价》2013 年第 11 期;焦海涛:《电信、联通垄断案中承诺的消极效应》,载《法学》2012 年第 3 期。

② 王晓晔教授语,出自其文:《中国电信、中国联通涉嫌垄断案的再思考》,载《交大法学》2013 年第 2 期。

③ 新华网记者刘菊花:《记者还原"中国反垄断第一案"实质:好一路神仙剑法》,载新华网:http://news.xinhuanet.com/fortune/2011-11/11/c_111161540.htm,最后访问日期:2016 年 6 月 12 日。

④ 还有一个细节可以反映国家发改委处理此案时承受的压力。国家发改委在央视披露此案之后,2011 年 11 月 11 日工信部下属的《人民邮电报》以《混淆视听 误导公众——驳央视对电信、联通涉嫌价格垄断的报道》一文,用"基本概念厘清了吗""垄断事实查明了吗""全球行情吃准了吗""新闻素养丢掉了吗"四问央视报道,认为央视的报道片面,与事实严重不符。

⑤ 参见国家工商行政管理总局的竞争执法公告 2014 年第 14 号。

2015 年,工商部门连续在三起涉及电信业的案件中适用了承诺制度;[①]2016 年,山东省工商局也对国网山东省电力公司烟台市牟平区供电公司作出了中止调查决定。[②] 这些案件适用承诺制度基本未受学界批评,因为不论从实践上还是理论上看,承诺制度在这几起案件中的适用基本都是没有问题的。这些案件要么涉案行为情节轻微,危害性不大,要么企业在调查中态度较好,主动提出有效的整改措施,所以对这些案件适用承诺制度不失为一种节约执法成本的选择。

从上文对我国承诺制度实践的描述上看,该制度主要基于两个原因而被执法机构选择:一是节约执法资源;二是解决执法困境。之所以需要节约执法资源,是因为相对实践中的垄断行为来说,执法资源总是匮乏的。节约执法资源的背后,包含着一个要将有限的执法资源用于更多垄断案件的理论逻辑,这反映了反垄断执法中常见的一个难题即执法缺口。除执法缺口外,反垄断执法中常见的另一个难题是执法困境。执法困境有多种表现形式,中国电信、中国联通案表现出来的执法阻力是典型表现。解决执法缺口与执法困的难题有多种路径,承诺制度有时就是一种较好的方式。

二、反垄断法的执法难题

(一)执法缺口

执法缺口是指理论上应当执法,也具有执法的可能性,但实际上却没有执法的情况。执法缺口通常与执法不力、执法缺位具有类似含义,指的是一种"法律更多但秩序更少"[③]的现实状态。理论上应当执法,是指实体法对这类行为已作出明确规定,社会公众对这类执法活动也能认同,因而执法机构具有执法的职责。具有执法的可能性,是指就特定行为来说,执法机构依其能力、资源、手段能够进行充分且有效的执法活动,即执法并非强执法机构所难。在执法具有必要与可能的情况下,执法缺口的产生通常是因为执法机构怠职。但在反垄断法中,情况有时比较复杂,执法缺口既可能是因执法机构怠职而产生,也可能是执法机构的无奈选择。

---

① 参见国家工商行政管理总局的竞争执法公告2015 年第4 号、第5 号、第6 号、第8 号和第10 号。

② 参见国家工商行政管理总局的竞争执法公告2017 年第1 号。

③ [美]埃里克森著:《无需法律的秩序》,苏力译,中国政法大学出版社 2003 年版,第 354 页。

一般来说，反垄断法的执法缺口在下列两种情况下会发生：

第一，执法机构未发现违法行为。垄断行为的认定需要执法机构进行调查，如果违法行为在调查中很容易就能被发现，但执法机构未进行调查，致使违法行为未被发现，就会产生执法缺口。如果违法行为具有特殊性，即便执法机构通过调查也难以发现，则这类案件就不具有执法的可能性，不能认为是执法不到位，而是一种无法执法的情况，属于我们所说的另一种执法难题即执法困境。也就是说，存在执法缺口的案件应当具有执法的可能性。在可能性存在的情况下，如果执法机构未将这种可能转化为现实，就会发生执法缺口。在通常情况下，执法机构的调查程序可能因相关主体的举报或告发而启动，也可能因执法机构主动发现违法嫌疑而启动，但在反垄断法的执行中，一个客观事实是，现实中的垄断行为种类繁多、数量庞大，无论是通过举报、告发，还是执法机构主动发现，都无法将所有的垄断行为纳入调查程序中，大量的垄断行为都将得不到有效追究。换言之，很多垄断违法案件虽然具有执法的可能性，甚至是一些非常简单的案件，但因为数量太大，难免存在执法缺口。这种执法缺口的产生，不一定是因为执法机构怠职，所以不能一概而论。

第二，执法机构发现违法行为后主动放弃执法。如果违法行为已进入执法机构视野，则在有执法条件的情况下，执法机构应当执法，但执法机构仍可能基于各种原因而主动放弃执法，从而产生执法缺口。可能的原因如下：一是执法机构被相对人"俘获"；二是执法机构判断失误，放过了本属违法的垄断行为；三是垄断行为过于轻微，执法虽有可能，但收效较小，执法机构基于经济合理性的考虑而放弃了执法。第一种执法缺口在所有法律的执行中都可能存在，不是反垄断法上的特殊问题，对此，可通过追究执法机构及其工作人员的法律责任或政治责任来解决。第二种执法缺口的解决，主要依赖于提升执法机构的专业能力。第三种执法缺口的产生虽有经济上的合理性，但会伤及法律权威，因为反垄断法的执行是一种公权行为，对明知违法的行为仅因为执法效果不明显而放弃执法，实际上就是对违法行为的放纵，可能会产生道德风险。这一问题的解决，固然可要求执法机构不论案件大小一律执法，但却不是最好的方式，这样会限制有限的执法资源的合理分配。以承诺制度来处理这些轻微案件，恰能以较小的执法投入换取较好的执法效果。

（二）执法困境

执法困境即执法活动陷入进退两难，主要是指法律规定在现实中难以落实的状态，即理论上应当执法，但实际上却无法执法的情况。它不同于执法缺口,执法陷入两难,多意味着执法机构无能为力,在很多情况下不具有执法的可能性。造成这种执法困境的原因比较复杂,通常并不是由于执法机构怠职,而是由于受客观条件限制。所谓进退两难,通常是指如果执法机构继续执法(进),要么难以推进、陷入僵局,要么难以取得执法实效,或带来巨大的执法成本浪费;而如果执法机构不执法(退),又与法律规定不符,要么损害法律权威,要么损害执法机构权威。因此,在执法陷入进退两难之时,难以通过追究执法机构责任来改变现状,也很难要求执法机构加强执法。通常,我们只能改变法律规定,或改变法律的执行方式。

就反垄断法来说,在下列几种情况下,执法可能会陷入两难:

第一,垄断违法行为确实存在,但执法机构无法通过调查掌握充分的证据,即在现有的能力、资源、手段下,这类行为不大具有被执法的可能性。这种情况的发生,多因行为的隐蔽性太强,即使耗费巨大的人力、物力进行调查,也难以认定。例如,垄断违法行为具有合法的外在形式,或行为稍纵即逝。在反垄断法领域,如果行为人刻意隐瞒自身行为,则执法机构可能会无能为力。这不仅是因为市场上的垄断行为数量太多,更是因为垄断行为都具有较强的专业性,反垄断执法活动必须依赖于一些准确的信息,并且需要市场主体的配合。对这类垄断行为,因执法机构不具有执法能力,不论规定多严厉的处罚措施也是难以避免的。也就是说,严厉执法并不是对付这类行为的有效途径。在理论上,我们可以通过提高执法机构的执法能力来解决这类问题,例如,增强执法机构的专业性,加大执法机构的执法权限等,但这些措施在短时期内难以实现。所以另一个路径可能就是,在法律中规定较多的激励措施,以诱导的方式鼓励市场主体与执法机构配合。宽大制度、承诺制度即具有这类功能。

第二,违法与否难以定论或行为属性不明确。惩罚垄断行为必须先进行定性,既要确认行为的违法与否,也要确认违法行为的具体属性。但在反垄断执法中,这种认定有时是困难的。由于反垄断法规则具有高度抽象性,垄断行为的认定标准弹性较大,而现实中垄断行为的形式又十分复杂,确认行为的违法与否并非简单的"非此即彼"的工作;再加上大多垄断行为的经济效果具有不确定性,消极后果与积极后果可能同时存在,行为人很容易就能据此进行抗辩。即便某种行为的限制竞争效果是确定的,其究竟属于哪种具体的垄断行为,执法机构也可能较为困惑,尤其是在面对层出不穷的新型垄断行为时,执法活动将面临更大挑战。在这种情况下,如果一味要求执法机构依法而为,则可能是"强人所难"。在没有一种更好的处理方式的情况下,执法机构基于上述担忧的存在，即便已掌握初步证据，也可能会选择及早抽身，将精力集中于那些容易调查的垄断案件中。

第三，垄断违法行为的执法成本过大。有些垄断行为虽然具有执法的可能性，但如果将这种可能性转化为现实，就需要付出巨大代价，这时就需要考虑是否应当继续执法。在这种情况下，虽然通过调查可以认定某些违法行为存在，但因为调查的成本过高，执法结果可能不经济，甚至执法会变得不再有意义，也即执法投入巨大而收效甚微。这时，是否继续调查就是一个两难问题。调查不是一个理性决策，而不调查又与法律规定及执法机构的职责不符。

第四，执法活动遭遇难以排除的阻力。有些案件的案情并不复杂，行为性质也较清楚，执法机构也有执法的决心，但可能因为客观上存在某些阻力，执法活动陷入了僵局。我国 2011 年曝光的中国电信、中国联通垄断案就属这类案件。因执法机构本身地位所限而产生困境，这是我国反垄断执法中难以避免的问题。不仅在面对垄断性行业时如是，在面对某些行政垄断行为时亦如是。克服这种困境的理想方式固然是反垄断执法机构改造，但在我国现行体制下，这是一条漫漫长途。权宜之计只能是改变执法方式，而承诺制度恰为这类案件的执法提供了转圜余地。

第五，按照法律规定应当执法，但执法不能获得人们的普遍认同。当人们对法律规定本身存在质疑，或者对法律的执行方式有抵触时，执法活动也可能陷入进退两难。这种情况下的执法困境，主要产生于两个方面：一是法律规定不合理；二是执法方式不合理。前者主要是指法律规定背离了人们的普遍观念，与社会公认的行为准则不符，例如，反垄断法明显偏向某一类企业，典型的如国有企业，这时尽管法律规定是明确的，但这类规范的执行会使人们感到不满，引发抵触情绪，长久下去还可能产生道德风险。在这种情况下，执法机构有时索性选择不执法，即法律规定成了摆设。例如，日本《禁止垄断法》规定应当禁止或限制“垄断状态”，但这一规定在现实中几乎不曾适用过，以致有人嘲笑其为“不开刃的宝刀”。① 事实上，这样做也不合理，因为法律规定代表了国家立场，规定得不到执行会伤害法律以及政府的权威。此外，即便法律规定是合理的，但如果法律的执行方式不合理，也可能会导致执法陷入两难，例如，执法方式过于严厉、不留情面，以致产生“暴力抗法”等执法冲突。

① 参见[日]根岸哲、舟田正之著：《日本禁止垄断法概论》（第 3 版），王为农、陈杰译，中国法制出版社 2007 年版，第 127 页。

三、反垄断执法难题的形成原因

(一)垄断行为的识别难度高

在反垄断法的执行中,执法机构要想惩罚违法者,必须进行垄断行为的识别,这是先决条件。反垄断法的实体规定大部分是禁止性的、惩罚性的,禁止与惩罚相结合的规制方式,都难以回避垄断行为的识别过程。在一个完整的执法程序中,垄断行为的识别通常包括以下内容:一是行为确认,即确认是否存在垄断行为;二是如果存在,那么,属于哪种性质的垄断行为;三是行为人的抗辩理由能否成立,垄断行为能否得到豁免;四是应当采取怎样的法律救济措施。在这一过程中,任何一个方面出错,都可能侵害相关主体利益,甚至影响反垄断执法实效。现实情况是,因为垄断行为具有较强的复杂性,对执法机构来说,这种识别在很多时候会非常困难。尤其在执法机构的专业性、权威性还不足的情况下,垄断行为识别常常是其难以胜任的工作。

垄断行为识别的高难度,至少表现在以下几个方面:

第一,垄断行为的专业性加大了行为识别的难度。垄断行为的识别不仅仅是一个单纯的法律问题,因为它可能发生在市场经济的任何领域,而很多领域都具有较强的专业性,这使垄断行为的识别,仅依靠《反垄断法》规定的行为要件远远不够。例如,在知识产权领域,不仅垄断行为的性质很难认定,行为的效果更加复杂,而且,反垄断法的规定是否均可适用于知识产权行为,反垄断法的适用是否会造成法律冲突等,这些问题都对反垄断法的执行提出了严重的挑战,单靠反垄断法的执法机构,有时难以胜任这样的工作。又如,一些新经济领域,如软件制造、通信服务、互联网行业等,这些领域的垄断行为非常复杂,尤其体现为技术性非常明显,垄断行为的识别离不开对一些技术问题的认定,这无疑大大增加了反垄断执法的难度。

第二,垄断行为识别必须与国家的相关法律制度或经济政策相衔接。在一国法律体系中,反垄断法不是孤立的,也不具有至上性,反垄断法的实施离不开其他法律制度的配合,也需要与其他法律制度甚至经济制度或经济政策相衔接。从微观角度来看,反垄断不仅仅是法律问题,更重要的,其还是市场运行问题;从宏观角度来看,反垄断法的实施与国家的宏观经济发展相关,与国家经济发展阶段相联系。这就要求反垄断法的执法机构在进行垄断判断时,必须站在一个更高、更广阔的角度去思考问题,而不能仅仅局限于反垄断法的条文规定。在这方面,尤其重要的是如何协调反垄断法与产业政策及其他公共政策之间的关系。

第三,垄断行为的成因复杂多样,不同垄断行为具有不同的经济效果,反垄断法的执行中应当能做到区别对待。从规范层面上看,反垄断法对垄断行为的规定往往是模糊的,行为的构成要件难以从法律条文中找到,这要求执法机构在实践中必须进行裁量,以确定行为的有无及行为的性质。从客观现实上看,有些垄断行为的形成可能具有合理原因,其经济效果也多半具有双重性,对这类垄断行为,不能采用"一刀切"的做法简单了事,而应当结合各种因素进行综合判断,以确定是否惩罚以及惩罚的方式与力度等。

第四,作为一种经济现象,垄断行为识别需要大量的数据支持,而执法机构获取数据的能力非常有限。市场主体的垄断行为涉及价格、数量、营业额、市场份额等各种数据,尤其在进行市场支配地位认定时,数据是关键,离开这些数据,垄断判断将变得障碍重重。这些数据大多掌握在市场主体手中,尽管理论上执法机构可以通过执法调查获取这些数据,但调查的成本往往较大,且所获取的数据是否准确、充分也难以评估。

第五,在现代社会,市场主体的组织形式与行为方式越发严密,垄断行为往往与其他行为相混合,这使垄断行为识别的难度大大增强。一方面,垄断行为可能与非垄断行为相结合,违法行为可能以合法行为为表象,执法机构进行垄断判断,必须能够拨开迷雾、排除干扰;另一方面,不同的垄断行为之间也可能相互渗透,各种垄断行为之间的界限变得模糊,甚至一种垄断行为可能同时或在不同时期具有不同的行为性质,垄断判断不再是"非此即彼"的简单推理过程。

第六,垄断行为具有较强的动态性,这对反垄断法的执法方式提出了较高要求。垄断行为的动态性不仅体现在与行为相关的各种数据的变动不居上,还体现在行为自身上:一是垄断行为的违法性有时是暂时的,即经过一定时期后,行为人可能主动修正了违法行为,或者垄断违法行为遭到破坏,例如,垄断协议因参与人违反而不攻自破,这种情况下,事后追查是否必要姑且不论,单是在追查难度上,执法机构能否胜任也具有不确定性;二是垄断行为的性质发生转化,即由一种垄断行为转化为另一种垄断行为,这时的行为性质认定与处罚措施设定,都可能存在一个适当性或合理性的问题。

第七,垄断违法行为比其他领域的违法行为具有更高的隐蔽性,执法机构获得违法行为的证据十分不易。[①] 在反垄断法领域,垄断行为人不仅具有隐匿行为的积极性,也具有隐匿行为的可能性。垄断行为的专业性、严密性等特征为市场主体隐匿自身行为提供了极大方便。市场主体这样做的结果是,要么执法机构无法发现违法行为而难以执法,违法行为得不到追究;要么是执法机构为了调查违法行为的证据而耗费巨大的人力、物力与财力,执法活动变得不再经济。我们看到,正因为垄断调查的不易,在反垄断法领域,案件的执法周期常以年计,结果是执法双方均心力交瘁、不堪重负。

第八,在很多情况下,垄断行为的认定需要市场主体的配合,但市场主体配合执法的动力不足。反垄断执法既需要垄断行为人的配合,也需要其他相关市场主体的配合。相关主体的配合一般容易些,而行为人的配合则较难实现。因为执法机构认定垄断行为的主要目的是惩罚违法行为人,在没有充分激励时,行为人不会主动配合执法机构。尽管有时法律会规定,行为人负有配合执法调查的义务,但无论是执法机构还是其他相关主体,都无法有效审查行为人的配合是否真实、充分,是否还有所隐瞒,甚至是否存在误导,因而在现实中,行为人的配合义务常流于形式,行为人的不配合并不会遭受实质性的惩罚后果。

(二)有限执法资源的束缚

在反垄断执法中,相对于普遍存在的潜在违法行为来说,人力、物力匮乏是各国反垄断执法机构面临的共同难题。即便在美国,"联邦反托拉斯执法机构——司法部和联邦贸易委员会——的资源只限于国会每年的拨款,而从潜在的反托拉斯诉讼的全体来看,对反托拉斯机构的拨款是吝啬的"。[②]

再者,根源于垄断行为的专业性、隐蔽性、动态性、不确定性等特征,垄断行为的识别是一个非常复杂的判断过程,在通常情况下,法要解决的问题越复杂,法律的运行成本就越高。反垄断执法要想取得实效,一方面必须加大执法资源投入;另一方面还必须增强反垄断执法的专业性。很多国家或地区的反垄断执法机构就是整合了多领域专业人士的专门性机构,这是一个世界趋势;除此之外,在具体案件的执法过程中,面对专业问题,还有可能需要特别委托

① 参见李国海:《论反垄断法中的慎刑原则——兼论我国反垄断立法的非刑事化》,载《法商研究》2006 年第 1 期。

② [美]理查德·A.波斯纳著:《反托拉斯法》(第 2 版),孙秋宁译,中国政法大学出版社 2003 年版,第 324 页。

专门机构的协助,这也需要执法成本。而且伴随着经济运行模式的细化,各种形式不一的垄断违法行为也渗入经济的各个层次与领域,甚至与政府机关存在着千丝万缕的联系,这也无疑会大大增加反垄断法的执法成本。尤其是在经济转型国家,执法机构所承担的任务不仅可能遭遇企业的抵制,更有来自同级或上级政府机关的压力,执法实效的取得必须以投入大量的执法资源为代价。①

此外,一个有效的执法体系不能仅着眼于既存的违法活动,还应对其他潜在违法者形成适度威慑,因此,除了通过必要的调查对违法企业施以罚款(甚至监禁)外,还须在立法上建立一种违法行为的进入壁垒,并由执法机构保证壁垒不致破坏。就反垄断执法的收益来看,预防费用的增加常使执法投入成了一种不确定性支出,潜在垄断违法活动的不可预测性大大增加了执法投入转变为"沉没成本"的可能性。

从结果上看,反垄断执法是一种公权行为,不论是否达到禁止垄断违法行为之目的,执法机构本身均不能从中获利,立法上并不存在弥补执法机构所投入资源的优先受偿权,因此,相对于私人可从损害赔偿诉讼中获得赔偿的私人实施机制来说,执法机构的公共执法可能存在经济动力不足的问题。尽管理论上执行法律是反垄断执法机构不可推卸的职责,但在经济动力不足,而现有资源又不足以应付所有垄断行为的情况下,执法机构就很可能会怠职,或者出现"选择性执法"(selective law enforcement)的现象。

"选择性执法"即对有些行为执法,对有些行为不执法。面对有限资源的事实,执法机构只能对这些资源进行必要的配置。为缓和法律执行的高成本与执法资源的有限性之间的矛盾,执法机构往往倾向于或不得不实施"抓大放小"的执法策略。在执法机构有选择性地将有限的资源应用于典型的违法案件之上时,执法就成了一个有选择的过程。"选择性执法"在反垄断法领域普遍存在,即便在反垄断法异常发达的美国,执法机构在选择反托拉斯案件时也非常挑剔。"由于受制于预算约束,反托拉斯执法机构提起的案件远远少于按照目前对反托拉斯成文法的解释它们能够胜诉的案件……它们通常……圈定一批较为严重的反托拉斯违法行为,并把自己的执法活动限定在这些行

① 参见焦海涛:《论现代反垄断法的程序依赖性》,载《现代法学》2008年第1期。

为上。”①有时，反托拉斯执法机构也会选择一些比较“愚蠢”的案件进行执法，以便在短时间内取得良好实效。

一方面，在执法资源有限的情况下，“选择性执法”有时是一种无奈之举，属于一种执法策略。而且通过对执法资源的合理分配，“选择性执法”也有可能提高执法资源的使用效率，进而提高执法实效。但另一方面，“选择性执法”也不可避免地带来了一些必须解决的难题：

第一，“选择性执法”会带来对违法行为的放纵，长久下去可能会产生道德风险。“选择性执法”实际上就是执法机构对某些违法行为“睁一只眼、闭一只眼”。这实际上是在有限的执法资源的约束下，执法机构不得不采取的执法策略。但在执法机构明知行为人违法的情况下，放弃执法就是典型的“政府与民间的共谋”。如果被放弃执法的违法行为危害性较小，还不会带来严重的社会后果，但倘若一些严重的违法行为得不到纠正，就很难说放弃执法具有合法性或正当性，还可能在社会上产生不良导向，诱发更多的违法行为。

第二，“选择性执法”会带来公平问题。“选择性执法”的结果是惩罚一部分人宽恕一部分人，或者惩罚一部分行为宽恕一部分行为，这样会带来空间及时间上的不公平。空间上的不公平，是指不同主体实施同一种行为，有些主体得到惩罚，有些主体却得不到惩罚，这会在这些主体之间产生不公平的结果。时间上的不公平，是指同一主体在不同时期实施同一种行为，有些行为得到追究，有些行为却得不到追究。空间上的不公平，会使有些主体对执法机构甚至国家的法律失去信任，长久下去会增强人们对执法活动的抵触感，不利于后续执法实效的取得。时间上的不公平则会侵害相关主体的信赖利益，并破坏人们的行为预期。

第三，“选择性执法”可能会产生执法中的腐败。“选择性执法”意味着对部分主体或部分行为可以放弃执法，而具体被放弃的范围，只能由执法机构进行裁量。在这一过程中，很可能会发生执法机构讲究人情关系或者被“俘获”的情况，滋生执法腐败。也就是说，“选择性执法”的范围具有难以控制的风险。

此外，与“选择性执法”相类似或相伴生，某些执法机构还采用了“突击式执法”“运动式执法”等方式，这些做法有时不一定是执法机构怠职，而是在执

① ［美］理查德·A. 波斯纳著：《反托拉斯法》（第 2 版），孙秋宁译，中国政法大学出版社 2003 年版，第 324 页。

法资源不足的情况下重申法律尊严的必要方式,甚至是唯一方式。但在形式上,在执法过程中相对人权利保护等方面,同样会带来很多难以控制的问题。

再从理论上看,政府规制权介入垄断领域,是因为市场自身无法解决垄断这一"公共问题"。垄断损害的远非某一特定主体利益,它破坏市场竞争机制,以竞争者(包括潜在竞争者)权益及消费者福利损失为代价,由此决定了反垄断执法是典型的公法行为,其运作目的在于对公共利益的判断与维护。执法机构的选择过程实际上是对公共利益的取舍,这在逻辑上面临公共利益能否由执法者自由处置的障碍,以及涉及执法机构是否具有案件选择权的问题,进而还会涉及"选择性执法"的法律控制等复杂问题。例如,"选择性执法"的结果具有较大的不确定性,这不仅对当事人权利影响极大,还可能带来效率与公平问题;在对"选择性执法"的控制上,如何确立正当性标准及设置具体的控制措施,也存在较大难题。

(三)反垄断规范的可操作性弱

法律规范的操作性越强,执法活动就越方便。基于执法便利的考虑,执法机构都希望法律规范尽量具体,但这和反垄断法本身的特征不符。

各国立法机构为了增强反垄断法对现实问题的回应性,基本上确立的是一种包容性极强的规范,这些规范的可操作性较差,但却具有较大的弹性空间,以使现实中层出不穷、变化多端的垄断行为都囊括其中。以伯克利学派代表人物诺内特与塞尔兹尼克所概括的三种法律类型来看,反垄断法属于典型的"回应型法"(responsive law)。[①] 与传统私法等"自治型法"注重规范的完整性、明确性、严密性、一致性不同,反垄断法更加关注实质问题的解决,关注法律规范适应现实的能力,从而"自治型法"规范所固有的形式特征在很多反垄断法规范中逐渐被舍弃了。在规范内容、规范构成以及规范的作用方式等方面,反垄断法都具有明显的抽象性与动态性。

1. 反垄断法规范的抽象性

反垄断法规范的抽象性,是指反垄断法规范在内容构成以及作用方式等方面,不同于直接指导具体行为、具有确定适用范围、设定明确行为模式的规则性规范,而是针对某类行为或问题,提供一种大致可确定的、范围较大的、具体内容须依客观情境而选择的行为框架。如果我们从规范内容的具体化角度

---

① 有关法律三种类型的论述,可参见[美]P. 诺内特、P. 塞尔兹尼克著:《转变中的法律与社会:迈向回应型法》,张志铭译,中国政法大学出版社 2004 年版。

出发，将法律规范分为规则性规范与标准性规范，那么，反垄断法中的很多法律规范都具有抽象性，都是标准性规范，即提供的只是一个标准而非具体规则。

反垄断法规范的抽象性主要表现在两个方面：

第一，规范内容的不确定性。反垄断法规范所设定的行为模式通常不是很明确或很具体，因而其适用不是一目了然的，其适用条件或适用后果均需要根据特定情况或特定对象加以解释。对执法机构来说，规范内容的不确定性主要体现为哪类行为应当明确禁止、哪类行为可以适当放宽，并不能简单地从法律规范本身找到答案。从反垄断法的适用角度上看，规范内容的不确定性主要体现为"合理原则"适用范围的扩大，从而使很多垄断行为是否应当禁止需要经过复杂的经济判断。

第二，概念含义的非特定化。反垄断法中的很多概念，其含义具有不确定性，在不同时期、不同场合，同一概念所指代的具体含义可能存在一定差异。概念的具体含义，在适用中往往需要解释。概念含义的非特定化，一方面增强了反垄断法规范的包容性，使有限的法律规范可以适用于更多的现实中；但另一方面，也使反垄断法的执法活动变得更加困难，对执法机构来说是一种更高的挑战。

反垄断法规范的抽象性或标准性，主要由垄断行为的复杂性决定。由于规则性规范的适用范围是确定的，它必须以对适用对象的准确定性为前提，而反垄断法所规制的垄断行为，性质复杂，类型化难度高，在立法层面上，如果将所有的反垄断法实体规则都以具体规则形式体现出来，难度较大。各国反垄断法实体规则都有一个共同点，就是所禁止或限制的垄断行为都具有一定的包容性，在法律适用上都具有一定的可解释空间。也就是说，反垄断法实体规则所指向的对象很可能是模糊的，需要在现实中根据具体情况加以解释、推理从而确定。

设置抽象的法律规范有时还是一种执法策略的体现，属于一种法律技术。现实中总会存在一些"禁而不止"的情况，对此，执法机构与市场主体都有察觉。对市场主体来说，明知故犯的原因有多种，可能是利益驱动，也可能纯粹是一种惯例、策略。对执法机构来说，基于公共利益的考虑或自身合法化的要求，放任某些行为可能于法或于理不合，但实际上它并没有能力完全禁止这种行为。也就是说，反垄断法中会存在一些在理论上应当禁止但实际上无法禁止的情形，这就是我们前面所说的执法缺口或执法的进退两难。对于这种情况,规定明确而具体的规则,并强调"执法必严",一方面,会耗费高额成本,甚至在很多时候,执法机构即便穷尽所有执法资源也无法完成执法任务,这会大大伤害法律及执法机构权威,影响后续执法实效的取得;另一方面,也可能使法律规定或执法活动遭遇人们的抗拒,形成"对制度的制度化拒斥"(institutionalized evasion of institution)。① 因此,作为一种法律运作技术,立法中完全可以设定出一般性的抽象规则,以表明国家禁止或限制某些行为的态度,但实际上,现实中的这类行为是否完全被禁止或限制,政府有时只能"睁一只眼闭一只眼"。也就是说,有些抽象性的反垄断法规则,制定出来固然是为了执行,但并不要求执法机构对所有这类行为都进行充分、有效的执法,只要求当这些行为出现时,执法活动于法有据即可,而对于更多未被发现或难以发现的行为,即使执法机构未对其执法也不宜认定为执法机构怠职。

反垄断法规范的抽象性必然对反垄断执法方式产生重要影响。抽象性不仅是反垄断法规范在形式上的特征,也对反垄断法规范的解释、适用与法律推理提出了实质性要求。一方面,反垄断法规范中所使用的概念及所设定的行为模式,往往是模糊的或原则性的,这使规范的具体含义或指向的行为可能是概括性的、非特定的,法律规范因而也就是标准的、可变易的;另一方面,形式上的不确定性也削弱了法律规范在法律适用中的权威,反垄断法规范的适用条件变得不再一目了然,国家经济政策、客观经济形势以及应对问题的特殊性都可能对法律规范的具体含义产生非特定性影响,法律解释与法律推理由此变得非常必要。解释与推理显然不能拘泥于形式,概念的基础性、规则的至上性都不再被强调,反垄断法更关注的是蕴含于规范之中的法律目的以及规范适用可能产生的实际社会后果。同时,实质性的法律解释与法律推理也使法律概念、法律规范具有了较强的包容性,因而自然也会加大反垄断法规范的抽象性。

---

① 美国社会学家默顿认为,对制度性规则的抗拒,当它们属于下列情况时本身即被制度化:(1)相当明确的行为类型;(2)被大多数人所采纳,而不只是被分布于各地的成员私下接受;(3)在组织形式上,有相当完备的社会机制,它由暗中合作的参与者构成,包括社会中的执法者;(4)很少受到制裁,即使受到制裁,也多是象征性的,主要是为了重申规则的尊严。他进一步认为,这些制度化拒斥行为的发生,或者是因为一个团体面对现实危机,要求采取与长期存在的规范不同的目标取向或适应性行为;或者是因为新提出的规范(最明显的是新的立法)与长期存在的社会习性和情感发生矛盾。对制度化的拒斥反映了规范与广泛的社会需求之间的不协调。参见[美]罗伯特·K.默顿著:《社会研究与社会政策》,林聚任译,生活·读书·新知三联书店2001年版,第86页。

2. 反垄断法规范的动态性

反垄断法规范的动态性,主要表现在反垄断法实体规则的相对不稳定性上。随着反垄断法的发展,反垄断法中的很多实体规则不断进行着更新,对同一种垄断行为,不同时期的规制态度不同,因而具体规则也就有所差异。尤其是经济分析方法在反垄断执法中的运用,使反垄断法的实体规则在应用于具体问题时不断地被解释、被超越,甚至完全被改变。此外,随着新的垄断行为出现,或者旧的垄断行为发生变异,新的反垄断法实体规则也可能随之出现,这也使反垄断法规范看上去不具有法的一贯稳定性。

法律都具有稳定性的要求,但在反垄断法上,如果法律规范过于稳定,则法律制度的生命力就会受到影响,其有效性就不能得到保证。反垄断法规范的动态性主要由其调整对象及作用领域决定。反垄断法产生的经济基础在于市场竞争机制失灵,反垄断法必须作用于市场领域,致力于解决竞争的不自由、不公平问题,而市场经济形势是随时变化的,这决定了反垄断法的适用范围与作用方式,必须根据经济现实的发展变化而及时作出反应和调整,反垄断法具体规则的内容因而也就具有了较大的变动性。

反垄断法规范的动态性也与反垄断法的政策性相关。国家的经济政策尤其是其中的竞争政策对反垄断法具有重要影响,反垄断法有时甚至与竞争政策具有相同的含义。政府运用竞争政策去进行调控、规制经济问题的意图,很可能会渗透反垄断法中,反垄断法的很多内容就是确立、宣扬国家的竞争政策。政策一般具有针对性、变动性的特点,有时还具有阶段性,这无疑会对反垄断法规范的稳定性产生一定的削弱作用。竞争政策与反垄断法所要解决的经济问题、运用的经济手段以及追求的经济目标等方面的相通性甚至一致性,也使灵活多变的竞争政策很容易就能对反垄断法产生影响。

此外,随着人们认识能力的不断提高,对垄断问题的看法也会发生改变,进而相关反垄断法律制度也需随之变易。早期反垄断法的规定比较严厉,垄断行为的性质也规定得较为明确,人们不会认为垄断行为还有可能产生积极效果,因而反垄断法的适用也比较简单,对大多垄断行为都采用"本身违法"原则。但随着经济现实的发展变化,垄断行为变得日趋复杂,人们逐渐认识到了很多垄断行为同时具有积极与消极的双重效果,早期反垄断法的简单规定开始变得难以适应经济现实的需要。由此,有些法律规范的内容逐渐被修订,而有些法律规范的含义则在反垄断法的实施中被改变。在此基础上,大多国家都不再将法律规范的确定性作为反垄断法立法的基本要求,反垄断立法需要做的只是宣布一般规则,至于规则的具体含义、适用范围等,可留给执法机构在具体案件中进行确定。

事实上,任何法律都不是一成不变的,只要法律还必须服从进步所提出的正当性要求,①它就必须根据客观现实进行适度调整。从这个意义上看,法律规范都具有动态性的特点。但同时,调整对象的差异又决定了不同法律规范的动态性在范围与程度上的不同。反垄断法规范的动态性是一种更为主动、更为迅速、更为敏感以及范围更广的变动,因此,在反垄断法中动态性与其回应性是一致的。

由于反垄断法应对的是具体的、复杂的经济问题,规范的动态性是其适应现实需要的必然反应,也是反垄断法得以保持其生命力的关键所在。但对执法机构来说,规则的相对不稳定性无疑会给执法活动带来难题。一方面是现实中的垄断行为形态多样、种类各异;另一方面是法律层面的标准模糊、含义不清,执法机构可能因此产生漫无标准之感,对如何执法深感困惑。尽管法律赋予了执法机构进行法律推理或自由裁量的权力,但如何保证推理的妥当性、合目的性,如何保证裁量的科学性、正当性,执法机构自身却可能很难把握。因存在各种担心,如果执法机构的能力有限,反垄断执法活动可能就会有所迟疑甚至陷入僵局。

四、作为执法难题克服路径的承诺制度

(一)克服执法难题的基本路径

反垄断法执法难题的产生原因及表现方式不同,克服路径也会有所差异。从行为表现上看,执法缺口实际上是一种执法不力,也可称为"执法折扣"(law enforcement discount),是指由于执法者主观原因或某些客观原因导致法律执行不到位或执行实效低下的情形。执法困境则是指法律规则本身因为执法者或利益相关者(或二者的结合)的相应行动策略而受到实质上的漠视、规避甚至拒斥,进而导致执法活动陷入两难——要么因为法律规则或执法机构受到公然挑战而致法律或执法机构的权威受到侵蚀,要么因为动用各种途径和资源执行法律而使法律运行的经济与社会成本变得异常巨大、难以承受。从结果上看,执法缺口与执法困境都使法律规则得不到有效执行,但在执法缺

① 参见[美]E. 博登海默著:《法理学:法律哲学与法律方法》,邓正来译,中国政法大学出版社 1999 年版,第 326 页。

口中,人们对法律规则所代表的立场以及执法活动本身并无怀疑,都认为应当执法且都具有执法的可能性,而执法困境则比较复杂,可能是法律规则本身存在问题,或者在法律规则没有问题的情况下,执法活动因难以发现违法行为、成本过高或受到公然排斥而不具有现实可能性。所以,对于执法缺口问题的解决,人们在行动策略的选择上是明确的,即可以动用各种有效资源强化执法,并不存在策略选择上的困境。但执法困境,一般难以通过强化执法来解决,因为一方面,很多时候执法的可能性不具备,或者执法成本巨大,越是加强执法,就越可能耗费巨大代价,而执法收效甚微;另一方面,当相关主体对法律规则或执法活动缺乏足够认同时,强化执法不仅会导致巨大的甚至是难以承受的直接和间接成本,还可能增加相对人对执法机构的不信任感,引起双方之间的对立或冲突,甚至爆发公权机构之间的冲突。

事实上,对于反垄断执法缺口问题,尽管理论上可以通过强化执法来解决,但这种解决方式在实践中也可能会遭遇障碍。原因在于前文所述的垄断行为识别的高难度及反垄断执法资源的有限性。强化执法必然意味着更多的执法资源投入,而垄断行为识别的高难度又会增加执法成本,这样一来,本就非常有限的执法资源更是"捉襟见肘"。

如果着眼于反垄断法执法难题的产生原因及其表现,我们就可以找到三种克服执法难题的基本路径:一是法律规则改造;二是执法能力提升;三是执法方式变更。如果人们对法律规则的不认同源于规则的不合理,则自然可以通过规则改造的方式来恢复人们对法律的信心,例如,反垄断法上的各种不合理规定应予废除,应增加反垄断法的适用范围等。同时,反垄断法的执法难题也可能产生于执法机构的"心有余而力不足",即执法活动受到诸多条件的束缚,如执法能力不足、执法手段有限、执法资源匮乏或遭遇执法阻力等。针对这一问题,我们一方面可以提升执法机构的执法能力,例如,设置独立而专业的执法机构并增加执法资源配备等;另一方面可以创设一种相对节约执法资源、对抗程度有所减弱的执法方式。

相对于执法方式变更而言,提升执法能力可谓一种治本之策,但这一举措的真正实现,需要依赖于各种体制、制度及资源的配备,是一种长久之计,较难满足解决执法困境的现实需要。所以,执法方式变更尽管更像一种权宜之计,但也不失为一种有效方式。在现代反垄断法上,能够克服上述执法难题的反垄断法实施方式有多种,如宽大制度、举报制度、私人诉讼制度等,承诺制度也是一种运用广泛、成效显著的新型执法方式。

（二）承诺制度的有效性

承诺制度对反垄断执法难题的克服，主要表现在以下几个方面：

1. 适用承诺制度时，执法机构无须对垄断行为进行性质认定，从而避免了垄断行为识别难度对反垄断执法的影响

反垄断执法是一种专业性活动，在专业性较强的领域，执法活动可能因行为性质认定的技术性、复杂性而面临各种困难。尽管世界性的趋势是反垄断执法机构的专业性越来越强，但与庞大且繁杂的各种垄断行为相比，执法机构的能力始终是有限的。从现实需求来看，反垄断执法机构需要处理的垄断案件不计其数，且每件垄断案件的处理周期又较长，如果所有的垄断案件都要经过详细的立案、调查、裁决等正式执法程序，那么，再专业的执法机构也会难以胜任。另外，市场经济的各行各业都会存在垄断违法行为，很多垄断行为"外行人"根本无法察觉，更别说对性质认定。反垄断执法机构的组成人员也是普通人，我们既不能要求他们对所有领域的垄断行为来说都是专家，也不能要求一国反垄断执法机构的组成人员必须包含各行各业的专家。在这种情况下，相对于现实的或潜在的垄断违法行为来说，反垄断执法机构的能力必然是有限的。

在允许适用承诺制度的场合下，通常情况是，执法机构无须对涉嫌违法的垄断行为进行详细调查，更无须对其准确定性，只要在掌握了市场主体违法的初步证据时，向其提出承诺建议或接受市场主体的承诺申请即可。对执法机构来说，接受承诺的就是为了免去调查程序，提高执法效率，如果对某一种垄断行为已经完成了调查，掌握了充分证据，则再接受承诺已经意义不大，所以现实中通过承诺制度结案的垄断案件，通常都会发生于执法机构的初步调查阶段。通过接受承诺，执法机构可以中止调查程序，市场主体作出承诺并履行后，调查程序完全终止，案件处理程序结束。在这一过程中，执法机构不需要对垄断行为的性质进行准确认定，在承诺决定中也不会对垄断行为是否违法进行认定。所以在承诺制度适用中，垄断行为的性质认定程序被免去了，这对执法机构来说，无疑是一种至关重要的解脱。不进行行为性质认定，同时也意味着反垄断执法的调查程序得到简化，垄断案件的处理周期大大缩短，从而能够节约更多的执法资源，对执法缺口起到一定的弥补作用。

2. 适用承诺制度能够简化烦琐的调查程序，从而大大节约执法资源，并在一定程度上解决"选择性执法"问题

对执法机构来说，适用承诺制度的最大优势在于节约执法成本。有学者

认为,适用承诺制度的首要目的就在于程序效率(procedural economy)。[①] 在承诺了结的案件中,执法机构几乎不需要进行执法投入,通过接受相对人承诺,调查活动便告中止(终止),执法活动由此变得非常简单、便利。调查程序简化的直接结果是所耗费的执法资源缩减,与正式调查相比,适用承诺制度所节约的人力、物力、时间等资源都相当可观。这样一来,一方面,单个案件的执法成本减少了;另一方面,通过承诺制度节约的执法资源,还可以用于更多垄断案件的处理。所以总体而言,承诺制度的适用能够使有限的执法资源得到更好的分配,在执法资源既定的情况下,使更多的垄断案件能够得到处理。

由于执法资源不足是造成反垄断执法难题的重要原因之一,承诺制度的适用在一定程度上能够解决反垄断法的执法难题,尤其是执法缺口问题。通常,对一些不太重要、危害性不太明显的垄断案件,执法机构可以以承诺方式结案,由此节省下来的资源,可以应用于对那些具有典型意义的、违法性明显、危害性较大的垄断案件的正式调查。这样做有利于形成重点突出的执法策略,也能够提高执法资源的使用效率。

此外,通过执法资源节约,承诺制度一定程度上也能够缓和"选择性执法"的难题。一方面,承诺制度使有限的执法资源可以处理更多的垄断案件,由此,被放弃执法的案件就会更少,执法机构有时就无须对案件进行挑剔的选择;另一方面,由于适用承诺制度时不需要大费周章地进行执法调查,不需要进行行为性质认定,所以执法机构在垄断行为识别难易、执法投入能否取得收效等方面的顾虑很大程度上被免除,从而使它们更愿意将原本准备放弃的案件重新予以处理。

3. 承诺制度不要求法律规则的精确适用,从而使法律规范的抽象性与动态性不再是个难题

在反垄断法的正式调查中,规范的抽象性与动态性可能是个问题,因为正式调查具有严厉性、精确性的特点,而在实体法上,执法机构的这种执法活动可能找不到明确的规范支持,由此,执法活动可能因缺少一致标准而产生空间及时间上的冲突,最终影响执法的统一性与权威性。虽然从另一个角度上看,规范的抽象性与动态性也可以为执法活动提供便利,但通常情况是,执法机构往往希望法律规则越具体越好,而且法律规范越是不明确,就越对执法机构的

---

① See Nagy, Csongor István, "Commitments as Surrogates of Civil Redress in Competition Law: The Hungarian Perspective," *E. C. L. R.* 2012, 33(11), p.532.

能力提出更高要求。所以，在一方面要求精确执法；另一方面法律规范又不精确的情况下，执法活动可能会陷入困境。

具体来说，法律规范的抽象性与动态性给正式执法带来的不利影响至少表现在以下三个方面，而这些影响在承诺制度上基本不复存在：

第一，规范的抽象性与动态性可能导致违法判断的不确定性，即一种垄断行为是否违法，难以从法律规范层面找到确定且可行的答案。正式执法调查的有效展开须以行为违法性的确定为前提，查明某一行为违法与否需要大费周章，而反垄断立法不一定能提供违法判断的具体标准，在不确定的定义下，行为违法与否往往仅在"一线之间"。事实也证明，很多垄断行为的违法与否不是立法的结果，而是执法的结果。因此，只要市场主体自愿停止或修正违法垄断行为，并承诺消除行为的消极影响，执法机构完全可以省去吃力却并不一定讨好的违法判断及行为性质认定，这种"模糊执法"在不确定规则下可能效果更加明显。

第二，在不确定规则的指导下进行强制性执法，有可能会带来效率损失。波斯纳曾经指出："考虑到被禁止行为在定义上的不确定性，以及对具体行为适用该定义的不确定性，严厉的惩罚也许会阻止处于禁止边缘的合法行为。它们也许导致潜在的被告过于回避他意图进入的区域。这是反托拉斯法领域中一个特别严重的问题，因为有效率行为跟无效率行为之间的界线常常是模糊的。"①

第三，规范的抽象性与动态性可能使传统执法方式的实际效果大打折扣。因为长时期调查的结果可能是无法获得市场主体违法的充分证据，或其违法行为或状态一俟调查结束已不复存在，这时，惩罚不再是最现实或最妥当的方式，而执法机构为此支付的代价却成了"沉没成本"。有时，即便证实市场主体违法，因其造成的危害已成既定事实，很可能还不如当初通过承诺来消除违法行为并免除处罚更经济。

可见，如果一味强调反垄断执法的强制性，在反垄断规范具有抽象性与动态性的情况下，结果不仅可能带来法律效力减损，降低法律实效，还可能形成对本应促进或鼓励的行为的抑制。因此，在很多情况下，应当允许法律规则的模糊适用，允许抛开行为性质认定的"模糊执法"。在承诺制度中，尽管某些

---

① [美]理查德·A. 波斯纳著：《反托拉斯法》（第2版），孙秋宁译，中国政法大学出版社2003年版，第314~315页。

行为在规范层面不一定是合法的，甚至应当是被禁止的，但法律同时赋予了市场主体一个承诺的机会，因此，这些法律规则的适用就可能是模糊的、可变通的，规范内容的不确定性及概念含义的非特定化都不再是个问题，因为并不涉及行为的性质认定，自然就无须担心无法认定时可能导致的不良后果。

在承诺制度中，不仅规范的抽象性与动态性不再是个问题，而且这种规范还能为承诺制度的适用提供充分支持。前文已经提到，承诺制度具有裁量性，在程序的启动与运行中，都需要执法机构的自由裁量，而执法机构可以裁量的前提是法律规范不能对执法程序规定得过于严格、具体，这就要求法律规范应当尽可能是一种标准性规范而不能都是规则性规范。在反垄断法中，规范的抽象性与动态性恰恰是保障执法机构自由裁量权的重要手段。

4. 承诺制度能够大大提高市场主体合作的积极性，有利于在执法双方之间形成良性的合作关系，减少对抗属性，从而保障反垄断执法更能取得实效

在反垄断执法中，如何处理与市场主体之间的关系，常常让执法者深感棘手。传统反垄断法的重要特征是开宗明义的垄断违法宣示，例如，美国《谢尔曼法》中"任何人垄断或企图垄断，或者与他人联合、共谋垄断州际间或与外国间的商业和贸易，将构成重罪"的认定，由此决定执法机构的执法态度也是刚性有余而弹性不足，执法机构与市场主体之间的对抗关系被过分激化。但在反垄断法中，这种执法方式并不利于执法实效的取得，因为包括反垄断法在内的经济法，其执法不同于传统公法的一个重要区别在于，被执法者（市场主体）合作或对抗的策略选择直接关系执法实效能否以及多大程度上取得。随着经济活动日趋复杂，市场主体的行为方式越发走向严密，在这种情况下，市场主体行为的违法性很容易被其专业行为掩盖，如果执法过程中缺少市场主体的配合或市场主体故意对抗执法行为，在有限的执法资源的束缚下，执法活动无疑变得困难重重。更为重要的是，反垄断执法中还会面临大量的专业性信息，这些信息既是认定市场主体行为性质的主要依据，也是执法机构与市场主体之间展开博弈的基础。而在信息的占有及识别上，双方能力存在差异，市场主体很容易基于其专业性、便利性而对这些信息予以隐蔽或处理，而执法机构获取这些信息则需要付出高昂的成本。因此，有效的反垄断执法不仅需要执法机构的主动执法，更需要市场主体的配合与合作。

这就决定了，如何选取一种恰当的方式来处理执法机构与市场主体之间的关系，在反垄断法上十分重要。在执法过于严厉的情况下，执法活动很容易表现为执法双方之间的"硬碰硬"，结果可能是"集体非理性"。但由于在总体

上,反垄断执法机构与市场主体之间存在管理与被管理的不平等关系,执法机构往往十分困惑于在对抗与合作之间选择执法的理想尺度。

一般而言,公法的执法方式可分为两种:一是正式执法,即通过执法调查进行违法行为认定,进而确立违法行为人的法律责任;二是非正式执法,主要是执法双方进行和解,广义上还包括调解、仲裁等。在对两种执法方式进行比较后,人们越发认识到,正式的执法方式可能会导致冲突的扩大、持久和延伸,而非正式方式则可令复杂的纠纷简单化,因而正式方式更侧重于片断的、局部的、法律上的争议的解决,离彻底解决纠纷相对更遥远,更容易"藕断丝连"。① 在实践层面,美国行政程序改革中就引入了调解、协商、仲裁或其他非正式程序,对行政争议进行迅速的处理。② 美国国会指出,行政程序已经变得越来越正式、昂贵和冗长,这导致了不必要的时间耗费,也使合意基础上的争议解决越来越不可能,而这些替代性的方式将带来更具创造性及更有效、更合理的结果。③

从理论上看,执法方式的选择首先应当考虑到双方主体之间的"关系距离"(relation distance)。关系距离表示主体之间的亲密性或依存程度,最密切的关系距离是相互之间完全渗透,最远的关系距离则是两者之间毫无联系。在执法方式选择上,之所以要考虑关系距离,是因为关系距离一方面能预示并说明法律的量;另一方面也能预测并解释法律的样式。

在量的方面,法律与关系距离之间呈曲线型关系。④ 也就是说,在关系密切的主体之中,法律是不活跃的;法律随着人们之间关系距离的增大而增多,而当增大到几乎隔绝的状态时,法律又开始减少。⑤ 相互隔绝的主体之间不存在交往,也就不会存在争议,而在关系密切的主体之间,法律不活跃并不是指主体之间不需要规则指导、不存在争议,而只是意味着正式的、严格的法律

---

① 参见徐昕著:《论私力救济》,中国政法大学出版社 2005 年版,第 172 页。

② See 5. U. S. C. A, § §571 –584.

③ 参见王锡锌著:《行政程序法理念与制度研究》,中国民主法制出版社 2007 年版,第289 ~290 页。

④ 参见[美]唐纳德 · J. 布莱克著:《法律的运作行为》,唐越、苏力译,中国政法大学出版社 2004 年版,第 47 页。

⑤ 这实际上是一个单凭经验主义就可得出的结论。在现实生活我们很容易发现,当其他条件不变时,一个人指控与之关系密切的亲属的可能性最小,其次是朋友、熟人、邻居、同乡等;而当两个人之间的关系比陌生人还要遥远时,例如,生活在不同文化、部落或国家中,指控也是难以存在的。

规则的运行成本过高，相比之下，人们宁愿选择替代性的方式。因为诉诸正式的法律会加强行为人之间的对抗性，它可能是激发而非最小化争议，这无疑不利于行为人之间的后续来往。就反垄断法来说，不论是处理争议还是作出决定，都不是一次性的、永久性的、终局性的，执法机构与市场主体之间的交往具有持续性、依存性，反垄断执法活动的展开离不开市场主体的配合。因而在这种"重复博弈"的格局中，我们更需要的是一种"无需法律的秩序"，是一种内在的、合意的、温和的而非外在的、强制的、冰冷的均衡。

关系距离还与法律样式有关，它决定理想的法律运作方式应该是控告式的还是补救式的。在一般情况下，控告式法律与关系距离成正比变化，补救式法律则与关系距离成反比变化。经验也告诉我们，在其他因素不变的情况下，陌生人之间更具对抗性，更容易作为对手而相争，关系密切的人之间则更具有宽容性，更可能主动互助。这就要求在相互维系、相互依赖的主体之间，如果适用法律，法律应当是更具补救性的。实际上，在市场这一特定领域，反垄断执法机构与市场主体之间是一种"朝夕相对"、相互依存的"共生关系"。一旦执法刚性有余而弹性不足，期望一次最大限度的惩戒突收"奇效"，不仅效果不会理想，还可能伤害法律权威。在一个极重视关系"亲疏远近"的领域，理想的执法态势应是"刚柔并济""对症下药"，补救式执法要较控告式执法具有更强的适用性。

除关系距离之外，法律执行方式的选择还应考虑不同主体的能力差异。主体之间的能力差异既包括社会地位差异，也包括谈判能力差异。总体上讲，"法律的变化与等级成正比"，[①]也就是说，当其他因素不变时，较低等级的人们比较高等级的人们拥有的法律少，因为法律的普遍精神是有利于强者而不利于弱者的。[②] 很自然地，主体间能力的对比关系会对法律的具体运作产生影响。在缺乏足够的对抗能力的情况下，弱者一般不希望依照严格的法律程序来解决他与强者之间的问题。在反垄断执法中，执法机构可以动用各种执法资源甚至国家的强制力量，如果执法方式趋向严厉，市场主体从事了违法行为通常就要承受严厉的惩罚，因而在很多时候，执法中的"讨价还价"更能受

---

① ［美］唐纳德·J. 布莱克著：《法律的运作行为》，唐越、苏力译，中国政法大学出版社2004年版，第13页。

② 造成这种局面的原因有多种，既可能是基于各种原因执法者主动偏向强者，也可能是强者"俘获"当局，但更重要的是，法律运行需要成本，因而在寻求法律帮助时强者更具有优势。

到市场主体的欢迎。

可见,补救式执法方式更能妥善处理执法双方之间的关系。在反垄断执法中进行和解,就是一种补救式执法方式,它能够缓和执法机构与市场主体之间的对抗关系,能够在双方之间形成一种动态的、依赖性的平衡,有利于执法双方之间的良性合作,从而保障反垄断执法更能取得实效。

具体来说,在鼓励市场主体与执法机构合作方面,承诺制度的优势体现在:

第一,对市场主体来说,适用承诺制度的结果是免除惩罚,因而相比于严格执法,这种结果更容易获得市场主体的认同。不论是正式调查还是承诺制度,目的都是消除垄断行为的危害性,只要能够实现这一目的,执法方式有时不必过分限制。在正式调查的场合下,市场主体一般不会轻易就范,除非执法机构掌握了充分证据,而获取证据会耗费巨大的执法成本,因而如果过分强调执法的严厉性,则很多垄断违法行为将得不到有效追究。在承诺制度适用中,由于不用担心会遭受惩罚,在初步证据的威慑下,市场主体就可能倾向于与执法机构合作,结果是执法调查程序大大缩减,垄断违法行为又能得到有效遏制。

第二,在承诺制度中,市场主体提供相关信息的主动性与积极性更高,所提供的信息也更为准确与充分。在承诺制度的适用中,市场主体与执法机构的合作主要体现在,市场主体主动作出停止、修正或从事特定行为的承诺,这时执法机构需要评估市场主体的承诺是否适当、充分,而作出评估的基础是市场主体实施相关行为的各种信息。这些信息一部分来源于执法机构的调查,更多地来源于市场主体的主动提供。如果市场主体提供的信息准确且充分,则适合的承诺就能带来免予处罚的效果;相反,如果市场主体提供的信息是不准确、不充分或者误导性的,则即便执法机构已经基于这些信息中止了调查程序,也可重新开始调查,以严格程序确定市场主体的法律责任。而且在很多情况下,一旦市场主体有违诚信,则执法机构不但不允许其就同一行为再次作出承诺,也可能因对其信誉产生怀疑而对后续承诺申请的持谨慎态度。在这些条件的诱导和威慑下,市场主体往往具有提供准确、充分信息的激励。与承诺制度不同的是,在正式调查中,尽管法律往往也会规定被调查者具有如实提供信息的义务,但这种规定是强制性的,因而可能增强市场主体的抵触情绪。在市场主体拒不提供信息的情况下,执法机构虽然可以对其进行惩罚,但由于市场主体不提供相关信息,执法机构就很难认定其行为违法,故市场主体不仅具有不提供信息的激励,还可能提供一些错误的、虚假的信息来误导执法机构,并逃避法律惩罚。

5. 在反垄断执法机构独立性不足的国家,作为一种权宜之计,承诺制度还能调和执法机构与其他公权机构之间的冲突

在反垄断法的实施中,如何处理反垄断与行业监管的关系是一个较为棘手的问题,尤其在经济转型国家,行业监管在很长时期内还具有相当的普遍性。这时只有一个强有力的反垄断执法机构,才有可能将反垄断法的规则推行到经济生活的每个角落,以体现其"经济宪法"或市场经济一般法的属性。但现实往往是,市场经济越充分的国家,反垄断执法机构的独立性与权威性越强,越需要以反垄断法来助推经济市场化的国家,反垄断执法机构的地位反而较弱。我国情况就是如此。一旦反垄断执法机构的独立性与权威性不足,其在执法中就容易受到行业监管部门的干涉,中国电信、中国联通案就是一个典型例子。这时不论执法理据多么充分,现实层面的执法活动也可能陷入两难。在短期内改造执法机构的可能性较小的情况下,只能寄望于一种缓和的执法方式来调和公权机构之间的冲突。承诺制度的适用,尽管可能实属无奈,但不失为一个解决现实问题的方式。

由于执法机构的权威性不足,针对行政垄断问题的执法也可能陷入困境。根据我国《反垄断法》的规定,执法机构并无针对行政垄断的实质执法权,只有建议其上级机关处理的权利。如果其上级机关不予处理,或者行政垄断行为的实施人与反垄断执法机构处于同一层级,则执法机构基本无可奈何。这时也可考虑选择承诺制度,以较温和的方式来处理问题。当然,行政垄断属于违法性明显、情节恶劣的垄断行为,本不应以承诺制度来"不了了之",但相比执法机构的建议权,承诺制度的效果更加明显,所以,作为一种权宜之计,承诺制度的适用也可视为一个理性选择。

五、经济视角:"团体理性"与信息功能

(一)承诺制度的"团体理性"

反垄断执法中的市场主体与执法机构都是理性主体,都有自己的利益追求。市场主体总在降低违法行为被发现的可能性,并通过各种方法减少可能受到的处罚。一方面,执法机构是受公众委托的代理人,行使的是公共权力,在垄断行为规制过程中,作为裁判者和规范者,执法机构要规范市场主体的行为,维护市场竞争秩序,保障竞争者与消费者利益。但另一方面,执法机构也

是理性团体，如果其权力行使不公正，则权力的合法性会遭公众质疑；或者由于决策失误、执行失当导致权力行使效果低下，政府声誉就会受到影响，这也意味着其“利益”受到损失。市场主体与执法机构之间的利益既可能一致，也可能会发生冲突，而且在反垄断执法之中，任何一方在追求自身利益的同时，又不得不考虑对方策略，否则就可能难以实现自身利益。这种既合作又冲突的关系，使市场主体与执法机构之间形成了一种典型的博弈关系。

博弈可分为合作博弈和非合作博弈，区别主要在于各决策主体在采取各自行动时能否达成具有约束力的协议。能达成约束双方行为协议的为合作博弈，不能达成协议的为非合作博弈。合作博弈是决策者“团体理性”的表现，即博弈双方都意识到合作能给彼此带来好处，不合作会使双方两败俱伤，这样双方会按照达成的协议行事；非合作博弈则表现为博弈双方无法找到均衡点，每方都以自己的最优决策行事，以达到本身效益的最大，而不考虑自身行为的外部性是否损害别人的利益，这样会带来一种“集体非理性”，即博弈困境。

在反垄断执法中，如何找到最大化执法双方利益的“均衡点”，受制于博弈当时的客观情况，信息多少、利益格局、第三方介入等因素会决定着博弈格局的形成与变化。同时，制度因素也会对博弈格局产生影响，例如，现行法律制度是否允许以及在多大程度上允许此类博弈的存在，[①]是否存在引导双方走向“团体理性”的机制等。在反垄断执法中进行和解，通常情况下是执法双方基于一定的策略进行长期互动的结果，是一种基于动态的、合作的博弈而达成的均衡。

在反垄断执法中进行合作，表面上看是个体行为，实质上却是集体推动的结果，是一种符合“团体理性”的行为。

对执法机构来说，强硬的执法方式可能有效，也可能无效。面对执法机构的严厉执法，市场主体有坦白与抗拒两种策略选择。一旦市场主体选择坦白，执法机构无须花费高昂的执法成本即可实现惩罚企业的目的。这种结果当然对执法机构有利，却会伤害市场主体坦白的积极性，必然使其在日后的执法活动中，多以强硬态度对抗执法机构，更会采取种种措施隐蔽其违法行为，以期“一劳永逸”。在反垄断法中，由于行为的复杂性、专业性明显，市场主体隐蔽自身行为有时轻而易举。因此，从长远上看，这可能是一种不经济的执法方

---

① 例如，在计划经济条件下，由于政企不分，企业隶属于政府，企业没有自主权，企业和政府之间不可能存在一种平等的博弈关系。

式。如果市场主体不坦白，执法机构也有两种选择：一是放弃执法，则结果是执法机构无法实现自身利益追求；二是一追到底，结果会付出巨大代价，其支出可能会超出执法机构可以承受的范围，甚至全部转化为“沉没成本”。可见，对执法机构来说，尽管强硬的执法方式可能在个案中收效甚著，但长远来看未必是一种理想的执法方式。

对市场主体来说，最好的结果是，无论面对执法机构的何种执法方式，都拒绝承认实施过垄断行为，如果这一策略成功，则其收益完全为垄断收益。但是，这种收益往往是暂时的，具有较大的不确定性。只要市场主体确实实施了垄断违法行为，它就应该知道，这种行为随时都可能被发现，从而会受到惩罚。当然，市场主体总会心存违法行为不被发现的侥幸心理，一旦执法机构无法掌握市场主体违法的足够信息，则市场主体的不合作策略会获得成功。但实际情况往往是，执法机构开始调查某一市场主体，必然是已经掌握了该主体实施违法行为的初步证据。① 这时，如果市场主体不合作，则执法机构多会着力调查下去，最终证实市场主体违法，则会对其处以高于违法收益的罚款。这样的结果对市场主体不利。因此，只要通常情况下执法机构通过调查即可发现违法行为的案件，则市场主体的最优策略不是对抗而是合作。在合作的情况下，例如，与执法机构和解，虽然表面看来市场主体失去了垄断行为的收益，但却免去了可能遭受的严厉处罚，因而对市场主体来说，结果可能更为有利。

上述分析表明，在执法中选择合作很多时候对执法双方都会有利。但在市场主体与执法机构的博弈中，一个关键问题是，如果执法机构掌握的信息不足，市场主体不合作就有可能为其带来更大的收益，因而，在大多最后走向和解的案件中，市场主体行为违法是确定的，这属于博弈双方共享的“公共知识”，②这时，市场主体深知理亏，深知不合作很可能带来更大损失。这就说明了，在反垄断执法中适用承诺制度，虽然是一种“团体理性”的表现，但其展开并非毫无条件，其中较为重要的一个条件就是，执法机构必须已经掌握了市场

① See John Temple Lang, “Commitment Decisions Under Regulation 1/2003: Legal Aspects of a New Kind of Competition Decision”, *E. C. L. R.* 2003, 24(8), pp. 347,350.

② “公共知识”的概念最初由逻辑学家刘易斯提出，之后由经济学家阿曼等应用于博弈分析之中。“公共知识”是一个群体人们之间的对某个事实相互“知道”的关系，即每个人不仅知道这个事实，而且每个人知道该群体的其他人也知道这个事实，并且其他人也知道其他的每个人都知道这个事实。在博弈中，“公共知识”就是博弈双方所共知的某些信息。在不同的博弈类型，“公共知识”的范围有大有小，“公共知识”的范围是影响博弈格局的重要因素。

主体从事违法行为的初步信息。在立法上或实践中,很多国家都要求承诺制度只能适用于调查程序已经启动的阶段,且执法机构已对被调查的垄断行为有了初步评估。通常,执法机构掌握的信息越多,在双方协商时,市场主体合作的积极性就越大,其承诺的内容就越符合执法机构的预期,对竞争促进的效果就越明显。如果执法机构掌握了市场主体违法的所有信息,则执法机构不会选择接受承诺,因为这时完全可以直接进行处罚,直接处罚对执法机构来说是一种最优策略。所以,大多以承诺方式了结的案件中,执法机构虽然已经掌握了市场主体违法的相关信息,但这些信息一般是不充分的,而只是初步证据。

(二)承诺制度的信息功能

1.反垄断执法中的"信息悖论"问题

反垄断法正式调查的主要目标就是惩罚违法者,为此,执法机构必须掌握足够的认定行为人违法的信息。但在执法方式过于强硬的情况下,信息获取可能面临严重困境。因为一方面,过于严格的反垄断执法具有事后规制的特点,即只有在违法行为发生时才会启动调查程序,进而通过一定程序确定责任承担,但很显然,在反垄断法中,单纯的事后规制既不能有效惩治并威慑违法者,也不能完全实现反垄断法的功能;另一方面,执法过于严厉可能会加剧市场主体的对抗心理,而在反垄断执法中,市场主体与执法机构之间普遍存在信息不对称的情况,严厉的执法措施不仅可能导致难以收集必要的、完全的、准确的信息,更可能会加剧信息的不对称性与不确定性。

可见,一方面,执法的有效性过于依赖信息;另一方面,执法的严厉性又限制了信息收集的渠道。这就是正式反垄断执法可能面临的"信息悖论"问题。

反垄断执法中"信息悖论"问题的产生,主要是因为执法中存在信息不充分的情况。具体来说,执法中的信息不充分主要包括两种情况:

(1)信息不对称

信息不对称在反垄断法中普遍存在。除了市场主体之间可能处于信息不对称状态之外,市场主体与执法机构之间也可能存在信息不对称的情况。就反垄断执法来说,如果执法机构无法观测或监督市场主体的行动或者无法获取市场主体行动的完全信息,或者观测与监督的成本过高时,双方所掌握的信息就是一种"非对称信息"(asymmetric information)。

在反垄断执法中,信息不对称会诱发机会主义行为。如果法律规范的内容主要是限制性、禁止性的并规定了严厉的法律责任,则人们在行动时一般会刻意回避法律限禁的领域。一旦所有人都选择回避策略,法律的威慑目的就实现了。但在反垄断法中,这可能只是一种理想状态。市场主体基于自利追求总会“蠢蠢欲动”,违法行为的潜在收益使它们一次次“铤而走险”。反垄断法规范的不确定性以及反垄断执法中“模糊地带”的大量存在,无疑又会增加市场主体的侥幸心理。在这种预期下,市场主体往往不会甘于守法,而是继续实施违法行为但避免被执法机构发觉。在反垄断法中,要增加违法行为的隐蔽性有时又实在太容易了。

因此,过于严厉的法律规定及相应的执法方式有时并不能实现威慑违法行为的目的,反而可能会诱发市场主体隐匿信息(hidden information),即产生逆向选择(adverse selection)的问题。如果市场主体都存在这种机会主义心理,则反垄断执法就会变得十分困难。因为随着垄断违法行为的日趋复杂,利用有限的执法资源,执法机构必然无法“事无巨细”地将每个市场主体的每个违法行为都调查得清楚彻底,这显然会严重削弱反垄断法的运作实效。

也就是说,尽管理论上政府能够通过各种途径对存在垄断行为的市场按照效率原则进行规制,但这种规制也可能带来新的无效率,因为政府规制无法保证信息的充分性。① 在市场主体与执法机构之间存在信息不对称的情况下,正式的、严厉的规制措施很可能是次优的,而不是最优的。

(2)信息不确定

信息不充分的另一种表现是信息不确定。信息不确定即现在与未来之间的信息不充分,包括信息量的增减与信息内容的变化等。现代市场经济条件下,经济形势不仅日趋复杂,也变化多端,这就使市场所包含的信息常常处于不确定的状态。作为一种对市场竞争秩序进行规制的法律,反垄断法要想实现其功能,就必须充分考虑市场信息的不确定性,以便针对不同的情况,根据经济情势的变更,作出切合现实需要的灵活而妥当的安排。

在反垄断法中,市场主体的很多行为都具有模糊性,行为结果的有效与否不能一概而论,行为的法律性质有时也不具有同一性。经济环境的变化、意外事件的发生或者国家经济政策的偏移,都可能导致行为评价标准的复杂化。反垄断执法不仅应当考虑相关信息在不同时期的变化,也要考虑同一种信息在不同环境下所传达含义的差异。这就决定了法律规则、行为表象等形式要

---

① 参见王小龙著:《经济转型与激励机制——政府治理与私人交易中的契约设计》,经济科学出版社2005年版,第53页。

素在反垄断执法中远没有反垄断法宗旨、客观经济环境、行为内涵等实质性要素重要。

正式的反垄断执法调查以“限禁”为主，执法方式缺少转圜余地，这在法的作用领域、作用对象恒定即信息确定的情况下可能无关紧要，但如果信息处于不确定状态，严格的法律制度与过于僵化的执法方式虽然在形式上容易满足法律规范的要求，实质上却可能会产生对法律价值的“阻却效应”，进而使执法活动陷入两难境地。具体而言，国家反对垄断是因为垄断损失了效率，效率是反垄断法的最基本价值，但如果现代反垄断法仍贯彻早期的“本身违法”原则，则其执行结果是否促进了效率就会具有较大的不确定性。一个行为有效率与无效率之间的界限是非常模糊的，“本身违法”原则的适用结果很可能会阻止处于禁止边缘的合法行为，甚至造成潜在竞争者过于回避他意图进入的区域，进而形成市场进入壁垒，结果上可能遏制了竞争。也就是说，以效率为目标的反垄断法在应对复杂问题时可能阻却了效率。这也说明了为什么现代反垄断法的实体规则越发趋向简单以及“合理原则”在法律执行中具有了普遍性趋势。

2. 作为信息披露机制的承诺制度

信息在反垄断法的执法中非常重要，不仅市场主体需要借助相关信息来决定经营行为，执法活动的展开也需要以相关信息为依据，而不论是市场主体还是执法机构，掌握信息的多少会直接对其行动策略的选择产生实质性影响。

对执法机构来说，要想惩罚违法者或者恢复已缺损的权利，那么，就必须掌握足够的认定市场主体违法的信息。如果执法方式过于严厉，违法行为人显然没有主动提供信息的充分激励。针对这种情况，法律往往会设置相应的信息披露制度来约束行为人。如果法律将信息披露设定为市场主体的义务，这种获取相关信息的方式就是一种强制性信息披露行为。与市场主体自愿提供信息相比，强制性信息披露需要更高的成本。这种成本一方面来自“信息搜寻”成本，①在“信息搜寻”成本过高的情况下，即使获取了完全的信息也不一定能带来最大收益。另一方面更重要的是，强制性信息披露以法的强制力

① “信息搜寻”理论由斯蒂格勒于20世纪60年代提出，他认为信息是人们作出决策的基础，但并不是可以免费获取的，为了寻找信息而付出的时间和金钱等成本就是“信息搜寻”成本。信息量和具体的收益具有正相关关系，信息越多，决策正确的可能性就越大，收益也就越高，可是所付出的搜寻成本也就越大，所以当存在“信息搜寻”成本时，完全信息不一定就能带来最大的收益。可参见贾敬华著：《不完备合同的经济分析》，人民出版社2006年版，第7~8页。

作为威胁,它就容易引发当事人的对抗心理,在威慑不足、信息难以识别或识别成本过高的情况下,当事人往往会提供一些不完整(incomplete)、不正确(incorrect)或误导性的(misleading)信息。

在这种情况下,自愿性信息披露在反垄断执法中就显得尤为重要。自愿性信息披露首先必须解决激励问题,即只有存在充分激励的情况下,行为人才会自愿地去披露相关信息。过于严厉的执法方式普遍存在激励不足的弊端。在公法的发展过程中,之所以强调非正式执法方式的引入,从信息角度上看,一定程度上就是为了解决激励问题。反垄断法承诺制度的灵活性、温和性、可协商性是保证这种激励的关键。因此,我们可以说,反垄断法承诺制度就是一种典型的激励措施,通过执法和解实现的信息披露是一种自愿性信息披露,从而也是准确性与完整性更高的信息披露。

具体来说,反垄断法承诺制度是通过执法双方事后的契约安排来解决信息不充分问题的。[①] 承诺制度之所以具有信息披露的功能,是因为它能够通过契约安排来改变人们的行为预期。当市场主体意识到违法行为可以通过替代性的救济方式来获得法律责任的免除时,他们隐匿自身违法行为的相关信息的积极性就会大大降低。尽管隐匿信息可能使政府的规制目标落空,但隐匿信息也需要成本,而且面对实力较强的政府,市场主体隐匿信息的行动可能会招致失败,这时还不如以承诺来换取免罚处理。反垄断法承诺制度的作用机理就在于,政府通过一种制度安排向市场主体提供可置信的承诺,使市场主体充分相信,在既定情境中,作出承诺可能是自己的最优选择,并且在确定自己的最优选择后,接受市场主体承诺并兑现自己承诺也是政府的最优选择。如果市场主体基于这种预期向反垄断执法机构作出在一定期限内采取措施消除违法行为消极后果的承诺,执法机构也遵守自己的承诺,则双方的预期目标都会实现。

六、反垄断法承诺制度的功能总结

执法机制的不断变革,反映了实体规则的有限性,因为反垄断制度的健全

① 除事后措施外,反垄断法上也设置了较多的事前措施来实现信息披露的目的,其中较为典型的是咨询程序与申报程序。咨询程序是一种自愿性、提倡性程序,这种程序不仅可以引导市场主体从事法律或政策所鼓励的行为,也能够便于执法机构对市场主体的行为进行准确、及时的观测与监督。反垄断法上的申报制度主要是企业集中事前申报制度,这种制度显然在解决执法中信息不充分的问题上也具有重要作用。

不但依赖于法律规则,还依赖于执法机制。只有好的执法机制才能保证法律"以合理的成本获得合理程度的尊重"。① 承诺制度的产生与发展,就是反垄断法制度变革的产物与表现。前文通过论述传统反垄断执法方式所面临的执法缺口与执法困境等难题,已经基本解释了承诺制度的功能。在此,可以进一步将承诺制度的功能概括为三大方面:

(一)通过"便利执法"来提升效率

第一,对执法机构来说,承诺制度是一种较便利的执法方式。因为执法资源的匮乏是反垄断法上的普遍性问题,以更低的执法投入换取更高的执法收益,就成为反垄断执法必须考虑的目标之一。从各国实践上看,反垄断执法中之所以引入承诺制度,主要就是基于节约执法资源的考虑。适用承诺制度不仅能够提高单次执法效率,节省的执法资源还可用于其他案件的调查处理,故对整体上提升反垄断执法实效也有重要作用。

第二,承诺制度大大缩减了垄断行为处理周期,能及时、有效地制止垄断行为。垄断行为是一种复杂行为,识别垄断行为需要严格的判断过程,这不仅耗费执法资源,而且对及时制止垄断行为也很不利。承诺制度则代表了制止垄断行为和重塑市场竞争的最快手段,尽管对每个案件来说,适用承诺制度没有固定时间,但因其属于简化的执法程序,故作出承诺决定比作出最终的违法决定所费时间通常要短得多。显然,这对那些需要及时制止的垄断行为极为便利,也更能适应那些新兴而快速发展的市场。② 此外,承诺制度的适用能使执法机构更早地获得案件处理结果,而时效性不仅对垄断行为的救济极其具有价值,也能提高反垄断执法的威慑效果。因为在通常情况下,发现违法行为与对违法行为予以处理之间的时间间隔越短,就越能使市场主体感受到反垄断法的威慑力,故很多时候,及时发现违法行为与对违法行为施加惩罚同样重要。③

第三,承诺制度使原本较多被忽视的垄断案件能够进入执法机构的视野,并能以合理方式得到纠正。面对纷繁复杂的垄断行为,再具专业能力与执法

① [美]理查德·A.波斯纳著:《反托拉斯法》(第2版),孙秋宁译,中国政法大学出版社2003年版,第313页。

② See C. J. Cook, "Commitment Decisions: The Law and Practice Under Article 9", 29(2), *World Comp.* 2006, pp. 209,212.

③ See Wouter P. J. Wils, *The Use of Settlements in Public Antitrust Enforcement: Objectives and Principle*, Accessed June 12, 2016. http://ssrn.com/abstract=1135627, p. 12.

资源的执法机构都有“力不从心”之时，所以现实中，很多垄断行为根本无法进入执法程序，即便其被执法机构关注，也可能因较难查处而无法取得执法实效。那些自觉或不自觉被执法机构忽视的案件，有些可能无关紧要，有些则影响较大，仅仅因为调查取证困难而被执法机构放弃。承诺制度应对这些案件的优势就在于，它不仅能在较短时间内处理更多的垄断案件，还能避免正式调查因行为定性需要而必须完成的极高的调查取证要求，进而也就避免执法活动陷入困境。所以现实中，承诺制度非常适合用来处理那些违法行为亟须制止而被调查的垄断行为又难以查清或调查成本过高的案件——针对这些案件中，正式调查要么不具有可能性，要么执法结果得不偿失，承诺制度却是实现反垄断法目标的最优甚至唯一手段。

（二）通过“模糊执法”来解决难题

第一，承诺制度一定程度上可以解决因反垄断法规则的模糊性而导致执法机构执法常感执法活动“漫无标准”的困惑，为那些不确定性的垄断案件提供了很好的解决方式。要想增强反垄断法面对现实生活的适应能力，立法机关就只能放弃追求规则的精确性，所以各国反垄断法都有明显的不确定性特征。这对执法活动是一个严峻挑战，执法机构无法按照一个确定的标准来将所有的垄断行为“对号入座”，执法活动实际上就是一个“漫无标准”的裁量过程。而现实中，那些愚蠢的、一看便知违法的垄断行为越来越少，大多垄断行为都是利弊结合，“公说公有理，婆说婆有理”，这时无论认定其合法抑或违法，都可能缺乏足够的说服力。针对这些极具不确定性的垄断案件，承诺制度就是一种较为理想的处理方式，因为它回避对企业行为性质的认定，不必担心认定合法或违法所带来的诸多合理性问题；而且从结果上看，它也能以对市场主体影响较小的方式来实现促进竞争的目的。

第二，承诺制度的“模糊执法”属性非常适合于处理一些法律依据尚不明确的新型案件。新型垄断行为随着经济发展不断涌现，已有规则未必能为这类案件的处理提供明确的法律依据，人们对新型垄断行为的性质认定往往也有一个过程。这时正式调查的结果难以预料，还可能伤及某一行业的发展，所以与其冒着不确定性的风险，倒不如选择承诺制度。在欧盟竞争法中，欧盟委员会就认为，在新型案件中以及对企业行为是否违法存有疑问时，接受企业承诺就是一种较为合适的处理方式。[①] 早在第 1/2003 号条例规定承诺决定制度之前,欧盟委员会就已经用非正式的和解制度来处理新兴行业的案件了,1984 年的 IBM 案[②]就是这方面的典型案例。第 1/2003 号条例实施之后,欧盟委员会在 2011 年 IBM 的另一个案件中也接受了其承诺。[③]

(三)通过“温和执法”来化解冲突

第一,承诺制度更能满足市场主体对反垄断法的制度需求。垄断行为认定复杂,惩罚严厉,这使正式执法调查活动对市场来说是一项沉重负担。相比之下,承诺制度因本质上属于和解机制而更受市场主体欢迎:一是对承诺决定不作违法认定,这既不会对企业形象造成负面影响,也避免企业在损害赔偿诉讼中陷入被动地位;二是承诺制度的适用结果是免予处罚,这是市场主体获得的最直接好处,尤其是当其行为的违法性“人所共知”时,这是难得的执法优待;三是因不必正式调查,执法机构作出承诺决定通常较快,这既节约了市场主体应付调查的时间、人力及物力成本,也可使自身行为尽快摆脱执法机构的审查视野;四是承诺制度是一种合作性执法方式,承诺决定的内容是协商合意的结果,这为市场主体通过博弈获取对自己最为有利的执法结果提供了充分的交涉机会、平台与程序;五是作为一种和解机制,承诺制度的适用充分尊重了市场主体的独立意志,这既是一种权利保障,也是一种人格尊重。

第二,承诺制度的适用较为温和,它能促进执法机构与市场主体之间的良性共存。垄断违法行为比其他领域的违法行为更具隐蔽性与复杂性,执法机构发现违法行为或获得违法证据十分不易,反垄断执法活动的有效展开离不开市场主体的积极配合。在市场这一特定领域,反垄断执法机构与市场主体之间“朝夕相对”,不断地重复博弈,可以说是一种相互依存的“共生关系”,任一方不合作都可能给另一方带来“无谓损失”。因此,执法机构与市场主体之间的良性共存显得极为重要。在正式调查活动中,执法机构的目的就是查明违法行为并予以惩罚,这容易在市场主体与执法机构之间形成紧张关系,市场主体可能不配合甚至对抗执法活动。尽管惩罚通常是一种制止违法行为的有效方式,但影响人们是否从事违法行为的因素除了惩罚的严厉程度外,还有违

---

① See Alberto Pera, Michele Carpagnano, “The law and Practice of Commitment Decisions: A Comparative Analysis”, *E. C. L. R.* 2008, 29(12), p. 672.

② See Case IV/30. 849 – IBM Personal Computer, OJ [1984] L 118/24.

③ See Case COMP/39. 692 – IBM Maintenance Services, OJ [2012] C 18/6.

法行为被发现的概率。如果隐匿违法行为极为容易或成本较低,则人们不大会受到法律惩罚的威慑。反垄断法领域即是如此,试图通过惩罚机制来提高违法成本并威慑违法行为的思路在很多时候并不奏效,因为垄断行为的复杂性和反垄断法的固有缺陷使得违法行为被发现的概率实在太低了。执法方式过于强硬,期望以最大限度的惩罚突收"奇效",效果可能并不理想,甚至还会伤害法律权威。理想的执法方式应是"刚柔并济"、择机选择,只要承诺制度的适用不会造成公共利益损害,则可更多运用这种较为温和的执法方式,以促进市场主体与执法机构之间的共存与合作。有学者就认为,若能通过协商找出兼顾企业发展与市场竞争的平衡点,则显然要比僵硬的执法方式要"合目的"得多,以这种"不拉破脸"的方式解决问题,同时保住执法权威与企业商誉,也可以说是两全其美。①

第三,在反垄断执法机构与其他公权机构之间可能存在冲突时,适用承诺制度这种较温和的执法方式,能够化解这种"硬碰硬"的权力冲突所带来的执法阻力,有利于反垄断执法取得实质性进展。

① 参见苏永钦著:《经济法的挑战》,清华大学出版社2005年版,第98页。

第四章　反垄断法承诺制度的风险概要

一、承诺制度适用风险的界定

(一) 适用风险的含义

由于反垄断承诺制度能大大便利执法活动，如果其适用不受限制，执法机构可能倾向于泛化该制度的适用；经营者的违法行为一旦被发现，基于逃避惩罚的动机，也可能普遍申请适用该制度。各国实践已经表明，承诺制度的适用一旦不当，可能会带来很多消极问题；从理论上看，有些案件因性质特殊也的确不宜适用承诺制度，甚至承诺制度本身一经适用就不可避免地会导致一些负面效应。

承诺制的适用风险主要指承诺制度在具体适用可能带来的一些消极影响，如产生不良的社会导向、损害第三人利益或社会公共利益等。反垄断法承诺制度是典型的价值与风险的共存体。① 承诺制度在某些案件中的确有适用优势，但并不是说所有的案件都可适用承诺制度。第三章用较大篇幅论证了承诺制度的适用优势，并不在于说明承诺制度适用得越多越好。恰恰相反，之所以以反垄断执法难题为出发点来解释承诺制度的功能，就是为了说明，通常只有在反

---

① See Philippe Choné et al., "Commitments in Antitrust", Accessed June 12, 2016. http://www.chaire-eppp.org/files_chaire/Commitments_in_Antitrust.pdf, p. 3.

垄断执法存在执法缺口或执法困境时，承诺制度的适用才具有正当性。离开了这一环境，承诺制度的适用就可能面临各种风险。

基于风险控制的考虑，在反垄断执法中，常态应当是正式调查，承诺制度在反垄断执法体系中只能处于补充地位。通常，在正式调查难以为继时，可以选择适用承诺制度。这时，除承诺制度之外没有更好的方式。尽管适用承诺制度可能被批评为“不了了之”，但至少可以通过承诺来消除垄断行为的消极影响。此外，当正式调查成本过大而收效甚微时，也可考虑适用承诺制度。这是从节约执法资源的角度上考虑的。在反垄断执法资源普遍匮乏的背景下，效率因素一定程度上可以正当化执法机构对承诺制度的适用。基于此，那些垄断情节简单、危害不大的案件以及调查垄断成本过高的案件，就可以承诺方式结案。

总之，承诺制度应当有其适用边界。承诺制度的适用应当权衡利弊，不能仅为了简化案例处理程序而给其他相关主体带来伤害，更不能为了追求单次执法效率而影响反垄断法实施的持续效果。承诺制度的适用边界，既有实体方面的范围限制，也有程序方面的严格约束。一方面，除基于解决执法缺口和执法困境这两种情况外，承诺制度一般不宜适用，尤其是违法性严重的案件、典型案件等，一般应慎用承诺制度。因为在这些案件中适用承诺制度尽管可能带来执法资源的节约，却以损害其他更大价值为代价，如反垄断法威慑力的丧失。另一方面，即便可以适用承诺制度，在制度适用过程中，执法机构与相对人也需接受各种严格的程序约束，以确保利害关系人利益和公共利益能够得到有效维护。① 换言之，反垄断法承诺制度的适用只在一定范围内或一定程度上才是正当、有效的，超过了合理范围或必要限度，其适用可能存在较大风险。

（二）风险的主要类别

反垄断法承诺制度的适用风险可从多角度来界定，例如，可分为正常适用产生的风险与适用不当带来的风险，也可分为制度启动上的风险、制度适用中的风险和承诺决定执行中的风险。从风险的影响范围和承担者角度来看，承诺制度适用风险还可分为内部风险与外部风险。内部风险是针对制度本身及适用制度的执法双方而言的，指承诺制度自身的不足及这种不足可能给执法双方带来的损害。外部风险则关注承诺制度与第三人间的相互关系，指承诺

---

① 参见焦海涛：《反垄断法承诺制度适用的程序控制》，载《法学家》2013年第1期。

制度适用可能给第三人带来的损害,以及第三人特定行为对承诺制度运作的影响。

总体上,承诺制度的适用风险大致可概括为三类:一是公共利益问题,即适用承诺制度可能会造成公共利益损失;二是执法双方间的利益平衡问题,指适用承诺制度可能给执法双方带来不利影响,主要是指市场主体可能受到不公平对待;三是第三人利益保护问题,即适用承诺制度可能会导致第三人利益损失。后文将分章对这些风险进行分析,并提出了相应的风险控制方式。但需提前说明的是,分章论述可能使人以为风险类别与控制方式一一对应,但事实上并不全然如此,例如,有些控制方式可能有助于解决多个风险,只不过它更偏重于解决某一问题,所以才将其作为某种风险的控制方式。例如,限制承诺制度适用的案件范围不仅能维护公共利益,也是保护第三人利益的一种方式,只不过它更偏重于公共利益的维护,所以才将其放在公共利益问题一章中论述。

二、风险原因的理论归结

(一)直接原因:利益格局失衡

不同风险有不同的产生原因,从整体上及理论层面上,可将反垄断法承诺制度适用风险的直接原因归结为利益格局失衡。承诺制度既是一种契约形态,也是一种公法执行方式,制度运作中不断面临着私益与公益冲突、内部利益与外部利益的交织,这可能使制度运作中的利益分配顾此失彼、难以兼顾。例如,如果承诺制度偏向保护执法机构与市场主体的利益,就可能会损害第三人利益或公共利益;如果承诺制度的运作过于注重维护第三人利益或社会公益,则可能给执法双方带来负担;即便在执法双方之间,偏向一方的利益分配也极有可能发生,尤其是容易出现执法机构压制市场主体的情况。

承诺制度适用中需要兼顾的利益类别主要有:一是执法机构的利益,主要是考虑如何为执法活动提供便利;二是相对人即垄断行为实施人的利益,对他们来说,承诺制度适用的最大利益就是没有违法决定、没有处罚,而且还应确保他们能够充分、平等地参与协商;三是利害关系人的利益,主要指承诺制度适用不应造成第三人尤其是垄断行为受害人的利益损害;四是公共利益,主要指承诺制度的适用应以不损害公共利益为前提,如不能损害法律权威、不能降低反垄断法威慑力、不能损害竞争文化普及等。在实践中,这些利益间常会发生冲突,这就需要对承诺制度的适用进行必要的限制,以实现主体间的利益平衡。

（二）深层原因：公私法秩序约束

利益冲突与利益格局失衡主要是结果判断，从源头上看，反垄断法承诺制度适用风险的产生，更多的是源于这种独特的执法方式与现行法律秩序的冲突。承诺制度是一种极为特殊的制度，它是公法执行方式，却采取了契约形式。从本质上看，承诺制度既与传统的公法执行方式不同，也非单纯的契约。这就使承诺制度在运作中，既可能与公法秩序产生冲突，也可能与契约理论发生矛盾。这是导致承诺制度风险产生的更深层次原因。

1. 既定公法秩序约束：法定性与裁量性的冲突

对执法机构来说，正式调查与执法和解都是公权力的运作过程。在公法理论中，公权力产生与运作必须接受法律限制，主要表现为公权力的配置与行使必须遵守法定原则。但在反垄断法中，虽然承诺制度的启动与适用也有一定的法定性，但这种法定性是一种弱法定，法律可能只规定执法机构可以适用承诺制度，却不会对承诺制度的适用范围、适用条件乃至操作程序加以详细规定。例如，我国《反垄断法》虽规定了经营者承诺制度，但在何种情况下执法机构可以接受市场主体承诺、承诺制度适用是否需要公开、是否需要吸纳第三人参与等问题，却未加规定。很显然，在承诺制度的适用中，执法机构拥有非常大的自由裁量权。如此，应有的法定要求与实践中的广泛裁量之间就可能会发生冲突。

从反垄断法承诺制度的作用机理上看，裁量性是保持其快捷性、便利性、适应性等优势的必然要求，但对公权力机关赋予较大的自由裁量权又可能带来新的问题，甚至使制度适用走向目标的反面。例如，执法机构可能基于便利执法的考虑而泛化承诺制度的适用，结果放纵某些违法行为，削弱了反垄断法的威慑力；在有些案件中，承诺制度适用过于随意，也可能会忽视相对人、利害关系人及公众利益的保护；甚至由于承诺制度的适用结果是对涉嫌违法的经营者"既往不咎"，因此，如果垄断行为影响较大或已引起人们普遍关注，在这些案件中适用承诺制度，可能会使民众对反垄断法或执法机构丧失信任。

传统公法理论也不否认自由裁量，但在限定公权力自由行使的基本精神之下，自由裁量的存在与否及存在空间，须以法律明确规定为限。在反垄断法承诺制度中，限制执法裁量权虽然必要，但很困难。例如，为防止执法机构任意适用承诺制度而损害公共利益，有些国家立法设置了"公共利益"条款，以对承诺决定的作出进行效果分析，典型的如美国《托尼法案》中的公共利益审查程序。但公共利益的范围太过抽象与模糊,如果没有具体的识别机制,则这种限制的实际意义可能不太明显。在实践中,是否适用承诺制度多由执法机构自由决定,这难免出现公共利益与执法者自身利益混同的现象,以致"官商勾结"存在空间,也使反垄断法承诺制度常受批评。

法定性与裁量性之间的冲突还会衍生出其他冲突,例如,公权力不可处分与公权力让步之间的矛盾。一般认为,垄断行为是一个公共性问题,反垄断执法代表的是公共利益而非私人利益,因此,执法权既是一种职权,也是一种职责,其在本质上具有不可处分性。承诺制度的适用结果,则可能使部分公共利益发生让渡,而让渡公共利益的本质是公权力行使的让步。这无疑在合法性上有一定问题。

此外,反垄断法承诺制度的适用,还可能发生同等对待与双重标准之间的冲突。公权力行使实质上体现了国家的意志,因此,在公法理论中,公权力行使应具有严肃性,其结果应保证"对事不对人""同等问题同等对待"。但在承诺制度适用中,"公平"只是一个模糊概念,标准的同一性有时要让位于基于效率追求而产生的差异性取舍或要求。例如,对同一垄断行为,执法机构可能对某些市场主体允许承诺,对另外一些市场主体不允许承诺;或之前允许承诺,之后不允许承诺。

2. 契约理论适用两难:主体地位平等的偏离

反垄断法承诺制度虽是公权力运作方式,却以执法双方的合意为外在形式,这意味着其运作应接受基本的契约理论约束。诚然,契约精神在各国承诺制度立法或实践中的体现越发明显,但源于反垄断法的公共属性以及执法机构一贯的强势地位,契约理论的某些要求甚至是最基本要求也可能会被无奈地、正当地或人为地、不合理地抛弃。

契约理论的核心精神是自由与平等,即任意一方对是否缔约以及如何缔约都有充分的决定权,这是保证从过程到结果的公平性所必需的。承诺制度在设置上,首先,应当保证这种"初始的公平",是否作出承诺以及承诺内容的确立,均应在充分的尊重与协商下进行。但这可能只是理想,在现实中,执法机构在制度启动及适用中可能居于主导地位。通常,市场主体之所以愿意作出承诺,多是因为其的确从事了违法的垄断行为,这也为执法机构所知。从而在谈判中,市场主体缺少了"讨价还价"的足够资本,执法机构可能倾向于将接受承诺视为对相对人的"恩惠"。这样,承诺内容的确定,受双方地位实质上不对等的限制,市场主体往往没有多大的决定权,甚至只是被动地同意执法机构早就拟定好的承诺内容。

其次,承诺决定一经作出,如同合同缔结并生效,即对执法双方具有约束力,任何一方不应无故违约,但基于公共利益考虑,法律往往又会赋予执法机构或其他公权力主体单方修改、终止甚至撤销承诺决定的权力。这也可能给执法机构压制市场主体提供了一个机会。即便有些国家明确规定了承诺决定变更的条件,但这里的条件多为可予变更的情形的原则性列举,而结合个案进行判断并作出最终决定的权力,则始终在执法机构或其他公权主体手中。

因上述因素存在,承诺决定可能难以像正常契约一样,真正能实现双方利益的最大化。市场主体通常处于谈判劣势,执法机构可能逾越权力边界,使市场主体的经营自由受到不合理限制。这里还会产生一种"每况愈下"的效应,即市场主体为了避免受到处罚而可能接受超过必要条件的限制,即承诺内容超过了必要限度;即使和解协议的内容实行法院许可,法院也往往不从市场观点审查和解协议的合理性而仅从形式上认定其合法,导致日后的同等问题都受到一样对待,不公平现象继续扩大。

可见,承诺制度的适用可能以形式平等掩盖了双方主体地位的实质不对等,在追求效率的同时,可能带来公平性问题。实践表明,效率已不是承诺制度适用中的主要问题,因为这一执法方式无疑会促进效率,只是效率取得是否造成主体利益格局失衡,是否破坏公平竞争环境,必须引入效率之外的价值考量。为避免承诺制度适用的"顾此失彼",必须以一定的制度确保执法双方之间实质平衡。

三、风险控制的一般原理

(一)控制目标:效率价值与其他价值的平衡

一方面,在反垄断法中,承诺制度在很大程度上是基于对正式调查程序高运行成本的克服而被引入执法过程中的。承诺制度的效率价值既体现在制度运行过程中,也体现在制度运行结果上。在承诺制度运行的各个阶段,执法双方都被允许采纳能够节约公共资源与私人资源的各种方式,包括程序操作上的及时、参与以及协商等。从结果上看,相比于正式调查程序,承诺制度不仅能使市场主体免于受罚,也能大大节约执法资源,提高执法资源使用效率,从而提升反垄断法的运行实效,有助于反垄断法规制目标的实现。因此,对执法双方来说,承诺制度都是一种较为有效、较为经济的法律运行方式。

但另一方面,反垄断法是公共利益之法,反垄断法的执行与私人行为不同,不能仅考虑执法双方收益,还要考虑垄断行为的有效制止、制度运行的社会效果等公共利益问题。承诺制度的灵活性、合意性特征决定其一定程度上是以牺牲其他价值为代价来获得执法效率提升的。这就要求,执法机构适用承诺制度时,除基于便利执法的考虑外,还应衡量其可能带来的额外损失,以及制度运作是否会产生不良的社会导向。也即承诺制度的有效运作,从结果上看,不能仅仅是执法资源的节约、调查周期的缩短,还应考虑接受承诺是否为纠正垄断行为所必需,承诺能否得到充分、及时履行,利害关系人及社会公众利益能否得到切实维护,以及承诺制度适用是否影响后续反垄断执法效果的取得等众多价值。

完善的反垄断法承诺制度,应能在运作中实现效率价值与其他价值的平衡。承诺制度的适用风险,很多时候产生于执法机构过于强调执法效率的提升而忽视了其他价值的实现。对承诺制度的适用予以法律控制,目的就是防止执法机构泛化或简化承诺制度的适用。例如,法律通常会要求,执法机构在确定是否以及如何适用承诺制度时,不能仅从便利执法的角度上考虑,还应考虑相关主体的合法权益;不能仅为了追求单次执法活动的便利,还应考虑执法活动的持续效果,乃至考虑社会公众的接受程度或者说整个社会公认的道德准则。这就意味着,即便有些案件适用承诺制度能带来执法效率提升,但若会产生其他较为严重的社会问题,则承诺制度的适用就是不正当的;即便可以适用承诺制度,但在制度运作中,也不能为了减轻执法双方的负担简化操作步骤,因为这样一来,执法双方的确获得了便利,但利害关系人和社会公众利益却很难得到维护。

各国或地区的立法之所以一方面承认承诺制度的和解属性;另一方面又在制度适用上强调严格的适用条件和适用程序约束。其根本目的是保障承诺制度适用的有效性,使承诺制度的优势得以发挥的同时,适用风险也能被降到最低。

(二)控制原则:“自由”与“不伤害”的统一

反垄断法承诺制度适用的法律控制,可看作承诺制度适用的灵活性、合意性与可控性、公共性之间的平衡,或者说实现“自由”与“不伤害”的统一。在承诺制度的适用限制上,可概括出较为形象且相互关联的两个原则:“自由原则”与“不伤害原则”。其基本含义是,承诺制度的适用较为灵活、自由,这是制度性质使然,但灵活、自由应有限度,即不应伤害相关主体的合法权益。简言之,承诺制度适用的“自由”,要以“不伤害”为前提,即如果承诺制度的适用不会造成某些伤害，则其适用就是自由的。

"自由原则"与"不伤害原则"蕴含的常识是，个体行为只要不涉及他人利益损害，就有完全的行动自由，他人或社会都不应干涉；只有个体行为伤害他人利益时，个体才需接受他人或社会施加的限制。反垄断法承诺制度的适用也是如此。如果承诺制度适用不会伤害执法双方之外的其他主体利益，执法双方就有适用该制度的充分自由；只有适用承诺制度会损害其他相关主体利益即产生伤害时，才需对其适用加以限制。这两个原则从正反两个角度确立了承诺制度的适用限制。虽然这只是抽象原则，但却提出了承诺制度适用正当性的基本标准。

按照"自由原则"与"不伤害原则"，在适用承诺制度时，既要看是否会产生伤害，也要看伤害的大小。在判断伤害的有无及大小时，首先应考虑承诺制度对执法双方的影响；其次应考虑制度适用所带来的"外部性"，即对利害关系人或公共利益的影响。因此，一个初步判断是，承诺制度适用中所应接受的法律限制，不应仅限于执法双方之间，还应让利害关系人或普通公众有机会参与到制度适用的过程中。

就执法双方来说，承诺制度主要是一种利益赋予型的制度，从程序角度上看，则主要是一种赋予利益的执法程序。因为在通常情况下，适用承诺制度对执法双方来说都是有利的。按照程序法的一般原理，赋予利益的程序不涉及程序参与人的权益损害，似乎对其运作形式进行限制没有必要，但事实上，承诺制度并非一种纯粹的赋予利益的程序。① 从结果上看，承诺决定通常都会为市场主体设定某些义务，而义务是一种负担，这使承诺制度具有一种复合属性，相比正式执法调查活动是赋予利益的，但从结果上看却是施加负担的。由于涉及负担的设定，对承诺制度的运作实行完全的内部化，就可能会侵害相对人合法权益。尤其是在反垄断执法中，执法机构与市场主体间一直不是平等协商型的关系，执法机构压榨市场主体总是极为便利。例如，市场主体原本可以作出更低要求的承诺，这样就能获得更大收益，但若法律将承诺制度的运作方式完全交由执法双方去协商，执法机构可能要求市场主体作出更高承

① 在反垄断法中，纯粹的赋予利益程序主要表现是咨询程序。咨询程序一般不能带来直接利益，但可能会避免市场主体的损失或为其带来潜在利益。咨询程序虽然也与实体权益相关，但不会伤害相关主体权益，因而理论上是可以内部的。各国或地区的反垄断法中规定的咨询程序，基本都是一种不太正式的、很少受到限制的程序，法律不会将咨询程序设定为市场主体的义务，也较少对执法机构的咨询活动作出形式上的限制。

诺——虽然相比违法决定,这也是一种获益,但从另一个角度上看却是一种负担。可见,承诺制度是一种较为复杂的制度,其性质不能单纯理解为纯粹赋予利益的执法程序,因而其运作也就不能完全内部化。

衡量适用承诺制度的伤害,还应考虑可能存在的利害关系人权益及公共利益。如果市场主体行为的违法性明显,社会危害性巨大,造成了众多其他主体利益受损或损害了较大范围内的公共利益,则为防止承诺决定不足以有效维护利害关系人权益或公共利益,应限制承诺制度的适用。例如,对某些违法性比较明显或人们普遍关注的垄断案件,在一般情况下,执法机构不应接受行为人的承诺;即便决定以承诺方式结案,案件具体情况、当事人承诺的内容等,也应向社会公布,以便利害关系人及时主张自身权益,并接受普通公众的质询。

"自由原则"与"不伤害原则"还会衍生出另一个原则,即比例原则。如果承诺制度的适用不会对相关主体造成伤害,自然不必限制,但"不伤害"通常只是一种理想。在存在伤害的情况下,就需要限制承诺制度的适用,但这种限制不一定是不允许适用,而是强调通过法律设定的各种限制性条件将伤害减到最低。也即在伤害不可避免时,应保证伤害最小。此即比例原则的要求。

反垄断法承诺制度适用中的伤害,主要有三类:一是作为程序相对人的市场主体所受到的伤害,这种伤害包括必然的伤害与偶然的伤害两种。前者是指为达成合意而不得不做出的利益让步,包括让渡的潜在收益、远期收益等;后者是指市场主体在承诺制度中可能受到的来自执法机构的压榨,例如,执法机构要求市场主体作出不合理的承诺或在其作出承诺后又不停止调查。二是利害关系人可能受到的伤害。三是公共利益可能受到的伤害。后两种伤害之所以存在,是因为垄断行为具有明显的负外部性,在私人成本之外会产生社会成本。

对不同种类的伤害,应采用不同的机制予以降低。市场主体受到的必然伤害,是承诺制度适用的当然结果,只要市场主体愿意参与协商,就意味着利益让步不可避免,因而只要这类伤害是基于市场主体的同意而产生的,则其就是一种正当性的伤害。在承诺制度适用中,需要最小化的伤害,主要是市场主体可能受到的偶然伤害,以及利害关系人与公共利益可能受到的伤害。对这些伤害,不论受损的是私益还是公益,都应当贯彻"比例原则",尽力让伤害最小化。尤其是对执法机构来说,反垄断法承诺制度绝不能成为它们压榨市场主体或与相对人间私相授受公共利益的工具。最小化这些伤害的具体措施,主要表现为执法机构在适用承诺制度中应遵守一些形式约束。

(三)控制方式:实体标准与程序机制的结合

在制度层面上控制反垄断法承诺制度适用风险的方式可以多样,但基本可分为实体控制与程序控制两个方面。实体控制主要是案件范围限制,即不是所有的案件都可适用承诺制度,在法律上可将不宜适用承诺制度的案件予以排除,或者提出适用承诺制度的案件建议。例如,第1/2003号条例及其相关文件就在核心卡特尔等严重违法的垄断行为中排除了承诺决定的适用,并为欧盟委员会作出承诺决定的案件类型提出了一般性建议。程序控制主要是对承诺制度的适用进行形式上约束,以减少制度适用中的任意或不确定性,为此,法律可能会规定某些程式的展开为一项有效的承诺决定所必需,并建立各种旨在约束执法机构或保护相关主体利益的配套机制。

由反垄断法承诺制度的合意性、灵活性、裁量性特征决定,在规范层面上对其适用予以实体控制可能面临不易操作及难以固定化的困难,主要措施是限定适用范围,此外则无其他更好的方法。正因为实体限制有限,程序控制就变得更为重要。各国关于反垄断法承诺制度的规定与实践中,实体控制的有无可能不一,但程序方面的控制措施基本不会或缺,且程序控制的模式与内容也大同小异。

具体来说,对承诺制度适用的程序控制基本通过以下方式实现:

第一,以程序来约束执法机构的裁量权,防止制度适用的任意。自由裁量虽为必需,但不加限制就会滥用。承诺制度在实践中容易遭受的一个批评就是它可能为执法机构滥用权力大开方便之门。[①] 程序控制的首要内容,就是为执法机构适用承诺制度设置强制性的约束条件。这类限制主要体现在两个方面:一是为了防止执法机构单纯追究执法便利而泛化适用承诺制度,法律可能会规定承诺制度适用的前提条件,即只有在特定条件满足时才可启用承诺制度,例如,我国台湾地区要求,执法机构经调查难以取得行为人违法的确切证据时方可与相对人达成和解;二是基于承诺制度的和解本质,必须对执法机构利用公权力压榨或侵害相对人的情况予以限制,以保障制度适用中执法双方地位的实质均衡,防止执法机构以承诺制度为名行正式执法之实,如法律基本都认可承诺制度的适用以市场主体自愿为限,则执法机构不得强迫市场主体作出承诺。

---

① See Miguel Sousa Ferro, "Committing to Commitment Decisions-unanswered Questions on Article 9 Decisions", *E. C. L. R.* 2005, 26(8), p. 451.

第二,以程序来增强制度适用的透明性,保护第三人利益及公共利益。承诺制度的适用结果体现为执法双方经协商而达成的一个承诺决定,决定虽由执法机构作出,但内容却是执法双方的合意安排。垄断行为是一种负外部性行为,不仅可能使特定主体权益受损,也可能侵害不特定主体权益进而造成社会公共利益损害,在这种情况下,执法双方确定的承诺内容可能对第三人及公众利益照顾不足。为使承诺制度在适用结果上对其他相关主体也是公平的,法律会对制度适用的形式予以限制,例如,一般要求承诺的整个过程都应置于社会的监督下,公示程序及相应的参与机制等基本要求必不可少。

第三,以程序来保证承诺决定的执行力,防止承诺决定在执行中发生偏差。承诺决定作出之后即进入执行阶段,一个有效的承诺决定,不仅体现在承诺内容对纠正垄断行为是必需的,也体现在执法双方及整个社会都尊重承诺决定的效力。承诺因执法双方行为而达成,其执行也依赖于执法双方;如果执法双方基于理性考虑都愿意遵守承诺决定,则承诺制度就能取得预期效果。为保证承诺制度适用的这种"序贯理性",仅对承诺的达成设置条件约束是不够的,法律还会对承诺决定的执行设定各种限制,以使执法双方都愿意"按部就班"地朝着法律预设的目标行动——在正常情况下,履行承诺,案件终结;情势变更时,修改、放弃承诺决定。第1/2003号条例就对承诺决定的执行设置了较为完善的监督程序,其所规定的"罚款"和"定期罚款"两种责任机制,能使企业在理性支配下更愿意遵守承诺,承诺决定的可执行性也因此大为提高。

上述程序控制的内容,从承诺制度的适用阶段来看,可归为三类:(1)在拟适用阶段,执法机构考虑适用承诺制度,必须满足法律设定的程序性前提条件,这类程序控制可称为"先决程序",基本上是要求执法机构只有在启动调查程序后方可适用承诺制度。(2)在具体的操作阶段,法律会要求一个有效承诺决定的形成必须经过众多旨在保护各类相关主体合法权益的法定程式,这类程序控制可称为"操作程序"。操作程序具体又可分为两类:一是平衡执法机构与市场主体之间利益关系的"内部程序";二是旨在保护第三人利益及社会公众利益的"外部程序"。其中,保护第三人利益的外部程序和维护公共利益的外部程序,具体要求也会有所区别。(3)在承诺决定的执行阶段,为使承诺制度的预期目标得以实现,或承诺履行不致与反垄断法的总体目标相悖,法律会对承诺履行设置各种监督机制,并规定在特定情况下承诺决定可能被修改、放弃,或者调查程序可能会重新启动,这类程序控制可称为"后续程序"。

第五章　反垄断法承诺制度与公共利益

一、反垄断法承诺制度的直接成本

反垄断法承诺制度的直接成本即制度运行成本。任何制度都有运行成本，但承诺制度的适用可能有着其他制度不存在的运行成本，尤其是相对于正式调查活动而言，承诺制度运行成本的独特性更加明显。

公法的执行活动需要有明确的法律依据，法律设定的执行程序越详细，则执法活动受到的限制越多且变得越简单，从而对执法机构的要求也就越低。反垄断法承诺制度的启动、展开以及承诺决定的执行、监督等，都离不开执法机构的裁量，这要求执法机构在制度启动之前就须先对案件进行初步判断，以明确案件是否适宜采用承诺制度。此后，市场主体承诺的措施是否恰当、充分，市场主体是否完整履行其承诺，以及承诺决定履行中是否需要进行修改或终止等，这些问题仍然需要执法机构进行判断。也就是说，在承诺制度运行的整个过程中，都离不开执法机构的裁量。这种裁量虽然较为自由，但始终被限制在公共利益的框架之内，执法机构不能无限制地裁量，更不能凭其自身意志进行裁量。这就意味着，如果执法机构缺乏足够的专业能力，承诺制度的适用就可能产生不恰当的结果，甚至会与制度初衷背道而驰。换言之，如果各种保障条件不具备，反垄断法承诺制度的适用可能会产生较高的成本,甚至发生错误。

具体来说,承诺制度的适用可能会发生下列成本,这些成本的承担可能会削弱制度实施的最终效果:

(一)摸索成本

承诺制度的适用,大多时候可能缺少十分明确的法律规则支持。立法虽对这种执法方式予以确认,但用语往往较为模糊,是否适用该制度以及如何适用,仍需要执法机构不断摸索。而且由于承诺制度具有较大的灵活性,在不同案件中,制度适用的进程与结果可能存在较大差别,因而对执法机构来说,难以单靠一般性的经验规则作出判断。也就是说,每一个适用承诺制度的案件,都是一个不可避免的摸索过程。

此外,大多数国家或地区的反垄断执法一直以正式调查为传统,承诺制度可能新近才被引入,这方面的法律经验与运作技术均处于欠发达状态。在这种情况下,承诺制度的适用具有"试点""试错"性质,本身就是在摸索、探索中,因而摸索成本必不可免,甚至还可能付出较大的"试错"代价。也就是说,反垄断法承诺制度要在一国或地区常规化、走向成熟,大多要经历一个摸索期,期间所支付的成本可能会十分高昂。更何况,有些国家或地区在初次制定的反垄断法中即规定了承诺制度,在反垄断法的正式执法调查与承诺制度适用均欠缺经验的情况下,承诺制度的摸索成本可能更高。例如,我国《反垄断法》虽规定了经营者承诺制度,但对其适用范围、适用程序的限制、承诺决定的执行监督及承诺决定终止等内容,均规定得非常简单或完全未予规定,这些问题都需执法机构在制度适用中进行抉择、摸索,而我国反垄断执法机构的专业性、权威性均有待检验,执法经验更是不足,这些条件制约很可能使承诺制度的实施成本加大。

(二)必要的调查成本

虽然有些国家或地区的反垄断法对承诺制度适用的先决条件可能不加限制,但实际上,大多数以承诺方式了结的案件中,执法机构都已掌握了市场主体从事违法行为的初步证据。市场主体合作意愿的大小,直接取决于执法机构掌握信息的多少。当市场主体不倾向于合作时,唯有掌握足以认定其存在违法嫌疑的有效信息,才可迫使市场主体作出合作的选择。执法机构掌握这些必要信息需要付出成本,甚至是较高的成本。从结果上看,如果这种成本过高,甚至与正式调查的成本相当,则承诺制度的适用就不符合经济原则。因此,在承诺制度的适用上,就可能存在一个悖论:执法机构只有经过一定的调查程序之后才有可能适用承诺制度，而调查的结果可能使承诺制度的适用不具有经济性。换言之，基于承诺制度适用动机而展开调查程序，却未必能促成制度适用的结果。

在这一过程中，关键是衡量执法机构掌握初步证据的成本大小，但事实上，这种成本只有在调查完毕后才能知晓。因而现实中，并非每一个承诺案件在结果上都符合经济原则，都必然带来执法效率的提升。而且这里的分析还未考虑到承诺决定的执行成本以及制度适用可能发生的错误成本，如果加上这两种成本，则承诺制度的适用代价可能会更高。

（三）承诺决定的执行成本

承诺制度的适用不是市场主体作出承诺、执法机构基于这种承诺作出决定之后就完事了，承诺决定必须得到切实执行，主要表现为市场主体应当履行其承诺的义务，并且应当是一种充分的、适当的履行。对市场主体履行承诺的情况，各国或地区的反垄断法一般规定执法机构应当进行监督。但从现实中看，这种监督有时是不充分的。造成这种情况的主要原因，是执法机构的资源有限，而监督是需要成本的。承诺决定的执行成本，主要就是对市场主体履行承诺的监督成本。执法机构不仅需要监督市场主体是否履行了承诺，还应判断市场主体履行承诺的行为是否恰当、充分，这就要求在案件结束以后，执法机构还应对市场主体的行为保持持久且充分的关注。一旦执法机构监督不足，市场主体可能违反其承诺或不适当履行其承诺，则反垄断法目标就难以实现。

正因为监督成本的存在，以致执法机构总偏好于接受不需监督或不需耗费太多成本进行监督的承诺。① 也就是说，执法机构在决定是否适用承诺制度时，往往会对事后的监督成本进行初步判断，如果事后的监督成本过高，则干脆不接受市场主体的承诺。这是一种较为理想的方式，是一种从源头减少监督成本的做法，但很显然，这种做法不具有普适性。一是因为市场主体作出的承诺可以是行为性的（behavioural commitments），也可以是结构性的（structural commitments），②相对于行为措施需要持续监督，结构性措施的监

---

① See John Temple Lang, "Commitment Decisions Under Regulation 1/2003: Legal Aspects of a New Kind of Competition Decision", *E. C. L. R.* 2003, 24(8), p.349.

② 参见欧盟委员会 2013 年颁布的第 189 号备忘录。Antitrust: Commitment Decisions-Frequently Asked Questions, MEMO/13/189, Brussels, 8 March 2013.

督成本较低,但对市场主体的影响更大,即在承诺内容上,执法机构和相对人的偏好并不相同,如果由执法机构来依据监督成本大小进行选择,可能会损害市场主体的正当利益;二是因为监督成本的大小很难在事前进行准确判断,如果执法机构将承诺制度的适用与否建立在对监督成本判断的基础上,那么,很多垄断案件将得不到最优处理;三是因为虽然监督成本是存在的,但正式执法调查活动的成本可能更高,因担心较高的监督成本而转向正式调查程序,垄断行为可能根本就得不到处理。所以,现实选择应该是,尽力减少事后的监督成本,而不是在得出事后监督成本可能较高的初步判断后就舍弃承诺制度,监督成本不应是决定承诺制度适用与否的主要因素。

既然监督必不可少,那么执法机构如何保证监督的持久性与充分性?理论上,有两种方法:一是在承诺决定中为市场主体设定义务,要求其对履行承诺行为进行自我报告、自我披露;二是进行主动跟踪、调查,依职权获取市场主体履行承诺的相关信息。两种方法都各有利弊,因而在实践中需要相互配合。市场主体的自我披露能够节约监督成本,但难以保证披露信息的准确性、完整性。也就是说,理性的市场主体只会披露对自己有利的信息,而隐匿对自己不利的信息,因而节约监督成本的代价,可能是付出更高的社会成本。执法机构的主动监督具有准确性、及时性的优点,但昂贵的监督成本可能为执法机构所难以承受。

在现实中,如果案件较为重要且条件允许,则执法机构多选择主动监督。但因为监督成本的制约,很多案件在作出承诺决定之后,承诺义务的履行多仰赖市场主体自我约束,执法机构只能相信市场主体会主动履约,进而放弃监督。显然,在实践中市场主体违背承诺的情况时有发生,对此,各国反垄断法都会规定,执法机构可在市场主体未履行承诺时重新展开调查程序。但关键问题不是执法机构是否应当重新调查,而是执法机构如何获知市场主体违背承诺的相关信息。

(四)与正式调查程序的衔接成本

并非所有的垄断案件都适宜采用承诺制度,在制度启动上,执法机构首先需要对案件性质进行初步判断。判断案件的性质不仅需要时间,还可能会发生错误。如果经过长时间审查后认为不宜采用承诺制度,或者起初决定采用承诺制度,但在制度适用中发现起初的决定有误,则应当转向正式的执法调查程序。但这时再开展正式调查,违法行为或状态已处于较长的持续时间,甚至执法调查活动的最佳时机也已丧失。因此,如果承诺制度启动上的审查时间过长或审查失误，可能使正式执法调查活动的展开受到延误。换言之，承诺制度与正式执法程序之间的衔接可能不太顺畅，或者衔接成本可能过高。

这种衔接成本之所以需要考虑，主要有两个原因：一是衔接成本的有无及大小会影响正式执法调查活动的运作效率。如果衔接成本过高，就应考虑承诺制度是否具有适用的正当性。也就是说，对于衔接成本过高的案件，执法机构可能无须对承诺制度的适用进行审查，而直接决定启动正式调查程序即可；二是因为在有些领域，垄断行为一旦发生，就应当得到及时制止，即救济措施应当具有及时性，例如，在信息技术领域，因为信息传递与变化速度太快，如果不能提供及时救济措施，则救济效果会大打折扣，甚至变得不再有意义。第二种原因更为重要，因为在这类案件中，如果执法机构对承诺制度适用的审查花费了较长时间，则无论最终是否采纳承诺制度，都不会是一种最优救济措施。

从现实看，日本《禁止垄断法》2005 年之所以废除了劝告审决制度，就是因为这种非正式机制影响了对垄断行为的及时处理。因为劝告审决制度的存在，日本公正交易委员会在确认违法行为后，通常需对当事人进行劝告，当事人不接受劝告的，公正交易委员会开始审判程序，审判程序进行之后才可实施作为行政处分行为的“排除措施命令”。在作出最终审决前，当事人的垄断违法行为可能一直处于持续之中，因此，有人认为，这些复杂的程序不是便利了执法活动，而是限制了执法活动。所以在 2005 年《禁止垄断法》修改中，劝告制度被废除。在此之后，公正交易委员会确认违法行为时，无须对当事人进行劝告，作为事前程序，只需要给当事人一个陈述意见、提出证据的机会，在此基础上，便可直接实施“排除措施命令”。

二、反垄断法承诺制度的间接成本

垄断行为具有较高的社会成本，反垄断执法的目的是将垄断行为的社会成本私人化。私人化垄断行为社会成本的主要手段是惩罚。对垄断行为适用承诺制度，结果是垄断行为免于被罚，这可能有碍形成合理的社会成本分担机制。承诺制度适用的这种损失不是制度运行成本，为示区别，可暂时称为间接成本。

（一）垄断行为的社会成本

垄断行为的成本有两类：一是私人成本（private costs），即行为人因实施垄断行为而直接承担的成本；二是社会成本（social costs），即垄断行为施加于整个社会的成本，包括行为人自身承担的私人成本和由行为人之外的其他主体承担的额外成本。如果垄断行为的私人成本与社会成本大致相等,则意味着它没有给社会带来负担,则垄断问题就没有必要加以干预,但垄断行为显然是一种具有负外部性的行为,垄断行为的社会成本总是大于私人成本。

社会成本与私人成本的差异决定着法律应否干预以及如何干预。在通常情况下,两种成本之间的差异越大,就说明他人分担的社会成本越多,行为的社会危害性就越严重,因而就越需要法律的干预。法律干预的目的是将垄断行为的社会成本转化为行为人的私人成本,也即不让他人为垄断行为的成本"埋单"。法律的干预方式,首先可以是允许分担垄断行为社会成本的他人对垄断行为人提起损害赔偿诉讼,这多适用于垄断行为给特定他人造成损害的情况。但是,垄断行为损害的显然不仅是特定主体的利益,它对竞争机制的破坏,会使社会公众利益受到间接损失,这相当于普通公众分担了垄断行为的社会成本,而普通公众的损害不属于直接损害,提起损害赔偿诉讼的难度较大。所以,仅靠损害赔偿诉讼尚不足以解决垄断行为的社会成本问题。这就需要另一种干预方式,即公权力机构的介入,由公权力机构来代表这些分担了垄断行为社会成本的不特定主体。公权力机构执法的主要手段是罚款,然后将罚款上缴国库,用于公益;必要时还可终止垄断行为人的经营者资格,彻底杜绝危害。从成本角度来看,执法机构对垄断行为人的惩罚,实际上是让垄断行为人承担垄断行为的所有社会成本,也即将垄断行为的社会成本转化为行为人的私人成本。

由此,反垄断执法可看作一种垄断行为社会成本的分担机制。因为垄断行为的社会成本被不合理地分配到了社会公众身上,所以需要重新确立一种合理的社会成本分担机制。反垄断法执行的理想状态是使社会成本与私人成本相等,即任何一个市场主体实施垄断行为时,它给社会带来的损害等同于它自身应付出的代价。在这种情况下,实施垄断不再有利可图。正因为普通的民事诉讼不足以转化垄断行为的社会成本,所以需要公权机关通过罚款、终止资格甚至监禁等方式来迫使违法行为人承担社会成本。可见,从社会成本的角度来看,垄断行为是一个公共问题,涉及社会公共利益,政府规制权介入垄断领域,是因为市场自身无法解决垄断行为带来的社会成本或称公共利益问题,因此,反垄断执法机构在从事执法活动时,在一定程度上是公共利益的代表,反垄断执法是一个公共利益的恢复与维护过程。

在上述分析进路下,反垄断法所维护的公共利益可以看作垄断行为社会成本的反向体现,是一种"社会收益"。由于垄断行为对社会的损害主要是经济损害，具体表现为价格提高、产出降低，进而损害消费者福利，阻碍经济进步，因而垄断行为的社会成本也是经济性的，反垄断法所维护的公共利益也是一种经济利益。这种经济利益主要表现为通过竞争而实现的价格降低、产出增加以及由此实现的消费者福利最大化和经济进步。正因为反垄断法追求的经济效率也是一种公共利益，有学者认为，反垄断法本身就是公共利益之法。①

（二）社会成本的转化障碍

承诺制度的适用结果是执法机构免除了对垄断行为人的处罚，但在反垄断法领域，垄断行为具有较高的社会成本，处罚违法者是为了转移社会成本，故承诺制度的适用可能使垄断行为的社会成本无法全部转化为行为人的私人成本。此外，社会成本涉及公共利益，公共利益是不特定多数人的利益，对垄断行为适用承诺制度，实际上就是执法机构向垄断行为人让渡了部分公共利益，结果是社会公众受损。这又涉及执法机构能否处理公共利益的问题。在大陆法系国家，这个问题表现得更为明显，因为大陆法系将法律分为公法与私法两个部门，反垄断法属于公法，在公法执行中进行和解可能会被认为是滥用职权。

社会成本转化障碍是承诺制度适用中一种比较隐蔽的公共利益损失，它不像承诺制度的运行成本那样直观，但却必须予以考虑，否则会使人误解承诺制度的适用就是对垄断行为的放纵。这也是承诺制度容易遭受批评的地方。

从社会成本角度来看，能否适用承诺制度不仅取决于适用承诺制度带来的收益大小，还取决于垄断行为社会成本的大小。如果承诺制度收益能够抵消垄断行为的社会成本，则可以考虑适用承诺制度；相反，如果垄断行为的社会成本较大，而适用承诺制度的收益较小，则收益可能难以弥补成本，这时就应慎用承诺制度。

适用承诺制度一般可带来两种"收益"：其一，执法程序得以简化，例如，执法机构可停止调查，这会节约执法资源，而节约的资源属于"收益"，进行成本与收益分析时必须考虑这部分收益，这种收益在一定程度上能抵消垄断行为的社会成本。其二，垄断行为人作出承诺时，尽管没有惩罚，但承诺的内容是义务性的。这种义务一方面是对先前垄断行为的自我纠正，是对社会成本

---

① See Christopher R. Leslie, "Antitrust Law as Public Interest Law", Accessed June 12, 2016. http://ssrn.com/abstract=2232452.

的一种自我控制;另一方面也意味着行为人日后要从事一些积极行为,这些行为也会带来一定的经济效益,这也属于适用承诺制度的"收益"。

除衡量收益外,法律或实践一般也会从成本角度来控制承诺制度的适用:

首先,限制适用范围是防止公益损失的一种重要方式。在确立限制标准时,一般考虑两个因素:一是垄断行为的社会危害性,即社会成本的大小;二是与承诺制度相比,正式调查是否更加有效,即判断承诺是否属于最优选择。一方面,如果垄断违法行为的社会成本巨大,不惩罚不足以转化社会成本,或适用承诺制度的收益与垄断行为的社会成本相比微不足道,则这类案件一般不允许适用承诺制度。所以,承诺制度通常适用于那些社会成本较小的垄断行为,对这些垄断行为即便不予惩罚,公共利益损害也不严重,而承诺制度适用的收益通常能弥补公益损害。另一方面,如果正式调查足以确定垄断行为的违法性,且无须耗费过多成本,则承诺制度就未必是一种最优选择,这时执法机构一般可直接进行正式调查。在实践中,通过正式调查难以获得证据或调查成本过大的垄断案件,执法机构一般会倾向于接受行为人的承诺。对这类案件,如果不允许和解,则垄断行为要么得不到惩罚,要么惩罚成本过高。这时垄断行为的社会成本无法转移,只能由社会公众承担,或者社会成本向违法行为人转移时又会带来其他更高成本。在这种情况下适用承诺制度就是更好的选择。和解虽可能让渡部分公共利益,但总比任凭垄断行为侵害公益要好;和解可能仅转移了部分社会成本,但总比无法转移要好。

其次,在承诺制度的适用中,法律通常也会提供一些社会成本补偿机制。例如,公开机制就是一种较好的方式。通过程序公开,垄断行为受害人可以向垄断行为人提出利益诉求,社会公众也可评论判断垄断行为社会成本的大小,进而判断行为人的承诺是否充分以及承诺制度能否适用。此外,承诺决定作出之后,如发现适用承诺制度的收益不足以弥补公益损失,也可能会导致承诺决定的变更,如修改承诺内容,甚至重新启动正式调查程序等。

三、反垄断法承诺制度的道德风险

(一)道德风险的含义

道德风险是反垄断法承诺制度最易遭受批评的地方,主要是指承诺制度运行所带来的始料未及或难以避免的不良导向。道德风险产生于人们的道德权利(moral right)或社会的道德准则(moral code)受到侵犯的时候。

在一个法治社会中,每个人在法律权利之外还拥有一些不可侵犯的道德权利，道德权利是一种先于或独立于法律规范而存在的权利，它"诉诸于某种道德直觉或道德理想，诸如基于对人的本性的理解而形成的对人之为人的道德条件的判断，基于某种道德理想而形成的道义要求等等"。[①] 侵犯道德权利是一种与人们的道德标准不相容的道德错误(moral error)。如果反垄断法承诺制度的适用与人们的道德权利发生冲突，那么，尽管它在法律规范层面上没有问题，但却发生了道德错误，就会有道德成本，因而就可能是不理想的。

同时，在一个社会系统中，除了个体的道德权利外，还存在整个社会公认的道德准则。任何法律制度的运行都不应与这种道德准则发生冲突，否则，制度本身就是非正义的，而且在运行中必然还会遭到人们的抵制。如果承诺制度的适用产生了与整个社会道德准则相偏离的效果，那么这也是一种道德风险，而且是一种更严重的道德风险。

反垄断法承诺制度的道德风险，通俗地讲，就是指制度运行产生了与人们普遍持有的道德诉求、道德观念、道德标准、道德理想不相吻合的效果。尽管从法律角度来看，制度运行可能没有合法性问题，这种结果也可能就是利益衡量的产物，但其在社会层面上，却是人们不愿接受的，因而或多或少存在一些正当性危机。从这个角度来看，道德风险虽不会对单次的执法活动产生多大影响，但从长远来看，可能会降低人们对反垄断执法的认同感，进而增加反垄断法运行的社会成本。

不论是侵犯个体的道德权利还是社会的道德准则，都是一种道德错误。道德错误在后续的反垄断法的运行中会转化为社会成本，道德错误越严重，反垄断法运行的社会成本就越大，反垄断法也就越难获得人们认同。所以，反垄断法承诺制度的道德风险，也可理解为适用承诺制度可能导致的非经济性公共利益损失。承诺制度适用之所以会产生这种公益损失问题，主要原因仍然是承诺制度的适用不会对相对人施加惩罚，这样一来，它就与人们一贯持有的违法行为应该受罚的观念产生了冲突，这种冲突还可能衍生出其他问题，如反垄断法威慑力的弱化、反垄断执法的信任危机等。

(二)道德风险的表现

1.违法行为的放纵

在一个法治社会里，不仅受到侵犯的权利需要救济，违法行为也应受到惩罚。这既是人们普遍接受的法治观念，也是一种基本的道德准则，但承诺制度

---

① 余涌著:《道德权利研究》，中央编译出版社2001年版，第24页。

的适用却可能在结果上背离了这一观念与准则。既然适用承诺制度的结果是不对垄断行为的违法性进行认定,也不对这种行为进行惩罚,那么,如果市场主体从事违法行为的证据是明确且充分的,再适用承诺制度,就会产生一个悖论:对明知违法的行为却作了回避行为违法性的认定,并不对其进行惩罚。很显然,在违法性比较明显的案件中适用承诺制度,结果上就是对违法行为的放纵。

即便在那些市场主体的违法行为不够明显或者证据不够充分的案件中适用承诺制度,也可能会产生同样效果。因为在大多以承诺方式了结的垄断案件中,市场主体实际上都从事了违法行为,否则它们不会作出承诺——因为即便不作出承诺,执法机构也无法通过认定其行为违法来对其予以处罚。可见,只要适用了承诺制度,就或多或少地会产生放纵违法行为的效果。

放纵违法行为本身就是一种社会成本,除此之外,它还可能削弱反垄断法的威慑力,对反垄断法的后续实施产生不良导向。这是另一种社会成本。

2. 潜在的鼓励违法效应

承诺制度的适用可能会改变人们的行为预期,并增加人们的侥幸心理,因而结果上就可能产生鼓励违法的不良导向。与正式执法调查的严厉性不同,承诺制度是一种协商性执法方式,这种温和的特征使其在应对违法行为时,可能产生威慑不足的弊端。由于市场主体作出承诺,不仅可以结束执法调查活动,结果还使垄断行为免于受罚。在这种预期下,市场主体很容易就产生违法行为可能不受处罚的侥幸心理,加上利润最大化的追求,它们便具有了实施违法行为的充分激励。也就是说,承诺制度尽管可以大大节约执法资源,但同时也降低了违法行为的成本。这在理论上或潜在地可能会产生鼓励违法的效应。

3. 执法者身份冲突

在承诺制度适用中,执法机构的身份具有二重性,既是公共利益的代表者,也是个案中的协商者。这两种身份之间很可能存在利益冲突,尤其在无相应矫正机制对这种利益冲突作出平衡时,“官商合作”可能在双方合法的外在形式的掩盖下形成对公共利益的“私相授受”。

承诺制度的适用还可能对执法机构的独立性产生冲击,因为执法机构在面对大企业时,很可能发生被挟制而迁就,从而损害公共利益的情形。执法者身份悖论即便在承诺制度相当先进的美国也有存在,并因此曾遭受批评,有人就称和解制度很可能沦为“黑箱作业”,即使以后进入法院,也只是就诉讼双方的公平性来做裁判，而无法顾及公共利益。德国联邦卡特尔局在适用承诺制度时更被指责为从管制者变成“合伙人”。[①]

4. 透明度与可预见性问题

作为一种和解机制，反垄断法承诺制度的适用可能没有正式调查那么规范，因而适用过程与适用结果可能更加不确定，对市场主体及公众来说，这种制度适用可能存在透明度与可预见性不足的问题。一方面，程序的目的是以一种“看得见的方式”来实施法律，使人们相信在任何时候自己都没有得到不公正的对待。承诺制度虽为一种执法程序，但其适用中的透明度可能存在不足，例如，利害关系人未必能得知这一程序的展开，人们由此可能会担心制度运行中的任意，担心执法权的擅断，担心自身权益会遭受侵害。另一方面，对市场主体来说，承诺制度的适用还可能使同一种行为在不同情况下产生不同的法律后果，相关当事人无法对自己的行为形成稳定预期，这不利于其安排日后行动。

承诺制度适用中的透明度与可预见性问题，与法律制度的一贯功能不符。法律应当有助于建立一种稳定的预期，以利于人们的交往与持续行动。[②] 如果行为过程难以控制，行为结果具有不确定性，人们便不会对同一种行为形成稳定预期，这不仅会削弱法律的可遵从度，也容易助长侥幸心理，增加法律规避行为。

透明度不足还可能会使普通公众对执法活动的严肃性、公正性产生质疑，甚至影响人们对法律的信心。如果法律制度的执行不完全公开，那么制度到底有没有被准确地或恰当地执行，可能还是个未知之数；执法机构在承诺案件中是否能够维护公共利益，也会因缺乏监督而具有很大的不确定性。在反垄断执法中，如果调查程序是正式的，处罚手段是严厉的，则人们会对反垄断法形成强烈的感知，执法活动也就具有足够的威慑力。相反，如果大多案件以承诺了结，人们一方面会怀疑执法机构是否为了省事而选择承诺制度，是否存在怠职行为，或者是否为了包庇特定市场主体而以承诺代替处罚；另一方面，因为承诺制度的适用，通过正式调查程序处理的案件明显减少，而承诺制度又是一种很难受到法律全程控制的执法方式，或多或少存在一些秘密性或随意性，除了当事人和利害关系人外，普通公众对承诺制度的运行状况可能缺乏了解

① 参见苏永钦著：《经济法的挑战》，清华大学出版社2005年版，第99页。

② 参见苏力著：《法治及其本土资源》，中国政法大学出版社1996年版，第6~7页。

或不具有了解的积极性，长久下去，人们可能会误以为执法机构并不在执法，反垄断法的作用难免受到质疑。① 尤其在人们普遍关注的热点案件中，或对一直被诟病的垄断行为，如果执法机构适用承诺制度而又未能将案件情况、承诺内容等信息充分、及时地公布，民众还可能对执法的独立性、公正性产生怀疑，甚至对反垄断法丧失信心。

程序不透明还可能导致程序参与人间的共谋，主要表现为执法机构与市场主体之间的“官商勾结”。共谋既可能是执法机构的主动行为，也可能是被“俘获”的结果。形成这种局面的原因之一，就是承诺制度的运行过程可能缺乏足够的控制。反垄断执法活动是一种公法行为，执法机构作为公共利益的代表，应当具有独立于市场主体的能力。但承诺制度毕竟是和解机制，制度适用难免缺乏明确的或可控制的标准，而且承诺内容本身就是执法双方协商的结果，这很大程度上会对执法机构的独立性产生冲击。人们由此很容易就会认为，执法机构在适用承诺制度时很可能存在“暗箱操作”等不合法行为。

5. 竞争文化普及或提升的障碍

承诺制度是一种温和的反垄断执法方式，适用结果是对垄断行为“既往不咎”，因此，如果垄断行为影响较大或与民众生活息息相关，进而引起人们普遍关注，在这些案件中适用承诺制度，会对竞争文化的普及或提升构成一种冲击。一方面，对重大案件的正式调查及严厉惩罚有助于提升反垄断法的威慑力，而承诺制度的适用使树立反垄断法权威的难得机会丧失了，甚至它还会对潜在的重大违法行为形成一种不应有的导向，即违法行为很容易就能获得

---

① 这种风险在反垄断法上的很多非正式程序中都可能存在，例如，咨询程序就是如此。咨询程序对节约执法资源、减少行为违法性具有重要作用，但其适用也可能使人们误解执法机构的作用。以日本为例，日本的大多企业在准备集中前都会向公正交易委员会寻求咨询，很多集中案件都通过事前咨询程序就已经合法化了。由于咨询程序无须公开，人们由此常认为公正交易委员会在企业集中方面从来没有执行过反垄断法，并将其比作一只“不咬人的看家狗”，并批评公正交易委员会关于企业集中的违法性判断标准及其具体操作程序和方法，始终处于一个“黑匣子”之中。针对这些批评，日本公正交易委员会决定自1994年始，每年定期公布当年主要的“事前咨询”事例，并对其中存在的争议点、从反垄断法角度进行的判断，以及当事人采取的应对措施等内容，作出详细说明，以增加工作上的透明度。尽管如此，人们对事前咨询程序的透明性仍未停止批评，并认为这也是有关企业集中的判例法无法形成的原因。相关论述可参见[日]栗田诚著：《竞争执法的有效性和透明性——关于国内外对日本实施反垄断法认识之差异的分析》，朱忠良译，载《环球法律评论》2003年春季号；王为农著：《企业集中规制基本法理：美国、日本及欧盟的反垄断法比较研究》，法律出版社2001年版，第220页；[日]村上政博著：《日本禁止垄断法》，姜姗译，法律出版社2008年版，第73页。

谅解,这对竞争文化的普及会构成一种无形的障碍;另一方面,在这些案件中适用承诺制度会使民众对反垄断法本身或执法机构丧失信任——要么认为反垄断法是“纸老虎”“欺软怕硬”,要么认为执法机构不够专业、强硬,甚至包庇垄断者。法律威慑与民众信任,恰恰构成了反垄断法有效、持续运行的重要基础之一。所以,承诺制度的适用有时是以降低反垄断法实施赖以建立的竞争文化氛围为代价的。

四、公益维护的实体制度:适用范围限定①

(一)限定理由与影响因素

1.限定理由

尽管越来越多的垄断行为在实践中可能以承诺方式了结,但正式执法调查始终是执法机构处理某些案件的不二选择。一方面,法律可能会对承诺制度的适用范围作出直接限制,能否适用承诺制度有时不完全由执法机构决定;另一方面,即便法律允许,基于案件具体情况的差异,执法机构也应综合考虑多种因素,如案件的类型、复杂性及当事人意愿等,来决定是否适用承诺制度。不论是立法限制还是执法裁量,都旨在实现严厉的、威慑效果显著的却相对烦琐的正式调查与温和的、便利的却可能降低反垄断法威慑力的承诺制度之间的平衡,以寻求更有效的反垄断执法方式——因为单靠任何一种方式,似乎都不足以实现预防及惩治垄断行为的目的。在理论上,人们也认识到,有些案件适用承诺制度会带来负面效果,例如,可能便利了一次执法活动,却降低了反垄断法实施的后续收益,因为以承诺来代替罚款会不可避免地降低执法实效。② 这就要求,承诺制度的适用要考虑反垄断法实施的整体效果,要注重长期收益,而不仅仅是单次执法效率的提升或单个垄断问题的解决。

从成本与收益的角度上看,通过限制适用范围来提升承诺制度运行实效,是一种长期及综合分析进路,是将制度运行收益与直接成本、间接成本、错误成本及道德成本相比较的结果,即更多地通过减少制度适用的间接成本、错误

---

① 这部分内容曾以论文《反垄断法承诺制度的适用范围研究》,发表于《法商研究》2013年第2期。

② See Philippe Choné et al., “Commitments in Antitrust”, Accessed June 12, 2016. http://www.chaire-eppp.org/files_chaire/Commitments_in_Antitrust.pdf.

成本及道德成本来衡量制度运行效率。① 从单个案件及单次执法的角度上看，适用承诺制度通常都能节约执法双方资源，因而结果似乎富有效率。但如果这样做不足以消除垄断行为的社会危害，不能将垄断行为的社会成本私人化，就会产生较高的间接成本。如果在不该适用的领域适用了承诺制度，或者适用产生一个错误决定，还会产生一个错误成本。此外，如果制度适用侵犯了人们的道德权利或与整个社会的道德准则相悖，还有一个道德成本问题。有效率的制度适用，不能仅考虑制度收益与直接成本，还要考虑间接成本、错误成本与道德成本的大小。间接成本、错误成本与道德成本有时是重合的，有时则需要分别考虑。通常，在取得执法收益、降低直接成本的同时，也降低间接成本、错误成本和道德成本往往是很困难的。因为直接成本与间接成本、错误成本、道德成本之间通常存在一定矛盾：试图降低直接成本，很可能会带来间接成本、错误成本与道德成本的提升；而为了降低间接成本、错误成本与道德成本，又可能会增加制度运行的直接成本。

这种综合分析进路要求执法机构在决定是否采纳承诺制度时，应当进行必要的利益衡量。理想的执法活动应当将直接成本、间接成本、错误成本和道德成本之和降到最低，而不是其中的一项或两项，尤其是不能只试图最小化直接成本而引致间接成本、错误成本和道德成本的提高。间接成本、错误成本会破坏或改变人们的行为预期，造成制度运行扭曲，并产生投机心理，最终可能使得制度目标落空。道德成本的降低则有助于提高社会公众对制度运行的认可度，进而增加制度运行的持久收益。

2. 影响因素

通常，一个垄断案件是否适宜采用承诺制度，影响因素有多种，包括但不限于：所涉垄断行为的危害性、复杂性、典型性；承诺内容对解决竞争问题的充分性；市场主体履行承诺的能力及履行的及时性；承诺制度的适用效率；适用承诺制度对反垄断法威慑力的伤害；等等。除这些共同性因素之外，具体到一国反垄断法中，承诺制度的适用范围还可能受到某些国别性因素的影响。

法律制度传统首先是一个影响因素。在一国或地区的法律体系中，反垄断法并不具有超然地位，各种法律制度的共同传统，反垄断法也必须遵守。反垄断法承诺制度的适用，必须与其他法律制度尤其是上位法律制度相协调。

① 关于法律制度运行成本的相关论述，参见[美]迈克尔·D. 贝勒斯著：《程序正义——向个人的分配》，邓海平译，高等教育出版社 2005 年版，第 143～145 页。

例如，美国由于没有公私法划分传统，执法机构与市场主体之间的和解，与普通私人主体之间的和解在性质上并无不同，因此，对承诺制度的适用范围进行限制一般是没有必要的；同时，就司法部提起的反托拉斯刑事诉讼来说，之所以同意判决的适用受到限制，主要考虑的是行为的危害性，是为了保障反托拉斯法的威慑力，而且司法部对《谢尔曼法》的执行一直具有严厉的传统。再如，我国台湾地区反垄断行政和解制度来自"行政程序法"中的行政和解制度，对反垄断执法来说，"行政程序法"属于上位法，必须予以遵守，故反垄断行政和解制度的适用条件等，都与"行政程序法"中行政和解制度无异。

反垄断执法经验也会影响承诺制度的适用范围，尤其是影响适用范围的限制模式。承诺制度的适用具有极大的灵活性，需要根据案件实情相机决定，因此对执法机构来说是一种严峻考验。如果执法机构具有令人信赖的执法能力以及相当丰富的执法经验，则承诺制度的适用范围在立法上就无须过多限制，完全可交由执法机构自由裁量。相反，如果反垄断执法刚刚起步，执法机构的执法能力还有待检验，就不宜完全依靠执法裁量，而应通过立法上的一系列配套制度，来保证执法机构选择案件的妥当性。

承诺制度的适用范围还与一国反垄断法的执行传统有关。承诺制度是对严厉的正式执法的替代，是一种较为温和的执法方式，如果一国反垄断法的执行具有严厉的传统或者具有严厉的趋势，则承诺制度的适用范围必然会受到较大限制。这方面的代表是日本。日本《禁止垄断法》于 1947 年制定，当时规定的内容极为严厉，甚至远远超过了作为其母法的美国反托拉斯法。其后，虽然历经 1949 年、1953 年两次缓和性修改，但在这一过程中，以中小企业、农林渔业者以及一般消费者等为中心的支持《禁止垄断法》的势力逐步扩大，以致《禁止垄断法》又逐渐出现了强化的动向。此后，《禁止垄断法》的修改一直以强化法律执行为方向。① 2005 年和 2015 年的修改，同样强化了《禁止垄断法》的执行力度，典型表现就是废除了行政审判程序及与之相关的劝告审决和同意审决制度。

此外，经济发展程度及与之相关的反垄断法制度历史，也会对反垄断法承诺制度的适用范围产生影响。反垄断法制度确立的是国家对经济的直接规制权，如果实施不当，会对一国经济发展产生一定程度的限制性影响，例如，可能

---

① 参见[日]根岸哲、舟田正之著：《日本禁止垄断法概论》（第 3 版），王为农、陈杰译，中国法制出版社 2007 年版，第 5～17 页。

会妨碍企业规模的扩大。因此,在经济发展程度不高或者反垄断法实施经验欠缺的国家,即便制定了《反垄断法》,一般也不会采取严厉的规制措施,其执行通常也较为温和。与严厉的正式执法调查可能对市场主体造成重大影响相比,承诺制度对市场主体的影响较小,故这类执法方式在经济发展程度不高或刚刚实施反垄断法的国家可能会更受欢迎,其适用范围自然较广。我国《反垄断法》规定的经营者承诺制度便是如此。我国市场经济发展还不成熟,市场主体仍在培育之中,《反垄断法》的实施不宜给企业带来过重打击。我国《反垄断法》虽然规定了承诺制度,但对其适用范围未加限制,也许具有这方面的原因。

(二)实践做法与限制模式

1. 实践做法

正是考虑到泛化承诺制度的适用可能带来种种弊端,限制其适用范围是大多国家或地区的共同做法。但受国别性因素影响,承诺制度适用的具体范围及相应的限制模式在实践中还未完全走向统一。

(1)美国:执法裁量、公众参与及司法审查

美国反托拉斯法中同意判决与同意命令的适用范围,立法上虽没有明确规定,但实践中基本是明确的,并且相关配套制度足以保证两种制度适用上的妥当性。首先,非常明确的是,司法部对恶性卡特尔提起刑事诉讼时,不大可能与被告达成和解。此外,在实践中也非所有的非核心卡特尔案件都可适用承诺制度;在执法机构决定接受企业承诺时,公众还被赋予了广泛的参与权,法院也可对承诺是否符合公共利益进行司法审查。这就是1974年《托尼法案》的主要内容。这样做的目的,一方面是向社会公开承诺的内容,以便利害关系人及时主张抗辩,也方便普通公众对承诺的合理性进行评论;另一方面也强化了司法权对承诺制度适用的制约作用。当然,司法审查机制对同意判决与同意命令的约束力不同:司法部的同意判决由法院判断符合"公共利益"后以判决形式作出;联邦贸易委员会的同意命令无须事前的法院审查,除非相关当事人事后就同意命令及时申请上诉,否则其具有最终效力。

(2)欧盟:执法裁量与公众参与

第1/2003号条例对应予罚款的垄断行为排除了承诺决定的适用。基于此,欧盟委员会认为,对那些能够适用宽大制度的秘密卡特尔案件,不会考虑接受企业的承诺。在实践中,具体哪些案件可以接受承诺,完全由欧盟委员会自主决定。同时,为使承诺决定符合第三人利益及公共利益要求,第1/2003

号条例也建立了公开机制,以便相关主体提交意见或发布评论。可见,在执法裁量与公众参与方面,欧盟与美国做法基本一致。不同的是,欧盟委员会的承诺决定无须法院批准即产生法律效力。

(3)我国台湾地区:先决程序要求

我国台湾地区行政和解的前提是执法机构“经依职权调查仍不能确定”相关事实及法律关系。这种先决条件虽非直接限制和解的案件范围,却起到了限制效果,而且非常之严格。只不过这种限制不是针对垄断行为,而是针对执法机构。

2. 限制模式

各国或地区限制承诺制度适用范围的模式虽不相同,但基本可做如下总结:

第一,立法控制与执法裁量。反垄断法承诺制度的适用范围,可在立法上直接作出限制,也可交由执法机构裁量。立法控制虽然具有简便易行、确保当事人预期等优点,但无法照顾到复杂现实,可能僵化执法,影响执法实效,故在大多国家或地区,执法裁量都是控制承诺制度适用范围的主要方法。在相关规定中即便作出限制,也基本采用不确定性表述,因而是初步的,需要结合实践具体化,如欧盟的“打算作出终止违法行为决定”和我国台湾地区的“经依职权调查仍不能确定”。而且从承诺制度自身属性上看,它起源于实践,是对实践经验的总结,“相机抉择”是其固有特性,也是保证其实效的关键。如果不允许执法机构进行案件选择,承诺制度就与正式调查活动无异,因而也会失去其优势。

第二,实体限定与程序控制。实体限定即对适宜或不宜适用承诺制度的案件类型作出规定,程序控制则强调执法程序或配套程序对承诺制度适用的制约。两种模式现实中都有例证,但轻实体、重程序是限制承诺制度适用的更普遍做法。也就是说,法律对实体性的案件类型控制较为宽松,施加的程序控制则可能很严厉。之所以如此,是因为承诺制度的适用范围很难固定化,除极具典型的案件外,一般很难规定某类案件一定可以或不可以适用承诺制度;即便同类案件,现实中也要视违法程度、调查难度等因素,有针对性地决定是否适用承诺制度。相比而言,程序机制却能对执法机构应否及如何适用承诺制度起到较好的制约作用。

第三,反面排除与正面建议。在确立承诺制度的具体适用范围时,可采用正反两种方法,或将两种方法相结合。反面方法是指将不宜适用承诺制度的案件予以列举,除列举的这些案件,其他案件基本可适用承诺制度;正面方法是指对适宜采用承诺制度的案件,向执法机构作出建议。与正面规定的建议性质不同,反面规定可采取强制方式,即采用禁止模式。换言之,在承诺制度适用的范围上,法律不应要求执法机构在何种情况下必须适用承诺制度,但可建议在何种情况下采用该制度,或规定在哪些情况下不得适用该制度。

(三)反面排除:不宜适用承诺制度的案件

面对具体案件,能否适用承诺制度,执法机构的自由裁量必不可少,但有些案件因其性质决定,适用承诺制度会有较大风险,故应限制承诺制度的适用。这些案件主要有以下类型:

1. 违法性严重的案件

适用承诺制度通常不对涉案行为作违法认定,也不对行为人进行惩罚,故在违法性严重、危害性重大的案件中,执法机构不宜接受市场主体的承诺。这类案件可能涉及众多受害者利益,行为人主观恶性较强,其处理应考虑反垄断法的尊严,应体现反垄断法的威慑力。换言之,应考虑执法的持续收益,而不能仅考虑个案的收益。因而对这类案件,应启用正式的执法调查程序,明确行为的违法性,确定行为人的责任承担,以严惩违法者。

美国与欧盟的执法实践,都明确在核心卡特尔行为中排除了承诺制度的适用。英国当时的执法机构公平贸易办公室(Office of Fair Trading,OFT)2004年发布的承诺制度指南明确指出,除非极特殊情况,OFT通常不会在秘密卡特尔案件中接受承诺,这些案件包括价格固定、串通投标、产量限制、市场共享(sharing markets)与市场分割(dividing markets)等。此外,对那些不经过完整调查并作出决定可能有损反垄断法威慑力的案件,OFT也不会接受相对人的承诺。①

具体来说,不宜适用承诺程序的严重违法案件,主要指两类:一是通常被认为属"本身违法"的核心卡特尔行为,如被调查的垄断行为为固定价格、限制数量或划分市场行为等;二是行为性质可能够不上"本身违法",但却造成了严重的损害后果,如受害人众多、损害巨大的垄断行为。例如,我国2011年曝光的中国电信、中国联通垄断案,涉案行为为价格歧视,虽不如核心卡特尔严重,但本案起源于中国电信2010年下半年的大规模清查"穿透流量接入"

① See The OFT's Guidance as to the Circumstances in Which it may be Appropriate to Accept Commitments, A. 15, A. 16.

行动,而这一行动导致大量网民无辜断网或网速异常,网民直接受到巨大损失。①

2. 具有典型性的案件

对典型案件的执法能在反垄断法的实施中产生示范效应,在判例法国家,规制典型案件有时还能创设新的法律规则。对典型案件进行执法也是一个难得的解释反垄断法规则的过程,既能使人们熟悉相关法律,也能引导人们对相关行为树立正确认识。在典型案件中适用承诺制度无疑放弃了这些机会,因为适用承诺制度无须对行为性质进行认定,人们也就难以在这一案件中了解行为是否违法。

在实践中,典型案件主要有三类:一是新型案件,即首次出现或新近出现的案件,对这些案件进行执法时最好表明国家的态度,以明确人们的预期,因而正式调查更为适宜;二是有争议的案件,对这些案件作出违法与否的明确决定有助于解决分歧、消除误解,有利于反垄断法规则解释与适用的统一;三是受到社会普遍关注的案件即"热点"案件,人们对这类案件的执法结果普遍较为期待,迫切需要执法机构积极"表态",如果执法机构最终选择适用承诺制度处理这类案件,则民众可能会对反垄断法或执法机构丧失信任。

当然,对典型案件排除承诺制度适用的前提是,现行立法能为解决这类案件提供足够的法律依据,即依据现行法能够作出涉案行为是否违法的确切结论。如果处理这类案件的法律依据尚不明确,例如,有些新型行为尚未在立法上作出规定,则正式执法风险较大,那么作为权宜之计,也可考虑适用承诺制度。

3. 非常复杂的案件

这类案件之所以不宜以承诺方式结案,是因为适用承诺制度极易发生错误且错误成本极高。案情复杂意味着事实复杂或法律关系复杂,对这类案件,只有通过详细调查才能确定其中的事实及法律关系,从而明确法律的适用。未加详细调查便接受行为人的承诺,可能会忽略其中的重要事实或对某些重要法律关系未能明确,从而导致法律适用错误。通常,越是复杂的案件,法律适用错误的成本也就越高,故越需要慎重处理。因此,除非正式调查难以为继,例如,执法机构经调查也难以掌握充分证据,否则承诺制度就不宜适用。

---

① 参见刘方远、耿雁冰:《电信联通遭反垄断调查 缘起铁通断网事件》,载《21世纪经济报道》2011年11月10日,第2版。

4. 未进入调查程序的案件

适用承诺制度的前提是案件已进入执法调查程序，如果在调查之前，企业就主动作出承诺，则执法机构不宜接受该承诺并据此作出相关决定。主要原因是，在未经调查时，执法机构无法作出案件是否适合采用承诺制度的准确判断，这时接受承诺尽管可能会节约制度运行的直接成本，却可能会导致制度适用错误，进而产生昂贵的错误成本。错误成本不仅可能会抵消承诺制度适用带来的执法收益，还可能使本应受罚的企业逃脱了法律制裁，进而会产生一系列连锁后果，如企业的侥幸心理，受害人的救济困难等。

当然，对企业在调查程序开始前的主动承诺，执法机构也无须一概拒绝。主动承诺意味着企业自觉修正自身行为，尤其在企业的承诺已经利害关系人认可的情况下，承诺的积极效果非常明显。这时，执法机构应允许企业作出承诺。只不过，这里的允许不意味着执法机构会据此作出一个具有约束力的承诺决定。换言之，企业的承诺在这种情况下仍可能产生一些法律效果，例如，对利害关系人而言，该承诺相当于承诺人与第三人之间达成一份契约，但不会构成一个具有正式约束力的执法决定的一部分。

5. 执法机构已掌握了违法垄断行为确实证据的案件

承诺制度被引入反垄断执法中的重要原因，在于简化调查程序，提高执法效率。一旦适用承诺制度，则执法机构通常无须采取进一步行动，也不用再进行后续的证据收集。如果执法机构已经掌握了行为人实施违法垄断行为的充分证据，则说明调查程序已大致进行完毕，这时适用承诺制度已不能实现节约执法资源的目的。而且在证据充分的情况下，执法机构完全可以直接认定行为违法并处罚行为人，这样做不仅有助于消除误解，还能树立反垄断法的权威。因而，需要明确的是，承诺制度应当作为一种替代性执法方式而存在，通常只有在正式执法难以进行或成本过高的情况下才应适用，一般不可作为执法机构简化调查程序的常用手段。例如，在美国，联邦贸易委员会的同意命令程序通常只会发生在正式控诉前，已经启动正式控诉程序的案件一般不能适用该程序。① 之所以限制同意命令的适用阶段，是因为案件一旦进入正式控诉阶段，意味着联邦贸易委员会已经掌握了行为人违法的充分证据，这时再签发同意命令既不符合经济原则，也难以惩罚违法者。再如，英国《竞争法指

① See 16 C. F. R. § 2.31(b).

南》指出，执法机构不大可能会接受企业在调查后期才作出的承诺；[①]波兰《竞争法》虽未限制当事人作出承诺的具体时段，但实践中竞争当局总是希望涉案企业能早点作出承诺，如果当事人在案件调查的最后阶段方作出承诺，则竞争当局一般会认为承诺已无意义因而不会接受。[②]

6. 适用承诺制度可能导致制度冲突的案件

适用承诺制度应能保证基本的法制统一，如果制度适用造成了在同一案件中对同一行为的明显不同认定，甚至产生相关制度间的冲突，就不宜适用承诺制度。这样做的主要原因是，承诺决定一般不对市场主体行为的违法性作出认定，如果同一案件涉及多个市场主体，且这些市场主体实施的是同一个垄断行为，则执法机构对不同市场主体行为的认定就不宜差别过大。

在多个市场主体实施同一个垄断行为时，如果其中一个市场主体向执法机构作出承诺，执法机构接受其承诺，对其行为的违法性不作认定，而其他市场主体未作出承诺，执法机构认定其他市场主体行为违法并予以惩罚，这时就会出现一个尴尬局面，即对同一行为，执法机构的执法结果明显不同。虽然从理论上看，这样做无可厚非，因为不作违法认定并不意味着行为合法，但在实践中，垄断行为的受害人可能依据执法机构对其他市场主体作出的违法决定，对作出承诺的市场主体提出损害赔偿要求，[③]这时就会产生一个难题，即执法机构对其他市场主体的违法决定能否作为损害赔偿案件中的证据。如果可以，则作出承诺的市场主体的利益如何保护？市场主体在这种情况下还有作出承诺的激励吗？如果不可以，则如何认定执法机构作出的违法决定的效力？又如何保护受害人的利益？

如果不解决这一难题，在这类案件中，就不会有市场主体愿意作出承诺，因为一旦其他市场主体的行为被认定为违法，则作出承诺的市场主体就会处于极其不利的地位。针对这种情况，为了避免法律适用难题，理论上的一个解决方法是，应当认为，只有在所有的市场主体均作出承诺时，执法机构才能接受承诺，即执法机构不能接受其中某个或某些市场主体单独作出的承诺。

---

① See OFT, Competition Law Guideline, December 2004, para. 4. 16.

② See Katarzyna Mrzygłód, "Commitment Decisions: A Polish Perspective", *The ICC Global Antitrust Review*, Journal Issue 3, 2010, p. 102.

③ See John Temple Lang, "Commitment Decisions Under Regulation 1/2003: Legal Aspects of a New Kind of Competition Decision", *E. C. L. R.* 2003, 24(8), p. 348.

（四）正面建议：适宜适用承诺制度的案件

承诺制度在启动上不应具有强制性，法律不宜采用命令方式规定执法机构在何种情况下必须适用该制度。这是该制度本身性质使然，亦是保证承诺制度灵活性、便利性等优势的必然要求。但不作适用上的强制要求，并不意味着反垄断法对承诺制度的适用范围不作任何规定。执法机构虽然可在制度适用上进行自由裁量，但每一个案件都要进行裁量，可能会加重执法机构的负担，也可能加大制度适用错误的可能性。故对适宜采用承诺制度的案件类型，可通过各种方式予以建议，例如，可通过发布执法指南等方式提出建议。具体到我国，则可由反垄断委员会发布承诺制度适用指南。这样，在实践中遇到这类案件，执法机构仅作初步判断即可认定承诺制度具有适用上的可能性。当然，即便作了承诺制度适用上的正面肯定，也不意味着在这些案件中，执法机构必须适用承诺制度。法律的正面肯定只是建议而非强制。

具体来说，可以建议执法机构在下列情况下考虑承诺制度的适用：

1. 垄断行为情节简单、危害性不大的案件

对简单的垄断行为适用承诺制度更能实现反垄断执法的目的。反垄断执法通常要实现纠正违法行为及威慑人们不敢再犯这两个目的，威慑效果的形成，通常不依赖于对简单违法行为的惩罚，而是通过对典型的、严重的垄断违法行为进行惩罚来实现。对简单垄断行为的执法，主要目的在于纠正行为。一般情况下，当惩罚不再是反垄断执法的主要目标时，承诺制度的适用就是一个很好的选择。[①] 因而，对那些情节简单、危害性不大的垄断行为，进行正式执法调查并非总是必要的。相反，基于简化调查程序、节约执法资源的考虑，对这类案件适用承诺制度，更能以一种更为妥当的方式实现执法目的。此外，对轻微的垄断违法行为适用执法承诺制度一般不会发生错误，即使发生错误，错误成本也会较小。

2. 被调查的垄断行为难以查清的案件

如果案件事实或法律关系难以通过调查进行确定，则正式执法调查就不具有可能性，这时可以考虑采用承诺制度。这就是我国台湾地区“行政程序法”中所规定的“经依职权调查仍不能确定”。只不过，台湾地区将这种情况规定为行政和解的适用前提，即行政和解只能在这种情况下适用。事实上，将

① See Pierre Moullet, “How Should Undertakings Approach Commitment Proposal in Antitrust Proceedings?” *E. C. L. R.* 2013, 34(2), p. 87.

这种情况作为承诺制度的适用前提进行规定是不尽合理的,但是,这完全可以成为承诺制度适用的一种情况。换言之,在这种情况下,执法机构可以适用承诺制度,而不是只有在这种情况下,执法机构才能适用承诺制度。

在被调查的垄断行为难以查清时,正式执法调查不具有可能性,这时如果放任行为发生,又可能对市场竞争秩序不利,故采用承诺制度既可以避免执法困境,也有助于实现反垄断法的功能。

3. 调查垄断行为成本过高的案件

理论上,如果执法机构能够将一项垄断行为调查清楚,则其应当对此进行正式执法调查,否则就是怠职。但是,执法必须考虑经济性,如果调查成本过高,则执法结果可能得不偿失,这时就可以寻求替代性的执法方式,以节约执法资源。虽然公法的执行不应以结果的经济性为标准,但是,在正式调查与承诺制度两种方式均可实现执法目的,且承诺制度更能节约执法资源的情况下,执法机构选择适用承诺制度就具有合理性。也就是说,效率原因在一定程度上可以正当化执法机构作出的承诺决定。

4. 处罚垄断行为法律依据不明确的案件

执法机构处罚一个垄断行为,必须具有明确的法律依据,即被处罚的垄断行为必须在一国反垄断法中被规定为违法行为。但是,反垄断法的实体规定可能是模糊的,一种行为的合法与否往往不具有明确的判断标准,而需要结合具体案情进行分析。而且如果一个行为的积极效果或消极效果具有不确定性,这种行为就不具有当然的应罚性,在对其实施惩罚时,就必须判断其消极后果是否大于其积极效果。对反垄断执法机构来说,进行上述分析或判断不仅有时难以胜任,也会耗费执法资源。在反垄断执法实践中遇到此类法律依据不明确的情况时,作出明确的违法与否决定往往十分困难,而承诺制度的适用结果,一般无须对被调查行为进行性质认定,故当对被调查的行为是否违法存有疑问时,适用承诺制度就比较合适。① 第 1/2003 号条例就规定,欧盟委员会作出承诺决定仅表明对涉案行为“没有进一步采取行动的余地”,而既不是认定企业行为违法,也不是认定企业行为合法。

5. 执法活动遭受抵制的案件

当垄断行为难以通过调查查清、调查成本过高或者处罚依据不明确,执法

---

① See Alberto Pera, Michele Carpagnano, “The Law and Practice of Commitment Decisions: A Comparative Analysis”, *E. C. L. R.* 2008, 29(12), p. 672.

活动实际上已陷入困境。现实中还有一种情况可能导致执法活动陷入困境,即执法活动遭受抵制。抵制可能来自两个方面:一是公众抵制,主要指法律规则本身有问题,执法活动难以获得人们认同;二是其他公权力机构对执法活动的抵制。公众抵制执法活动在反垄断法领域并不常见,但在其他执法领域却常见报道,例如,我国的城管执法就经常演化为执法机构与相对人之间的暴力冲突。对这类案件,如果能效仿反垄断法上的承诺制度,则不失为一个很好的处理方式。我国反垄断执法可能受到的抵制主要来自其他公权力机构。由于反垄断执法机构的地位只是普通的行政机关,在对垄断性行业执法时,可能受到行业监管机构的抵制;在对行政垄断执法时,也可能受到行政垄断的实施者或其上级机关的抵制。这种抵制是反垄断执法中的不正常现象,本不应出现,即便出现,执法机构也应无视这种抵制而继续执法。但实际情况却很复杂,执法机构可能无法排除这些执法阻力,这时非要执法机构继续执法,也是强人所难,实际上也做不到。那么,作为一种权宜之计,只能退而求其次,适用承诺制度。这时适用承诺制度尽管会有公共利益损失,但总比无法执法要好,总比垄断行为得不到制止要好。

6. 被调查者积极配合执法调查,具有强烈合作意愿的案件

在反垄断执法调查中,如果被调查者态度良好,主动作出承诺,则只要案件性质适宜以承诺方式结案,执法机构一般应接受承诺。在这类案件中适用承诺制度,可以对市场主体作出承诺及其与执法机构的合作起到鼓励作用。相反,如果市场主体积极配合调查,并主动停止或修正垄断行为,执法机构还对其进行严厉惩罚的话,市场主体合作的积极性将大受打击,客观上会对反垄断执法形成不良导向,增加以后执法的难度。此外,在这类案件中,由于市场主体积极配合,提供的信息会更加准确、充分,因而适用承诺制度的准确性就会更高。

7. 制止垄断行为具有及时性要求的案件

反垄断执法不仅在于作出一份执法决定,还要看多快能作出这份决定,决定的作出时间越短,就越能迅速制止垄断行为,所以,如果在有些领域,时效比定性更加重要,那么承诺制度就较为合适。通常,作出承诺决定要比作出一份正式违法决定的时间短得多,这意味着那些对制止垄断行为具有及时性要求的案件,就非常适合适用承诺制度。[①] 这主要是在新兴经济领域,如信息技

① See Antitrust: Commitment Decisions-Frequently asked Questions, MEMO/13/189, Brussels, 8 March 2013.

术、互联网、通信等行业。这些行业的市场变化速度非常快，垄断行为一经发现，就需尽快制止，否则，等到正式的执法决定作出，垄断行为可能已经不复存在，其造成的危害也难以挽回，所以对这些领域的执法，承诺制度是一个很好的选择。

五、公益维护的程序机制：适用程序约束

（一）承诺制度适用的先决程序

1.执法调查的基本要求

防止执法机构泛化承诺制度适用的另一个控制措施是确定承诺制度适用的先决程序。在通常情况下，执法机构只有对案件有了初步了解之后，才能判断适用承诺制度是否合适，故各国或地区立法或实践中一般要求，只有执法机构的案件调查程序已经启动，才可考虑接受市场主体的承诺。这样做的主要目的，是避免承诺制度的适用错误，减少制度运行的错误成本。

将承诺制度的适用阶段限制在调查活动启动之后是合理的，但随之而来的一个问题是，执法机构的调查活动进行到何种程度时市场主体承诺才是可以接受的？在这方面，各国或地区的立法规定稍有不同，较为典型的做法是，执法机构应掌握了经营者实施垄断行为的"初步证据"。大多国家或地区均采取这种模式。例如，欧盟的承诺决定只会发生在欧盟委员会向涉嫌违法的企业发出《异议声明》之后，寄发《异议声明》表明欧盟委员会已经掌握了企业行为违法的初步证据。欧盟成员国竞争立法中的规定基本与此类似。

从理论上看，要求执法机构掌握"初步证据"是与承诺制度的作用机理密不可分的。因为在市场主体未从事垄断行为，或虽有垄断行为但执法机构未掌握任何证据的情况下，市场主体不大可能会作出承诺。市场主体作出承诺的压力主要来自执法机构已掌握其违法的初步证据，因为在这种情况下，不承诺可能会因证据日益充分而被施以严厉惩罚。换言之，正因为这些初步证据的存在，市场主体才有可能向执法机构作出承诺。

所以总体来说，对执法机构附加初步证据的限制有其合理性。同时，只要将承诺制度的适用限制在调查程序启动之后，即便没有初步证据的限制，似乎也不会有太大问题。因为即使不作证据要求，现实中的承诺案件通常也都是执法机构已经掌握初步证据。如果执法机构没有掌握任何证据，则对市场主体来说，意味着其垄断行为未被发现，这时作为理性主体，市场主体的最优选择就不会是作出承诺而是不承认。也就是说，如果执法机构没有掌握初步证

据,则承诺制度几乎没有适用的余地。

对先决程序的理解,还应特别注意的一个问题是,这里的初步证据并非市场主体违法的充分证据、确切证据。承诺制度引入反垄断法的重要原因在于简化调查程序,提高执法效率。一旦适用承诺制度,执法机构无须采取进一步行动,也不用再进行后续的证据收集。如果调查程序已大致进行完毕,执法机构已掌握了经营者实施垄断行为的充分证据,则适用承诺制度已不能节约任何执法资源,也就不应再适用。这意味着,如果经营者在执法调查活动后期才作出承诺,则执法机构很少会接受其承诺。在欧盟竞争法执行中,法院曾明确表示,如果调查程序已几近完结,能证明企业确实违法时,欧盟委员会就不能再接受企业承诺。①

2. 执法调查限度:我国台湾模式评析

在承诺制度适用的先决程序上,也有相关规定对执法机构的调查活动提出了更为严厉的要求。我国台湾地区"公平交易委员会"颁布的"缔结行政和解契约处理原则",直接援引了"行政程序法"的规定,要求只在"经依职权调查仍不能确定"相关事实及法律关系时,"公平交易委员会"才可与相对人达成和解。

"经依职权调查仍不能确定"的条件限制实际上包括两个要求:一是必须先经过调查;二是经调查后仍不能确定相关事实或法律关系。因而这种限制排除了两种情况下和解制度的适用:一是未经执法机构调查的案件不能和解,这与我们前面所说的先决程序基本一致;二是执法机构通过调查能确定相关事实及法律关系的案件即能调查清楚的案件,也不能和解。第二项限制过于苛刻,如果所有案件的和解都要符合这项条件,则对执法机构来说,这一制度的最大功能即节约执法资源的功能便丧失了。对此,台湾地区已有学者提出批评,认为行政和解的目的既然在于使行政程序经济化、有效达成行政目的并减少不必要的行政争讼,所以就应充分授权"公平交易委员会"选择适宜的行政和解时机并信赖其选择,而不需要硬性规定必须先"经依职权调查仍不能确定"。②

从理论上看,将执法程序限制得如同我国台湾地区这样严厉的确没有必

---

① See Alberto Pera, Michele Carpagnano, "The Law and Practice of Commitment Decisions: A Comparative Analysis", *E. C. L. R.* 2008, 29(12), p. 674.

② 刘孔中著:《公平交易法》,台北,元照出版公司2003年版,第417页。

要。无论从这种先决程序限制可能造成的后果看，还是从其自身逻辑看，对执法机构附加如此严格的限制都可能会削弱承诺制度功能的发挥。

第一，如果要求能够调查清楚的案件就不能适用承诺制度，则会大大削弱承诺制度功能的发挥。承诺制度的主要目的就是简化调查程序、节约执法资源，如果对所有的垄断案件都要求执法机构先进行调查且必须调查到不能调查的阶段才可以适用承诺制度，则很显然，这时适用承诺制度已不能实现节约执法资源的目的。因为一方面，先前的调查程序已经耗费了巨大的执法资源，且由于调查后仍不能确定，先前的资源耗费全部转化为“沉没成本”；另一方面，由于承诺制度适用于调查仍不能确定之后，故其对简化调查程序、节约执法资源已起不到任何作用。因而在附加这一严格的程序限制之后，不仅先前的调查程序变得没有意义，承诺制度也几乎变得没有意义。

第二，何为“经依职权调查仍不能确定”，难以有明确的标准。案件能否通过调查予以确定，必须先进行调查，且必须尽全力进行调查。这时耗费执法资源不说，调查到什么时候才能被认定为达到了“不能确定”的程度，也无法确立一个可操作的标准。从理论上看，调查不能确定只是一种暂时性状态。当前调查不能确定，可以继续调查；耗费一定的执法资源调查不能确定，可以加大执法投入；一个案件可能在该阶段难以调查清楚，到了另一时期又能调查清楚。在任何调查不能确定时，都可以说以后具有调查清楚的可能性。所以，何为经调查仍不能确定，实际上是一个无法明确、难以穷尽的标准。在这一标准下，个案的调查周期可能被无限期地延长，执法活动陷入不确定，承诺制度也就没有适用余地。

第三，这种条件限制还可能使得承诺制度在现实中无法适用。对市场主体来说，愿意作出承诺通常是被威慑的结果，因为如果不作出承诺，可能会受到严厉的惩罚。因而在适用承诺制度的案件中，尽管执法机构没有进行后续的调查，但市场主体通常会认为，如果不作出承诺，执法机构会选择继续调查，一旦执法机构作出这种选择，自己的垄断行为就会被调查清楚，因而也就需要承担更严重的法律责任。这就意味着，如果市场主体没有实施垄断行为，则其不会作出承诺；如果市场主体实施了垄断行为，但执法机构无法调查清楚，则其也不会作出承诺。在这种预期下，市场主体在决定是否作出承诺时，必然会对执法机构的调查能力进行估计，以便依据执法机构的不同调查能力确定自己的不同策略。如果法律要求执法机构适用承诺制度的前提是无法查清案件，那么这无疑给市场主体传达了一个信号，即执法机构愿意接受承诺意味着其没有调查能力,这时市场主体的最优策略就不会是作出承诺,而是继续实施垄断行为。因为即便市场主体不作出承诺,执法机构也无法对其实施惩罚。换言之,这种条件限制实际上使反垄断执法调查的威慑力完全丧失,承诺制度因而就难以适用。

在法律不做这种条件限制的时候,执法机构能否调查清楚相关事实及法律关系,需要由市场主体自己判断。市场主体的判断难免失准,因而市场主体即便认为执法机构缺乏调查能力,在决定不作出承诺时也还会存在一定的担忧。但因为有了这种条件限制,执法机构有无调查能力由执法机构自身通过调查来确定,因而市场主体无须再进行判断,如果执法机构愿意适用承诺制度,即意味着其没有调查能力,这时经营者反而会不愿意作出承诺。

由上可知,这种过于严格的条件限制带来的最坏结果可能是:如果市场主体拟作出承诺,则执法机构需要先行调查,以便决定是否接受市场主体承诺;通过调查,如果执法机构能将案件事实及法律问题调查清楚,则按法律规定,执法机构不能适用承诺制度,故要对市场主体进行惩罚,市场主体作出承诺的积极性大受打击;如果执法机构通过调查仍难以确定相关事实及法律问题,则执法机构会选择接受市场主体的承诺或主动向市场主体提出承诺建议,这时市场主体意识到执法机构没有调查能力,又不会再作出承诺。很显然,这样的结果使得承诺制度的适用在现实中常陷入僵局。

所以,在立法上不宜将“经依职权调查仍不能确定”作为承诺制度适用的前提条件。不过,这完全可以成为承诺制度适用的一种情况。换言之,在被调查的垄断行为难以查清时,执法机构可以考虑适用承诺制度,而不是只有在这种情况之下,执法机构才能适用承诺制度。如果调查不清仅为执法机构适用承诺制度的情形之一,经营者就不会做出执法机构没有调查能力的预期,承诺制度就具有适用的可能性。

(二)公共利益的识别程序

一旦约束机制不健全,反垄断法承诺制度的适用就很可能成为执法双方“私相授受”公共利益的工具。为防止公众利益受到损失,各国或地区立法或实践一般都将公共利益判断作为适用承诺制度的实质性标准,而承诺制度本身也是现代反垄断法进行公共利益衡量后的制度选择。但在制度适用中,如何进行公共利益判断,不能单由反垄断执法机构进行。公共利益因其抽象性和不确定性,若事前不加以具体界定,则很容易在实践中被执法机构滥用,因此,保障公共利益的基本手段就是在法律上作出识别。① 如果法律能对公共利益的内涵与具体范围作出明确规定,自然对维护公共利益有所帮助,但公共利益是个过于抽象的概念,法律列举只能是原则性的,也可能会出现遗漏,所以维护公共利益更多地需要依赖程序机制,即由严格的程序约束来保障公共利益判断的妥当性。这种"由程序形成公益"的路径在反垄断法承诺制度的适用中被普遍采用。

1. 公开机制

各国或地区立法或实践对公共利益的保护首先通过公开机制来实现。公开机制主要是对整个社会公开,而不仅是对与垄断行为或承诺决定相关的主体公开。相关主体固然可就承诺制度的适用提出意见,除此之外,任何普通公众通过公开机制知悉案件情况和承诺的具体内容后,也可就承诺内容的合理性提出建议,还可以以公共利益保护为由对承诺制度提出适用异议。公开机制的目的不仅在于保护利害关系人利益,更重要的是通过制度适用的公开可以形成一种公共利益的维护机制。

普通公众对承诺内容及承诺制度适用的评价因不与自身直接利益相关,也不以维护自身利益为目的,故其意见可能过于随意,所以在通常情况下,普通公众一般不需参与制度适用的具体程序中,而只需以各种方式发表意见即可。同时,普通公众的意见,一般只能作为执法机构的参考,以评价承诺内容及制度适用是否合适,而不必然改变执法机构的决定。除非相关公众有明确要求或以书面方式表达意见并提供了相关证明材料,否则,执法机构也没有义务给出明确回复。

为了保证公开机制的有效性,必须对公开的广泛性进行要求。首先,公开的内容不应限于案件的事实情况,还应包括承诺的具体内容,且公示的信息应明确、充分。其次,公示信息的媒介应有一定的权威性、形式的多样性以及受众的普遍性。在通常情况下,需要在官方出版物或发行量大的出版物上公开,考虑到受众的多样性,还可采取纸质媒体与网络媒体同时公布的方式。最后,为免公开机制流于形式,公开应有一定的期限,且这一期限不能太短,例如,欧盟要求不少于1个月。如果公开期限太短,人们难以及时了解并理解承诺的内容,也就难以对承诺是否合适提出实质性的抗辩或修改意见。

承诺制度的适用必经公开程序限制是大多国家立法明确规定的。在美

① 参见沈桥林:《公共利益的界定与识别》,载《行政与法》2006年第1期。

国,法院就司法部与相对人之间的和解作出同意判决时,根据《托尼法案》的规定,和解协议必须在《联邦公报》(*Federal Register*)上公布60日,以接受公众评论;[①]美国联邦贸易委员会作出同意命令之前也有公众评论(Public Comm-ent)程序。根据联邦委员会的同意命令规则,为了维护利害关系人的利益,联邦贸易委员会接受和解协议的,会将被指控的行为、和解协议的内容、拟作出同意命令的条款、同意命令条款的解释、可能的救济措施以及其他委员会认为必要的信息向公众公开,以收集公众的评论意见。公开日期一般为30天,也可能是委员会指定的其他期限。此外,对同意命令条款的解释也会在《联邦公报》上刊载。[②]

第1/2003号条例也确立了公示程序,理论及实践中将其称为"市场测试"(market test),[③]其主要内容是,如果欧盟委员会打算作出承诺决定,应首先公布一个有关该案件的简明概要,以及企业作出的承诺或将要采取的行动的主要内容;上述内容应公布于《欧盟公报》(*EU Official Journal*),且承诺的全部内容还应在网络上公布;相关主体提交意见或发布评论的期限不应少于1个月。[④] 此外,意大利、法国、西班牙、丹麦等欧盟成员国竞争法中也作了基本相似的规定。[⑤]

2. 磋商机制

所谓磋商机制,是指反垄断执法机构在与市场主体确定承诺内容之后,拟作出承诺决定的,应在决定作出前与相关机关磋商,以判断承诺决定的作出与履行是否合理、妥当,主要是判断是否会损害公共利益。建立磋商机制可避免执法机构单方判断的片面性与擅断性,从而保证承诺制度适用的有效与公正。基于这种追求,能够担任磋商职责的机关应当具有相当的专业性,且应与执法机构保持独立。在通常情况下,磋商机关应由相关领域专业人士组成,且不应

---

① See 15 U.S.C.A. § 16(b).

② See 16 C.F.R. § 2.34.

③ 在欧盟网站公布的所有承诺案件中,都会有一份详细的《市场测试公告》(*Market Test Notice*),根据测试结果,相关企业通常会修改承诺内容。市场测试公告及各版本承诺都会在《欧盟公报》上公布,也可在欧盟官方网站查阅。

④ 参见第1/2003号条例第27(4)条。

⑤ See Alberto Pera, Michele Carpagnano, "The Law and Practice of Commitment Decisions: A Comparative Analysis", *E. C. L. R.* 2008, 29(12), pp. 676,679,683. Annette Wedel Fraemohs, "Commitments Under the Danish Competition Act: An Overview", *E. C. L. R.* 2006, 27(10), p. 554.

是反垄断执法机构的下属机关，也不应与反垄断执法机构直接隶属于同一主管机关。如果一个国家在反垄断执法机构之外专门设置了咨询机构，则这些咨询机构就可作为磋商机制的主要依赖机关，如我国的反垄断委员会。

从现实中看，欧盟竞争法在其执行中建立了比较完善的磋商机制。根据第 1/2003 号条例的规定，欧盟委员会在作出承诺决定等各种决定前，都应与“限制性行为及支配地位咨询委员会”（the Advisory Committee on Restri-ctive Prac-tices and Dominant Positions，以下简称咨询委员会）磋商。磋商机制虽不是专门适用于承诺决定的程序，但对承诺决定的适用与公共利益之间的矛盾能够起到一定的协调作用。

咨询委员会虽然是依据 1962 年第 17 号条例建立的，但在新体制下仍发挥着重要作用。咨询委员会是一个论坛，由各成员国主管机构派出的专家代表组成，这些专家们可以在这里就个案或共同体竞争法的一般适用等问题进行讨论。

在第 1/2003 号条例下，磋商有两种形式，一般情况下应采取会议形式，特殊情况下也可采用书面形式。以会议形式磋商的，咨询委员会应在欧盟委员会发出邀请函的 14 日以后举行会议。欧盟委员会发出邀请函时，应附上案情摘要、最重要文件的清单（即评估案件所需的文件）以及决定草案。咨询委员会应就欧盟委员会的决定草案提交书面意见，应一个或多个成员请求，咨询委员会应就意见书中的意见说明理由。如果没有成员国提出异议，磋商也可采用书面程序进行。以书面程序进行磋商的，欧盟委员会可以发送文件至成员国，并确定一个不少于 14 日的期限，在截止日期前，成员国可以对决定草案提出自己的意见。

在欧盟竞争法中，磋商不是一个仅具形式意义的程序，而是对欧盟委员会的决定具有重要影响作用。根据第 1/2003 号条例的规定，欧盟委员会应尽量考虑咨询委员会的意见，并将其对该意见的考虑情况通知咨询委员会。如果咨询委员会建议公布该意见，则欧盟委员会应在作出决定的同时发表该意见，除非是为了保护有关企业商业秘密方面的合法权益。在欧盟网站公布的大多承诺案件中，咨询委员会的意见都可公开查阅，这些意见通常也刊登在《欧盟公报》上。①

① 咨询委员会的意见会以单独的一个文件（Opinion of the Advisory Committee）作为承诺案件的材料之一，这些意见尽管很短，只表明欧盟委员会是否同意在该案中适用承诺制度，一般不会作出过多解释，但都会在《欧盟公报》上明确公布。

3. 评估机制

为进一步控制承诺制度适用中可能出现的任意或不当，即便公开机制与磋商程序已就承诺内容的确定作了相对妥善处理，执法机构拟作出承诺决定时，还有必要对承诺制度的适用对竞争可能造成的影响作出详细说明或评估。

进行竞争影响评估不仅可以让普通公众判断承诺决定对竞争的影响，更重要的是强调执法机构只有经过充分考虑后才能适用承诺制度，即执法机构必须详细解释承诺制度适用的正当性，从而对执法机构滥用承诺制度形成制约作用。为了保证竞争影响评估的严肃性，评估的内容应当作为承诺决定的一部分，一并向社会公布。欧盟与美国执法实践均肯定了这种做法。欧盟委员会作出承诺决定时，必须解释企业提供的承诺能够消除对竞争的影响的理由，这些理由作为承诺决定的一部分，是承诺决定的必备内容之一。① 美国司法部拟与相对人和解时，除非法院另有指示，否则，司法部有义务就同意判决对竞争可能产生的影响出具一份《竞争影响声明》(Competitive Impact Statement)，声明应递交法院备案，在《联邦公报》上登记，并提交给有请求的任何人。② 根据《托尼法案》的规定，竞争影响评估通常应对以下内容做出说明：一是同意判决程序的性质(nature)和目的(purpose)；二是对涉案垄断行为的描述；三是执法机构对选择和解程序的解释，包括引起和解的各种理由、和解协议所包含的垄断行为救济措施以及该救济措施对竞争的预期影响等；四是受涉案行为侵害的私人主体可能得到的救济措施；五是同意判决的修改程序；六是执法机构考虑的和解协议的替代性措施。

---

① See John Temple Lang, "Commitment Decisions Under Regulation 1/2003: Legal Aspects of a New Kind of Competition Decision", *E. C. L. R.* 2003, 24(8), p. 348.

② See 15 U. S. C. A. §16(b).

第六章　反垄断执法双方间的利益平衡

一、“监管施压”与双重标准问题

（一）“监管施压”

承诺制度本质上是一种执法和解，具有契约属性，而主体地位平等是契约的基本要求，是双方得以完全凭由自身意志进行协商的基础，但在承诺制度适用中，执法机构可能基于各种原因而处于压倒性地位，经营者难以获得平等对待，从而在结果上使承诺结构具有明显的非均衡性，甚至承诺内容只是便利了执法机构而对经营者极为不利。

在反垄断执法中，执法机构一贯具有优势地位，承诺制度也是反垄断法公共执行的一种方式，因而执法机构很容易将其优势地位延伸至承诺制度的适用之中，造成“监管施压”（regulatory arm-twisting）的局面。[①] 这种局面可能表现在多个方面：一是执法机构基于便利执法的追求，可能直接或潜在地要求经营者作出承诺，经营者迫于压力可能在承诺时违背自身意愿；二是在经营者具有积极的合作愿意，主动作出承诺且承诺内容适当时，执法机构可能不正当地拒绝接受承诺；三是执法机构利用其掌握的“初步证据”作为

---

① See Sonja Eibl, “Commitment Decisions: An Australian Perspective”, *E. C. L. R.* 2005, 26(6), p. 335.

威慑,要求经营者作出较为苛刻的承诺,或代为拟定内容已经确定的承诺让经营者被动接受。由于在大多适用承诺制度的案件中,经营者的行为或多或少都存在一些问题,因而在承诺与否及承诺内容确定上,经营者基本处于谈判劣势,如果执法机构缺少对经营者平等地位的充分尊重,则最终形成的承诺内容基本都是有瑕疵甚至是"显失公平"的。

承诺制度的适用不仅要让执法活动变得便利,也要让经营者获得好处;不能仅看单次执法效率的提升,还要注重制度适用的持续受益。如果承诺制度的适用以经营者作出承诺的积极性受挫为代价,则不仅不利于后续案件中承诺制度的适用,也不利于经营者与普通民众对执法机构及法律制度形成充分信任。因此,作为一种执法中的和解制度,承诺制度的适用应体现其契约本质,让执法双方之间真正地在自愿合作下共同选择这种新颖的执法方式。

(二)双重标准

如果过于强调操作上的灵活性、裁量性,则反垄断法承诺制度的适用就可能会出现"双重标准"问题。双重标准即"相同问题不同对待"或"不同问题相同对待",既包括过程中的不一致,也包括结果上的不一致。

过程中的不一致,可能存在于承诺制度的启动上,也可能存在于承诺制度的运行中。

就程序启动来说,在一般情况下,承诺制度的启动权应当被公平地赋予执法双方。但在具体适用中,因为需要公共利益判断,通常情况是市场主体提出申请,执法机构进行审查。也就是说,执法机构实际上具有批准权。如果市场主体按照法律规定的条件和要求提出承诺,则只要案件适宜承诺,执法机构就应当接受。在执法机构进行审查时,应保证标准的统一性,尽量从垄断行为的性质与持续时间、救济措施的基本要求、承诺内容的充分性等案件本身方面进行审查。换言之,不论哪个市场主体提出申请,受到的待遇应当是一样的。但实际情况可能不尽如此。我们知道,尽管为了限制承诺制度运行中的不当裁量,有些国家或地区的反垄断法对承诺制度的启动设置了标准,如适用范围、先决条件等,但这些标准可能是抽象的、概括的,因而也需要裁量,何况有些国家或地区的反垄断法中缺乏这些标准,或者将标准的决定权给了执法机构。在这种情况下,执法机构在审查中就很容易能实行区别对待。由于承诺制度的适用与否直接关乎市场主体的实体利益,因而不仅市场主体有动力去争取这些程序,基于主体理性而引发的自利追求,执法机构在审查过程中也会有激励进行"利益衡量",进而实行区别对待。在这一过程中,承诺制度可能为执法机构压榨某些市场主体提供了便利,同时也大大增加了执法机构被"俘获"的风险。

在承诺制度的运行过程中,灵活性与裁量性也为执法机构的区别对待提供了形式上的正当性依据。作为一种执法方式,承诺制度在现实中总表现为一个又一个的程序,而程序的展开不仅会产生结果利益,也会产生"过程利益","过程利益"也是很多市场主体愿意适用承诺制度的重要原因。如果在程序运行过程中,执法机构有选择性地剥夺一些相对人的"过程利益",或者给其施加不应有的负担,那么这也会造成双重标准问题。由于"过程利益"存在于过程之中,为了获得这些利益,一些仪式、步骤就是必不可少的。剥夺"过程利益"的主要手段就是省略或缩减承诺制度运行中的必要步骤,例如,没有准确地告知相关信息、没有让相对人发表意见或不采纳其合理意见,没有进行程序公开等。这种做法会大大打击相关市场主体再次作出承诺的积极性,长期下去,承诺制度就可能成为人们不敢或不愿消费的"奢侈品",或者仅成为一种符号、"纸面上的法律"。

结果上的区别对待,既包括时间上的不一致,也包括空间上的不一致。这两种不一致,都是承诺制度的适用结果,即对同一市场主体在不同时期或对不同的市场主体进行区别对待,产生不同的适用结果。这两种不一致既可能是合理的,也可能是不合理的,不合理的不一致就是一种适用风险。除此之外,结果不一致还会表现为承诺制度与正式执法调查活动之间的不一致,这种不一致是指对于相同或类似案件,按照正式调查程序和适用承诺制度所产生的结果大不相同。在通常情况下,适用承诺制度得出的结论不存在责任承担的问题,这就可能使在正式调查的案件和适用承诺制度的案件之间产生双重标准问题。①

双重标准的弊病是会带来公平问题,即产生不公平的效果。这种不公平既包括起点与过程中的,也包括结果上的;既可能是时间上的不公平,也可能是空间上的不公平。公平问题会带来主体间的利益格局失衡,甚至产生"马太效应",即遭受不公平待遇的市场主体在日后更有可能再次受到不公平对待;同时,受到优待的市场主体会越发受到优待。

① 参见[日]栗田诚:《竞争执法的有效性和透明性——关于国内外对日本实施反垄断法认识之差异的分析》,朱忠良译,载《环球法律评论》2003年春季号。

二、承诺决定执行的"动态不一致性"

(一)"动态不一致性"的产生

从经济视角上看,执法机构与市场主体之所以选择适用承诺制度来处理垄断问题,是因为在既定案件中,和解对执法机构与市场主体来说都是一种最优选择,是一种"团体理性"的体现。但在承诺制度适用时的最优策略,在承诺决定执行中却未必是最优。在反垄断执法的任何阶段,执法双方之间的利益冲突都不可避免,在双方不断进行着的动态博弈中,由于作为"公共知识"的信息不断发生变化,因此,无论市场主体还是执法机构,在承诺决定的执行阶段,都可能改变之前在承诺的作出与接受阶段的策略安排,从而使先前的承诺在执行阶段被违背,发生"动态不一致性"(dynamic inconsistency)问题。①

"动态不一致性"导致初始的承诺变得不可置信,承诺制度的可执行性就会大大降低,这是承诺决定执行过程中可能出现的难题。从形式上看,"动态不一致性"就是相关主体改变行动策略,博弈格局发生变化;从结果上看,"动态不一致性"就是相关主体违背承诺,之前作出的承诺决定被人为放弃。

反垄断法承诺制度表面上是市场主体的单方承诺,实质上却是一种典型的双方行为,执法机构与市场主体之间实际上互负承诺。一旦承诺决定作出,执法双方即同时负有一定的义务。市场主体的义务就是在反垄断执法机构认可的期限内采取具体措施消除涉嫌垄断行为的消极影响,执法机构的义务就是停止调查,同时不对市场主体的行为作出违法认定并不处罚。但在实践中,在承诺决定作出之后,在承诺的具体履行过程中,无论市场主体还是反垄断执法机构,都可能发生"动态不一致性"问题。

---

① "动态不一致"也叫时间不一致(time inconsistency),有关经济政策动态一致性问题的系统研究开始于挪威经济学家基德兰德(Kydland)和美国经济学家雷斯科特(Prescott)。当时,最优控制理论被经济学界认为是处理动态最优问题的有效工具,然而,由于最优控制理论假设经济系统的当前状态和移动轨迹只依赖于当前和以前的决策,它得出的最优决策是在给定经济当前状态,以及这种决策会在将来被同样选择情况下的最优,所以很显然,它没有考虑到经济体系中不同主体之间的相互影响和相互作用。基于此,Kydland 和 Prescott 利用一个两时期模型研究了经济政策与居民预期之间的动态影响,发现由于居民在做出当期决策时,不仅要考虑政府当前和以前的政策选择,而且要考虑政府将来会采取什么政策,以及自己的选择会对政府将来政策选择产生怎样影响,所以没有考虑居民对政府政策预期的静态分析方法不是最优的求解方法,它得到的均衡是一个次优均衡,由此产生的问题就被称为"动态一致性"问题或者经济政策的"动态不一致性"。因为这方面的开拓性研究,Kydland 和 Prescott 获得 2004 年诺贝尔经济学奖。

市场主体破坏承诺的主要方式是不履行或不完全履行承诺。对市场主体来说,尽管在初始阶段作出承诺是最优选择,但在其后阶段,如果履行承诺变得不再最优,其就会受到激励去破坏先前的承诺。发生这种状况的原因,可能是信息占有格局发生改变,使市场主体在博弈过程中处于优势地位。从信息角度看,市场主体之所以一开始愿意作出承诺,必然是因为执法机构掌握了其违法的初步信息,也即行为违法是确定的,市场主体深知理亏,不承诺很可能会带来更大的损失。就承诺制度的可执行性来说,市场主体承诺意愿的强烈程度直接取决于执法者所掌握的市场主体违法信息的多少。因此,如果信息格局在承诺履行阶段发生改变,例如,市场主体发现执法机构的调查能力有限,根本无法查清自己的违法行为,这就有可能激励市场主体重新作出策略安排。此外,由于监督机制不健全,一旦承诺完毕,其履行可能多依赖市场主体的自我约束,执法机构也可能会因为相信市场主体主动履诺而放弃监督,如果市场主体也有这种预期,则这时也可能会发生市场主体不履行或不完全履行承诺的情况。

反垄断执法机构的"动态不一致性",在特定情况下也会发生,而且由于法律规定模糊、执法权的强制性等因素,执法机构违背承诺决定的存在空间往往更大,其危害性也比市场主体违背承诺要更为严重。从各国或地区反垄断法规定来看,对于市场主体违背承诺的行为,一般都有较完善的替代性救济措施。市场主体不履行承诺时,其违法行为实际上未得到有效追究,因此,反垄断执法机构完全可以就先前行为重新调查,以确定其具体的责任承担。但对反垄断执法机构违背承诺决定的行为,各国或地区普遍存在约束不足的情况。

现代反垄断法的重要特征之一就是立法规定极其抽象,与此相对应,执法机构具有较大的自由裁量权,且独立性越发明显。在这种情况下,将执法活动完全纳入法律的审查框架就变得十分困难,尤其是在反垄断执法机构独立性、权威性不强的国家,对执法活动约束与审查始终面临诸多难题。在承诺决定的执行中,一旦市场主体作出有效承诺并履行该承诺的,执法机构自应兑现自身承诺并终结案件,但各国或地区立法对执法机构的履诺义务与违背承诺决定的责任规定都普遍较为宽松。在存在较大自由裁量空间的情况下,监督执法机构履行承诺,在执法机构违背先前承诺时追究其法律责任,都会显得困难重重。例如,我国《反垄断法》规定,在"作出中止调查决定所依据的事实发生重大变化"时,反垄断执法机构应当恢复调查,这就在立法上赋予了执法机构放弃承诺决定的合法性。但对于何为"所依据的事实""事实变化"以及如何认定“重大变化”,法律都未予规定。在这种情况下,实践中如果执法机构基于该规定撤销先前作出的中止调查决定,对该撤销行为合法性与合理性的审查,无疑会较困难。

可见,要提高反垄断法承诺制度的可执行性,必须保证政策执行中的“动态一致性”。对市场主体来说,不仅要确保作出承诺是其最优选择,履行承诺也是其最优选择;对于执法机构来说,要确保接受市场主体的承诺并停止调查活动,不仅在承诺阶段是最优的,在承诺之后的执行阶段也应是最优的。这就是所谓的博弈主体的“序贯理性”。依此原理,作为“团体理性”的承诺制度一旦适用,除非客观情势发生重大变更,否则就应继续保持下去,而不应在执行中遭受破坏。任何主体在无充分理由的情况下对先前承诺的破坏,都可能带来“无谓损失”,带来集体非理性,从而产生“动态不一致性”问题。

(二)“动态不一致性”的原因

1. 博弈信息变化

反垄断法承诺制度的适用是执法双方博弈的结果,博弈总是建立在一定的信息基础上,而随着信息量的增减及信息内容的变化,博弈双方的行动策略可能会发生改变,由此可能导致最初看起来最优的策略在后来的博弈中被放弃。承诺决定执行中的“动态不一致性”问题,从信息角度上看,可能就是执法双方作为理性主体,基于信息优势而实施的策略转移行为。

市场主体作出承诺的好处是免于受罚,如果自始就不存在受罚可能,市场主体不可能会作出承诺,因而在执法双方博弈时,市场主体行为违法这一信息往往是双方的“公共知识”。执法机构有此预期时,就可能倾向于将接受承诺视为对市场主体的“恩惠”,并在承诺内容确定上,尽可能让市场主体承担更多的义务,甚至让其承受一些不合理的限制。市场主体只要衡量出承诺的义务比在不承诺的情况下可能经过正式调查而课处的惩罚要轻时,就会有积极性去作出承诺。因为这时,在正式执法调查的威慑下,承诺显然是市场主体的最优策略。

但在承诺履行过程中,如果市场主体发现执法机构根本没有掌握自己违法的充分证据,甚至通过正式的调查活动也难以获得这些证据,则这时市场主体的预期就会发生改变,如果违背承诺没有其他额外成本或额外成本较低,则市场主体就有违背承诺的充分激励。即便市场主体一直对执法机构的正式调查活动有所忌惮,但若发现在履行承诺时,执法机构根本无力监管自己履行承诺的效果,则市场主体也有可能不适当、不充分甚至完全不履行承诺的义务。

在承诺履行阶段，执法机构也可能基于自身获取的最新信息而发现之前接受市场主体承诺不再是最优策略。例如，执法机构之所以接受市场主体承诺，可能是认为通过正式调查也难以获得市场主体违法的充分证据或者调查成本太高，但在其后与市场主体的接触过程中，发现情况并非如此，这时执法机构就可能会撤销承诺决定而重新开始正式调查程序。再如，执法机构基于市场主体作出承诺时其所掌握的全部信息，认为承诺内容已足以消除垄断行为的消极影响并据此作出了承诺决定。但在执行阶段，可能发现了某些新的信息，而在这些信息的衡量下，市场主体的承诺内容是不足够的，这时执法机构也可能会要求市场主体修改之前的承诺内容甚至撤销承诺决定。

2. 承诺结构失衡

反垄断法承诺制度是一种执法双方的合意，只有承诺双方地位平等、身份独立，才能形成意思自由而充分的表达，从而使承诺结构具有合理性，承诺双方都有履行承诺的足够激励，进而才能保证结果的公平。但事实上，均衡的承诺结构只是一种理想状态，由于主体能力差异而带来的主体地位不平等，必然会使最终的承诺结构具有明显的非均衡性。

在承诺确立与履行的各个阶段，反垄断执法机构往往都具有绝对的主动权。在承诺制度的启动上，虽然反垄断法通常都会承认市场主体有申请权与拒绝权，但实质上，是否接受市场主体的承诺，多又实行执法主导，市场主体申请之后，批准与否也基本由执法机构单方决定。在承诺内容确定上，执法机构很方便地就可以以公共利益为由要求市场主体作出过重的承诺；承诺决定作出后，市场主体履行承诺的行为也处于执法机构的监管下，甚至有时，法律会赋予执法机构单方面修改或终止承诺决定的权力，而无须与市场主体进行任何协商。可见，在承诺制度适用中，市场主体实际上很难与执法机构进行真正的协商，执法机构因此就很容易将自已的单方意志强加于市场主体的承诺中。

承诺结构的非均衡性是造成承诺执行中“动态不一致性”的重要原因之一，由于市场主体缺乏足够的牵制能力，法律又赋予执法机构至高的权威，反垄断执法机构违背自身承诺、改变行动策略就变得轻而易举。

3. 自我利益追求

反垄断执法机构与市场主体都是理性主体，在进行策略选择时都会有一个利益衡量的过程。市场主体基于自利追求而违背承诺比较好理解，执法机构其实也可能发生这个问题。

从执法机构自身来看，在人力、物力普遍匮乏的情况下，为缓和执法资源与违法活动之间的矛盾,各国或地区反垄断执法机构不得不有选择性地将有限的资源应用于典型的垄断案件上。因此,鼓励市场主体以承诺方式主动修正涉嫌违法的垄断行为显然是一种能大量节约执法资源的执法方式。但从反垄断执法结果上看,不论市场主体是否作出承诺,不论是否达到禁止违法垄断行为之目的,执法机构本身均不能从中获得直接利益,立法上并不存在弥补执法机构所投入资源的优先受偿权,因此,相对于某些国家规定的私人3倍赔偿诉讼来说,执法机构的公共执法或多或少存在一些激励不足的问题。执法机构的主要激励来自于对自身声誉的顾虑,因为进行反垄断执法是其不可推卸的职责,不执法或不当执法难免使其遭受社会公众质疑,甚至带来合法性危机。

在这种情况下,如果缺少足够的法律约束,反垄断执法机构就可能会基于对自身利益的追求而变更或放弃之前的承诺决定。执法机构追求的利益可能是一种声誉利益,例如,某些案件适用承诺制度可能会遭受公众质疑,那么为了维护自己声誉,执法机构可能会选择撤销已经生效的承诺决定。由于各国或地区的法律通常允许执法机构在客观情势发生重大变化时行使这种撤销权,故其也不会太担心这样做会有合法性问题。执法机构也可能基于经济利益而自食其言,例如,受到作出承诺的市场主体的竞争者或垄断行为受害人的"俘获"而决定撤销承诺决定。执法机构撤销承诺决定会给作出承诺的市场主体带来直接利益损失和信赖利益损失,但市场主体通常只能"忍气吞声"。因为通过市场主体承诺的作出及履行,执法机构所掌握的市场主体违法的信息可能会越来越多,这些信息使执法机构越发具有压倒性的地位,从而为其压榨市场主体提供了便利条件。

(三)合理的"动态不一致性"

市场主体在承诺决定作出之后就应履行其义务,即便其事后发现承诺决定的内容不合理,也应通过法律程序寻求救济,如申请撤销承诺决定,而不能私自决定不履性义务。所以总的来说,市场主体违背承诺一般不存在合理空间。

反垄断执法机构的情况则有所不同。执法机构在承诺决定执行中的"动态不一致性",现实中主要表现为"相机抉择"式的执法策略,即根据不同情况选择不同的执行策略,从而使之前的承诺决定有可能被违背。尽管执法行为在时间上的不一致,可能会带来效率、公平或其他价值的损失,但"动态不一致性"并非都是不合理的,在某些情况下,执行先前的承诺决定也可能会使既定的政策目标落空,这时违背承诺就变得很有必要。

1. 避免规制目标落空

承诺制度的适用必须被严格限制在公共利益的框架内。如果执行承诺决定损害公共利益,导致反垄断法的规制目标落空,则执法机构就不应接受市场主体的承诺,如果承诺决定已经作出,则也应在事后予以撤销。

反垄断法所保护的公共利益突出地体现在对竞争机制的维护上。对执法机构来说,接受并履行承诺必须有利于有效竞争目标的实现,如果发现执行承诺决定不足以遏制违法者,无法形成有效的威慑体系,不能实现维护竞争的目的,则意味着遵守承诺已不是最优,这时为了避免规制目标落空,执法机构就可以重新对涉嫌的违法行为展开调查,以便确定责任承担,消除垄断行为的消极影响。

从其他国家或地区规定来看,基于这种考虑而终止承诺、重开调查程序的,主要出现在以下两种情况之中:

第一,对核心卡特尔承诺的事后救济。对于某些核心卡特尔,如固定价格、划分市场等,因其危害性十分明显,在大多国家或地区都受到"本身违法"原则的拘束,允许这些行为的实施者进行承诺,可能不足以恢复竞争秩序,也与法律精神相悖,因而一般不应允许经营者承诺。在反垄断执法机构接受的承诺中,如果事后发现涉嫌行为属于恶性卡特尔范围之列,则撤销承诺决定就有一定的合理性。

第二,对经营者过错行为的事后控制。如果经营者是通过欺骗等不合法手段骗取了执法机构接受其承诺的,则该承诺的履行也会导致反垄断法的规制目标落空,这时执法机构就可不受承诺决定的限制而重启调查程序。第1/2003号条例明确规定,如果决定是依据当事人提供的不完整、不正确或误导性的信息而作出的,欧盟委员会就可重新展开调查程序;我国台湾地区"公平交易委员会"的"缔结行政和解契约处理原则"也规定,如果相对人提出作为和解契约所依据之文件,事后发现为伪造或变造,则"公平交易委员会"得以错误为由撤销和解契约;①我国《反垄断法》也有类似规定。

2. 情势发生重大变更

在承诺制度适用中,执法机构决定是否接受市场主体承诺以及判断承诺内容是否合适,只能基于之前和当时的市场竞争状况进行考虑,但这些因素在

① 参见我国台湾地区"缔结行政和解契约处理原则"第9条。

承诺决定执行中可能发生变化。当变化达到重大程度,导致继续执行承诺决定已无必要、已经不够,或者会损害市场竞争秩序或相关主体合法权益时,执法机构就应修改或终止承诺决定,或者对涉嫌违法的垄断行为重新处理。也就是说,一旦承诺确立时的客观情势在承诺履行时发生重大变化,以致继续履行承诺不再具有合理性,则承诺可以被推翻,这就是所谓的"情势变更"原则。第1/2003号条例规定的"作出承诺决定所依据的任何事实发生实质性变化时,欧盟委员会都可主动重开调查程序"以及我国《反垄断法》规定的"中止调查的决定所依据的事实发生重大变化的",反垄断执法机构应当恢复调查,都属于情势变更原则。

3. 目标冲突与选择

公权行为具有多重目标,这些目标之间并非总是协调一致的。对反垄断执法机构来说,到底是为了保护竞争者还是消费者,保护现实竞争者还是潜在竞争者,保护经济利益还是社会利益等,很多时候都不得不进行权衡,进而有选择性地作出牺牲。在反垄断法的价值体系中,这些目标的位阶不同,在多重目标之间发生冲突时,如果履行既定的承诺决定会使更高位阶的价值目标遭受损失,则执法机构可能要放弃先前的承诺决定,从而导致其行为在时间上呈现不一致性。

基于目标冲突与选择而导致的"动态不一致性"问题,在现代反垄断法中表现得更加明显,因为现代反垄断法的价值目标具有多元化趋势,它不能仅关心竞争问题,还要关注产业政策、社会分配、环境保护、就业促进、文化多样性维持等其他价值,而各种价值之间可能会存在冲突,因此,在反垄断执法中,就会出现"容忍"或"区别对待"的问题,以便实现不同价值目标间的权衡。例如,对一项已作出的承诺决定,执法机构如果发现承诺内容不足以消除垄断行为的消极影响,或者承诺内容设置不当,不合理地导致了其他价值受损,如不利于环境保护或抑制了就业促进等,则执法机构就可能会修改或撤销之前承诺决定,甚至必要时对涉案的垄断行为重新展开调查。

三、内部程序要求:执法双方平等性的保障

要使执法双方能够平等地对话、协商,就必须对承诺制度的适用进行程序控制。控制的基本路径是消除制度适用上的单方强制与不确定性,增强合意因素,确保适用标准的统一,以赋予市场主体足以抗衡执法机构的机会与能力。这类控制措施大致包括三方面内容:一是在承诺制度启动上,赋予市场主

体充分的自主权；二是在承诺内容的确定程序上，要进行充分的协商；三是在承诺内容的确定标准上，应确保执法机构的公平对待，做到标准适用的统一。

（一）承诺制度的启动

承诺制度既然是一种合意制度，是否适用就应由双方共同决定，任何一方都不得将自身意志加诸对方。换言之，执法双方都有启动承诺制度的权利，也有拒绝适用该制度的自由。强调启动自愿，固然意味着市场主体作出承诺后不得要求执法机构接受其承诺，但更重要的是指执法机构不能将其适用承诺制度的意志强加给市场主体，不得强迫市场主体作出承诺，通常仅在市场主体自愿作出承诺后，执法机构才应考虑是否接受该承诺。

承诺制度的启动自愿由其和解本质决定，一般无须在立法中规定。执法双方在考虑是否适用承诺制度时会各自进行利益衡量。市场主体如果愿意作出承诺，一般会主动向执法机构提出，如我国《反垄断法》中规定的经营者"书面申请"，这时执法机构有充分的裁量权来判断承诺是否合适。执法机构如果认为适用承诺制度更利于案件解决，只能向市场主体作出建议而非强迫，市场主体这时也完全可以拒绝作出承诺；即使市场主体同意，也应由其自主决定作出承诺的内容，执法机构不得事先拟订承诺的内容，让市场主体作出同意与否的表示。

虽然在理论上，执法双方在启动承诺制度上的权利应当是对等的，但为了防止市场主体受到胁迫，也有学者认为，应当承认市场主体有适用承诺制度的优先权。① 也就是说，在实践中，如果市场主体未主动作出承诺或者根本没有作出承诺的意思表示，执法机构一般不宜要求或暗示适用承诺制度，原则上只能继续进行调查。之所以有这种建议，是考虑到当执法机构向市场主体作出承诺要求或暗示时，市场主体可能迫于压力不敢违背，这样就有可能剥夺市场主体的自由选择权。在欧盟法中，通常做法是，欧盟委员会对企业作出初步评估后，会给企业一个答复期，由企业自己决定是进行抗辩还是作出承诺；企业未答复或不愿承诺的，欧盟委员会则需通过进一步调查来证实企业行为违法。

（二）承诺内容的协商

承诺制度启动后，应确定承诺的具体内容。确定承诺内容是承诺制度适

---

① See Kozieł, Tomasz, "Commitment Decisions Under the Polish Competition Act-Enforcement Practice and Future Perspectives", *Yearbook of Antitrust and Regulatory Studies*, Vol. 2010, 3(3), p.77.

用的核心环节。承诺内容首先应由市场主体提供，这时的承诺虽是草案，但构成了执法双方日后协商的基础。承诺内容是否具有可接受性，必须经过法律标准、执法机构、利害关系人和社会公众的检验。这一过程离不开市场主体的参与，市场主体需要不断与执法机构沟通，修改承诺内容。总的来说，承诺内容的确定应体现协商精神，而不能是执法机构强迫市场主体必须作出或放弃某种承诺。为保证市场主体的意志能充分体现在承诺内容中，就必须在立法或实践中确立协商程序。

协商程序不仅为确定承诺内容的基本途径，也是市场主体维护其自身权益的重要手段。市场主体之所以愿意适用承诺制度，是因为承诺制度能给其带来好处，其中最重要的好处是，尽管作出承诺并履行承诺的义务也是对自身行为的限制，但这种限制相比于正式执法调查下的法律责任承担要轻得多。这是市场主体选择作出承诺应得的合法利益。执法机构适用承诺制度时，只关心竞争问题能否得到有效解决，而不在意市场主体受到多大限制，所以只要能消除垄断行为的所有消极影响，承诺就是可接受的。承认市场主体的这种利益，其重要意义在于，如果存在多种措施都能消除涉案行为的消极影响，则市场主体只需就其中对其限制最少的一种措施作出承诺。对市场主体来说，如果不能获得这种利益，则承诺制度的价值就大打折扣。获得这种利益的重要手段就是"讨价还价"即协商，如果执法机构提出的承诺修改建议属于对市场主体较重的负担，则市场主体可以反驳。在协商程序不具备或不充分时，市场主体的权益很可能受损。

（三）承诺内容的确定

由于承诺制度的适用必须能消除涉案行为的消极后果，又不能给市场主体设置过重的负担，故执法机构必须判断承诺内容是否具有可接受性。从理论上看，承诺内容的确定应有相对客观的标准，否则执法机构就会感到无所适从，甚至容易造成裁量权的滥用。但从规范上看，究竟达到何种程度的承诺内容是可接受的，会因案件具体情况差异而不同，立法上较难规定。这种情况之下，执法机构的专业能力与执法经验就显得尤为重要。

通常，可依以下标准来判断一项承诺的有效性：

第一，承诺内容应能消除垄断行为的消极影响，因而它必须具体并有合理期限。市场主体的承诺必须能够解决垄断行为造成的竞争问题，其内容应当具有可履行性，并可进行有效识别和检验，这就要求承诺内容应当是明确的、可执行的、可检验的。首先，承诺内容不能含糊其辞、模棱两可，而要尽量采用确定性的表述，必要时进行量化，诸如“争取”“尽量”“尽快”“进一步”“大幅”“明显地”“显著地”这类弹性空间极大的标准应尽量避免出现在承诺之中。其次，承诺采取的措施应具有及时性。没有期限的义务无异于没有义务，期限较长的义务也可能减损义务的履行效果。经营者的承诺应设定履行义务的合理期限，即经营者应承诺在合理期限内终止或修正垄断行为并消除行为产生的消极影响。如果可能，应明确义务履行的具体期限；对不能明确设定期限的义务，也要保证义务履行的及时性。在不同案件中，承诺的期限应当有所区别，这主要看被调查的垄断行为是否更需要被及时救济。如果某一行为不被及时终止或其影响不被及时消除，将会给相关市场竞争带来严重限制效果，则执法机构接受市场主体承诺的，应要求其在较短时间内履行相关义务。例如，在高新技术领域，因为客观情况变化较快，可能过了一段时间，履行承诺已没有意义，故承诺的履行期限应当明确，而且尽量缩短。①

第二，市场主体承诺采取的措施的具体形式，可以是行为性的（behavioural），也可以是结构性的（structural），②但通常行为措施应优先于结构措施。行为措施与结构措施对执法双方的影响不同：行为措施对市场主体来说负担更轻，但对执法机构来说，行为措施体现为持续性行为，需要持续监督，故监督成本较大；而结构措施通常能一次性解决竞争问题，对执法机构来说，基本不需要持续监督，所以成本较小，但对市场主体来说，结构措施意味着资产或业务的剥离，影响较大。在承诺制度适用中，如果不限制执法机构的裁量权，执法机构通常倾向于让市场主体作出结构性承诺，这对市场主体来说可能不公平。总的来说，由于结构措施会对市场主体造成严重的甚至是不可逆转的影响，故只要能解决竞争问题，市场主体通常只需对行为措施的采取有所承诺。只有在行为措施无法解决竞争问题，例如，难以产生与结构措施同样有效的效果，或实施任何同样有效的行为措施会给市场主体造成更繁重的负担时，才应采取结构措施。而且对于市场主体在垄断行为发生前就已存在的结构，只有当其具有导致持久的或反复的违法行为的重大危险时，才能要求市场主体承诺予以调整。

第三，当解决竞争问题的措施有多个时，应由市场主体自己来选择就哪种

---

① See John Temple Lang, “Commitment Decisions Under Regulation 1/2003: Legal Aspects of a New Kind of Competition Decision”, *E. C. L. R.* 2003, 24(8), p. 351.

② 参见欧盟委员会2013年发布的备忘录MEMO/13/189。

措施作出承诺。在通常情况下,解决竞争问题的措施都会有多个,但不同措施对市场主体的影响不同,这时市场主体基于自身利益考虑而作出的选择,即便不能让执法机构满意,但只要能解决竞争问题,就应当是可接受的。判断承诺内容合适与否,主要是看其与垄断行为造成的竞争问题之间是否具有相称性,即是否足以解决竞争问题。如果垄断行为对竞争限制效果较轻,市场主体只需作出与之相适应的较轻承诺,执法机构不得要求市场主体作出超过竞争问题限度的承诺,除非是市场主体自愿作出过重的承诺。

上述三项标准结合起来,构成了承诺制度适用中的一项重要原则——比例原则(principle of proportionality)。比例原则并非竞争法上的独有原则,而是公法执行中的一项普遍原则。它与自由裁量权密切相关,凡公权力机构的执法行为被赋予了自由裁量权的,都应遵守比例原则。比例原则的本质是手段与目标的平衡,其基本要求是,公权力机构在进行自由裁量时,手段应与目的相一致,不得以超出必要限度的方式来实现法的目的。具体到承诺内容的确定上,也可从目的与手段两方面来理解比例原则的要求:一是承诺内容必须能够解决垄断行为造成的竞争问题,这是最基本的要求,是适用承诺制度的目的;二是应当采取合乎比例的手段来实现这一目的,如果有多种手段可供选择,执法机构应选择对市场主体影响较小的手段,即执法机构不能让市场主体作出过重的承诺。这两个要求可形象地称为必要与适当。

在欧盟竞争法中,立法与实践都肯定了判断承诺内容是否合适的标准就是比例原则。[①]《欧盟条约》第 5 条是立法中对比例原则的明确规定,基于《欧盟条约》的宪法性地位,比例原则在欧盟法中也就具有宪法地位。[②] 在欧盟委员会作出决定时,不论是罚款决定还是承诺决定,都应符合比例原则的要求。[③] 在承诺制度的适用中,欧盟委员会被赋予了两方面的裁量权,这决定了它必须接受比例原则的约束:一方面,欧盟委员会可在承诺决定与违法决定之间选择,因为第 1/2003 号条例第 9 条规定的承诺决定,实际上是对条例第 7

---

① See Alberto Pera, Michele Carpagnano, "The Law and Practice of Commitment Decisions: A Comparative Analysis", *E. C. L. R.* 2008, 29(12), p. 672.

② See Firat Cengiz, "Alrosa v. Commission and Commission v. Alrosa: Rule of Law in Post-Modernisation EU Competition Law Regime", Accessed June 12, 2016. http://ssrn.com/abstract=1674345, p. 17.

③ See Wolf Sauter, "Proportionality in EU Competition Law", *E. C. L. R.* 2014, 35(7), p. 328.

条规定的终止违法决定的替代，凡能作出承诺决定的案件，也可以作出终止违法决定，具体作出何种决定则由委员会选择；另一方面，在选择了承诺决定之后，企业提供的承诺也可能有多个，最终选择哪个承诺也涉及自由裁量。

实践中，比例原则第一次被正式引入承诺制度的适用，源自2007年欧盟初审法院（the Court of First Instance，CFI，现已改为 the General Court，GC，即欧盟常设法院）针对欧盟委员会一份承诺决定的撤销判决。

该案基本情况是 De Beers 和 Alrosa 乃全球第一大和第二大原钻生产商，二者在2001年订立了一份5年期的供货合同，由 Alrosa 保证向 De Beers 每年供应价值8亿美元的原钻。欧盟委员会发现这份合同后，对该合同启动了两项调查程序：对两家企业启动了垄断协议调查，对 De Beers 另有一项滥用市场支配地位调查，因为供货合同具有排他性，会导致 Alrosa 无法与 De Beers 独立竞争，以及其他潜在原钻供应商无法向 De Beers 供货。2004年两家企业向委员会作了共同承诺（joint commitments），提出将交易量逐年降低，到2010年降到2.75亿美元并维持在这个水平。这个承诺遭到其他利害关系人反对，欧盟委员会便没有接受该承诺。2006年 De Beers 重新作出单独承诺，欧盟委员会据此作出了承诺决定。[①] 依据承诺决定，De Beers 承诺缩减向 Alrosa 购买的原钻量，2006年缩减为6亿美元，2007年为5亿美元，2008年为4亿美元，从2009年开始，De Beers 将不再从 Alrosa 购买原钻。很显然，这份承诺决定会导致 Alrosa 失去最大客户，于是它以利害关系人的身份起诉到 GC，要求撤销这份承诺决定。GC 审理时认为，本案中承诺决定的作出违背了比例原则，因而存在严重错误，故在2007年撤销了委员的承诺决定。

根据 GC 的描述，比例原则的要求是，承诺内容应为消除涉案行为消极后果所"必需"（necessary），且程度上应"适当"（appropriate）。"必需"要求承诺内容应足以消除涉嫌垄断行为的所有消极影响，即可能有多大的违法性，就要采取多大的措施来消除这些违法性；"适当"则意味着承诺内容不应给企业带来过重负担。换言之，如果存在多种措施都能消除涉案行为的消极影响，则经营者只需就其中对其限制最少的一种措施作出承诺。[②] 在本案中，GC 指出，有着比禁止 De Beers 与 Alrosa 之间交易更轻的措施来达到解决竞争问题的目的，欧盟委员会却没有对这些措施进行评估，而是直接依据 De Beers 的承

---

① See Case COMP/B－2/38.381－De Beers, OJ [2006] L 205/24.

② See Case T－170/06 Alrosa v. Commission, [2007] ECR. II－02601, para 112.

诺禁止了两家企业间的交易，这违背了比例原则的要求。GC 还指出，两家企业在 2004 年作出一份共同承诺，欧盟委员会并没有解释为什么这个义务相对较轻因而更符合比例原则的措施不能解决竞争问题。①

比例原则是对执法机构自由裁量权的限制，对市场主体来说，最大好处是负担的减轻。依据比例原则，执法机构不得要求市场主体作出过重的承诺，只要能解决竞争问题，市场主体有权利作出义务最轻的承诺。这一原则是防止执法机构施压于市场主体，确保执法双方间平等性的一项重要制度。但与此同时，比例原则没有解决的一个问题是，如果是市场主体自愿作出较重的承诺，而非执法机构的要求或强制，则执法机构可否接受这种承诺并据此作出承诺决定，即比例原则是仅对执法机构的限制，还是也适用于市场主体的自愿行为。

在 Alrosa 案中，逐渐缩减乃至最终取消与 Alrosa 交易的承诺是 De Beers 自愿作出的，欧盟委员会并没有对 De Beers 提出任何要求。这时，欧盟委员会是否还需接受比例原则的限制呢？在欧盟委员会看来，比例原则仅适用于公权力机关对市场主体提出要求时，市场主体的自愿行为不受该原则约束，所以欧盟委员会不服 GC 的判决，上诉至欧洲法院（European Court of Justice, ECJ）。

GC 认为，第 1/2003 号条例第 7 条（终止违法行为决定）和第 9 条（承诺决定）的目的一致，都是确保竞争规则的有效适用。② 言下之意是，既然目的相同，手段的要求也应相同，不能在适用第 7 条时要求欧盟委员会遵守比例原则的要求，在适用第 9 条时就不必遵守这一要求了。所以 GC 的观点很明确，即便企业自愿作出不相称的承诺，也不能减轻欧盟委员会遵从比例原则的必要，因为正是欧盟委员会的正式决定，才使企业的承诺具有了约束力。③

ECJ 却认为，第 9 条和第 7 条有着较大区分，虽然二者总体目标都致力于竞争规则的适用，但直接目的并不相同。依据第 9 条，欧盟委员会无须认定违法行为的存在，适用该条的目的是解决欧盟委员会在初步评估中表达出来的对竞争问题的担忧，而第 7 条的适用，需要认定违法行为存在并据此作出决

---

① See Case T-170/06 Alrosa v. Commission, [2007] ECR. II-02601, paras 126, 129.

② See Case T-170/06 Alrosa v. Commission, [2007] ECR. II-02601, para 95.

③ See Michele Messina, Jean-Claude Alexandre Ho, "Re-establishing the Orthodoxy of Commitment Decisions Under Article 9 of Regulation 1/2003: Comment on Commission v. Alrosa", *E. L. Rev.* 2011, 36(5), p. 740.

定。这种区别会影响比例原则的适用。在依据第 7 条作出违法决定时，根据比例原则，欧盟委员会只能给企业设定最低的义务要求。但在接受企业承诺时，遵从比例原则仅意味着，欧盟委员会只需考虑企业提出的承诺是否能够解决初步评估中所提出的竞争问题；欧盟委员会没有义务去比较承诺内容与违法决定中义务之间的大小，即便承诺内容超过了违法决定中的义务，也不应认为不符合比例原则。而且企业主动作出承诺，也意味着它们认可了这种让步。① 基于这些判断，ECJ 得出结论：GC 混淆了比例原则在第7 条和第9 条上的不同要求，侵犯了欧盟委员会在承诺决定上的自由裁量权。②

该案在承诺制度适用上具有重要意义，它区分了承诺决定与违法决定中比例原则的不同要求。这种区分的主要理由在于，违法决定是一种单方行为，而承诺决定是一种合意行为，在合意行为中，市场主体所受到的限制并非来自执法机构的单方决定，而是源自市场主体的自愿行为。③ 所以在适用承诺制度中，执法机构没有义务去比较是否有比市场主体作出的承诺更轻的措施。

这种区分意味着，当市场主体主动提出承诺内容时，即便义务过重，执法机构也可直接据此承诺作出决定，而不会被认为违背了比例原则。只有在承诺内容是执法机构提出时，才不能要求市场主体作出过重的承诺。所以在承诺制度适用中，市场主体要想争取利益最大化，只能自己判断哪种承诺既能解决竞争问题又不至于给自己造成较重负担。

当然，免除执法机构的比较义务，前提是市场主体作出承诺时完全自愿。现实中可能出现执法机构强迫市场主体作出承诺的情况，或者市场主体作出承诺时执法机构不接受，而是提出了不允许市场主体修改的承诺建议。这时承诺决定形式上是合意，实际上是执法机构滥用公权的结果，市场主体应当可以向法院起诉承诺内容的确定不符合比例原则的要求。④ 在 Alrosa 案中，虽然承诺是 De Beers 单方作出的，但根据 ECJ 对案件事实的描述，在两家企业

---

① See Case C – 441/07 P, Commission v. Alrosa, [2010] ECR I – 05949, paras. 46 – 49.

② See European Commission, "ECJ Reverses CFI judgment on De Beers Commitments Decision", *EC Competition Law Reporter* (No. 103 – February 2011), Vol. 2.

③ See Manuel Kellerbauer, "Playground Instead of Playpen: The Court of Justice of the European Union's Alrosa Judgment on art. 9 of Regulation 1/2003", *E. C. L. R.* 2011, 32(1), p. 8.

④ See Manuel Aleixo, "An Inaugural Fine: Microsoft's Failure to Comply with Commitments", *E. C. L. R.* 2013, 34(9), p. 476.

最初的共同承诺被利害关系人反对后,欧盟委员会实际上曾建议过双方作出终止交易的承诺。[①] 虽然最终 Alrosa 没有接受这一建议,只有 De Beers 作出了承诺,但 De Beers 承诺的内容正好与欧盟委员会的建议相一致。这能否说欧盟委员会滥用了权力,间接导致承诺内容的确定,也可以进一步讨论。

四、后续程序控制:承诺决定的执行及变更

(一)对市场主体履行承诺的监督

承诺决定经执法机构作出之后即进入执行阶段。承诺决定与执法机构的其他决定一样,具有法律约束力,市场主体应按承诺内容履行义务。但市场主体是否充分、及时地履行义务,不能依赖市场主体的自我约束,而需要建立后续的监督机制。各国或地区的反垄断法一般都将监督职责交给作出承诺决定的执法机构,例如,我国《反垄断法》规定,执法机构作出中止调查决定后应对经营者履行承诺的情况进行监督。但仅在法律上规定"应当监督"是不够的,还应明确执法机构"如何监督",即提供明确的监督方式。

从各国或地区的立法及实践看,监督方式应当多样化,即对市场主体履行承诺的情况应予以多重约束。并且考虑到偏重执法机构监督市场主体履行承诺需要付出较高的监督成本,应尽可能激励市场主体主动履行其承诺。

1. 强制报告

在承诺决定的执行阶段,法律一般会赋予市场主体一项报告义务,要求市场主体定期或不定期地将履行承诺的情况告知执法机构。报告承诺履行情况是市场主体的一项法定义务,因此,该程序的确立不仅能督促市场主体及时履行义务,也有利于减少执法机构的监督成本,故在实践中广泛运用。[②] 在这方面,我国与其他国家或地区的类似,《反垄断法》虽未规定报告制度,但国家发改委颁布的《反价格垄断行政执法程序规定》以及国家工商管理总局颁布的《工商行政管理机关查处垄断协议、滥用市场支配地位案件程序规定》均要求,经营者应向执法机构提交履行承诺进展情况的书面报告。

2. 主动监督

强制报告制度固然有其优势,但如果执法机构过分依赖于市场主体的报

---

① See Case C – 441/07 P, Commission v. Alrosa, [2010] ECR I – 05949, para. 21.

② See Annette Wedel Fraemohs, "Commitments Under the Danish Competition Act: An Overview", *E. C. L. R.* 2006, 27(10), p. 555.

告,则监督机制仍是不充分甚至是有缺陷的。因为一旦执法机构因依赖或相信市场主体报告而放松主动监督,则市场主体可能在报告中提供不完整或不真实的信息,例如,只会披露对自己有利的信息而隐匿对自己不利的信息,以欺骗或误导执法机构。这种情况在竞争法极为发达的欧盟也发生过。欧盟委员会2009年对微软在操作系统中捆绑浏览器的行为作出了承诺决定,微软承诺在操作系统中提供一个"选择界面"(choice screen),让用户自由决定选择何种浏览器。之后,微软如期向欧盟委员会提交承诺履行情况的年度报告(annual report)。在2011年11月微软向欧盟委员会提交的一份报告中,微软还称"选择界面"依然存在,但调查却发现,早自2011年2月Win7销售时,微软就悄然去掉了这个"选择界面"。①

可见,即便建立了报告制度,现实中,如果案件较为重要且条件允许,那么执法机构也不应放弃主动监督。主动监督可采取多种方式,例如,责令市场主体提供某些重要信息,或者向相关经营者或消费者调查求证,以及其他各种在反垄断执法调查活动中可用的监督检查措施等。

3. 专门监督

主动监督的优点是准确、及时,但可能需要付出昂贵的监督成本,且面对专业问题时执法机构未必具有监督能力。所以现实中,在垄断行为非常复杂、专业,如涉及计算机、互联网、通信、专利等领域时,可考虑设立一个临时性的专门监督机构。专门监督机构应保持中立,并应对所监督的垄断行为具有较强的专业性。这种监督方式可弥补执法机构专业知识不足的缺憾,也能使经营者履行承诺的效果更为适宜与充分。

专门监督的做法在美国司法部诉微软案中曾有采纳。为保证微软案中的"同意判决"能得到有效遵守,法院要求双方成立一个专业的、中立的"三人技术委员会",成员共3人,由微软与司法部各推举一人,再由被推举人共同推举第三人。为履行监督职责,三人技术委员会可会见微软员工,查阅微软文件,并每6个月应将微软履行承诺的情况向法院至少报告1次。②

在欧盟的承诺决定中,通常也有确保企业承诺得以履行的一些实施机制

---

① See Joaquín Almunia, "Statement on Microsoft Non-compliance with the Browser Choice Commitments", *SPEECH*/12/561.

② See Richard A. Epstein, *Antitrust Consent Decrees in Theory and Practice: Why Less is More*, The AEI Press, 2007, p. 100.

(Implementation provisions),这些机制构成承诺决定内容的一部分。在专门监督方面,设置独立的监督受托人(Trustee)是专业案件中常见的实施机制。在欧盟委员会2006年针对De Beers作出的承诺决定中,欧盟委员会就要求De Beers委托一位监督受托人,对De Beers履行承诺的情况进行监督。该受托人必须有履行监督职责的必要资质,必须独立于De Beers及涉案的另一企业Alrosa,不能与本案有任何利益冲突,而且在受托监督期满后3年内,不得受雇于De Beers和Alrosa。承诺决定对监督受托人的任命程序与监督职责,也作了非常详细的规定。[①] 在2014年针对三星公司标准必要专利案作出的承诺决定中,欧盟委员会同样要求三星必须委托一位受托人来对三星履行承诺的行为进行监督。[②]

4. 法律责任

除正面的强制报告、主动监督、专门监督外,还可通过追究市场主体法律责任的反面措施,迫使市场主体主动履行其承诺的义务。之所以需要惩罚性措施,是因为对市场主体来说,如果违背承诺的结果仅仅是执法机构重启调查程序,则违背承诺的成本较小。因为一方面,即便市场主体不作出承诺,执法机构也只是通过正式调查程序确立市场主体的法律责任,这就意味着,市场主体违背承诺不仅不会使其遭受任何不利后果,反而为其赢得了更多时间;另一方面,在市场主体违背承诺后,即便执法机构进行正式的执法调查,因为市场主体已有预期,执法调查活动可能难以掌握实质性的证据或者调查成本过大。在这种情况下,如果对市场主体违背承诺的行为设置相应的法律责任,则其违背承诺的成本会大大提高,市场主体就更有激励去履行承诺,相应地,执法机构的监督成本也就大为缩减。可见,确立有效的责任追究机制,一定程度上可以节约承诺决定的执行成本,主要是间接地节约了执法机构监督市场主体履行承诺的成本。

从理论上看,执法机构作出的承诺决定首先是执法双方间的合同,市场主体违背承诺,构成了对执法机构的违约,所以应承担相应的违约责任。市场主体承担违约责任的方式,除了必要时应继续履行承诺外,还可表现为执法机构放弃停止调查程序。承诺制度的基本原理在于,市场主体的承诺能够消除执

---

① See Case COMP/B – 2/38.381 – De Beers, OJ [2006] L 205/24.

② See Case AT. 39939 – Samsung-Enforcement of UMTS Standard Essential Patents, OJ [2014] C 350/8.

法机构的担忧，即能够实现调查活动的目的，所以调查活动可以提前停止。如果市场主体违背了承诺，则根据违约程度，可产生两种合同法上的救济措施：继续履行承诺仍能解决竞争问题的，市场主体应承担“继续履行”的违约责任；违背承诺的程度较为严重，可能导致承诺决定的目的落空时，市场主体已构成根本违约，执法机构享有合同解除权，也就不需要再履行停止调查的义务，调查程序可能随之重启。

承诺决定除了是执法双方间的合同外，还有另一个属性，即具有法律约束力的执法决定。市场主体违背承诺的，同时也构成了对一个有约束力的执法决定的违背，所以还应承担一定的法定责任。这种法律责任与市场主体不遵守执法机构的其他决定一样，不是基于执法双方的约定，而是应在法律中明确规定，成为一种约束力与威慑效果更强的法定责任而非约定责任。

在通常情况下，市场主体违背承诺，主要表现为不履行或不充分、不适当履行其承诺的义务，这时执法机构可以追究其法律责任。不仅如此，一旦法律将市场主体对其履行承诺情况的自我报告设定为义务，则在市场主体不报告或报告的信息有误时，也可要求其承担一定的法律责任。

具体来说，追究市场主体法律责任的方式可以有以下三种：

第一，行为责任。市场主体违背承诺的，执法机构一般可给予其一个宽限期，要求其限期改正，继续履行承诺。如果继续履行已无可能、已无意义，或者市场主体明确表示不会继续履行或在给定期限届满后仍未履行，则执法机构可以恢复调查程序，以便重新确定市场主体实施垄断行为所应承担的法律责任。

第二，财产责任即罚款。市场主体违背承诺时，通过重新调查来确定市场主体的法律责任，实际上是对先前垄断行为的惩罚。由于执法机构作出承诺决定时调查活动已经停止，现在重新调查不仅使得适用承诺制度所追求的节约执法资源的目的无法实现，也可能因为一段时期已过，调查活动已丧失最好时机，调查难度也可能随之增大，例如，市场主体可能已消灭了相关证据。所以重新调查程序极可能不经济，也可能会陷入僵局。这种局面的形成，是因市场主体违背承诺所致，而承诺决定如同执法机构的其他决定一样，具有法律约束力，所以对承诺决定的违背，本身就是一种违法行为，法律可直接对违背承诺行为施加法律责任。而且如果对违背承诺本身不做任何处罚，则市场主体违背承诺行为实际上就没有成本，这不足以威慑市场主体。所以在市场主体违背承诺时,欧盟立法允许执法机构选择重新调查,或者直接实施惩罚。[①] 换言之,只要市场主体违背了承诺,执法机构就可对其处以一定数额的罚款,而不必非要通过重新调查来确定先前垄断行为的责任。

罚款方式在第 1/2003 号条例中规定得较为完善,主要包括两种:一是在承诺决定履行中,如果企业故意或过失地未遵守其承诺义务,则欧盟委员会可作出决定,对其处以不超过上一经营年度全部营业额 10% 的罚款,这种罚款属于"制裁罚款"(sanctioning fines);二是企业不遵守承诺时,欧盟委员会可决定从指定的某天起,对每迟延一天的不履行行为,征收不超过其上一经营年度日平均营业额 5% 的定期罚款(periodic penalty payments)。两种罚款方式的规定,可以对市场主体违背承诺的行为起到较大的威慑作用。其中,制裁罚款最高 10% 年营业额的罚款量,和实施垄断行为的惩罚责任完全一样,这种威慑作用是非常明显的。定期罚款的适用,虽然每日的罚款量不大,但如果企业不履行承诺的持续时间很长,则最终的罚款总额可能十分巨大,甚至会超过制裁罚款。只不过,制裁罚款与定期罚款到底选择适用哪个,需由委员会根据案件需要决定。两种罚款的目的也有以下不同:制裁罚款的目的是惩罚,如果企业违背承诺的情况较为严重,欧盟委员会可直接对企业施加制裁罚款,而不必再对涉案行为进行调查,制裁罚款一旦施加,案件即可结束;定期罚款的目的则是督促,在企业未履行其承诺但仍有履行必要时,欧盟委员会可通过定期罚款来促使企业尽快履行承诺。在 2013 年对微软违背承诺进行处罚时,欧盟委员会选择的是制裁罚款,而未施加定期罚款。

微软案是第 1/2003 号条例自 2004 年 5 月 1 实施以来,第一个因企业违背承诺决定而被罚款的案件。微软调查程序如下:欧盟委员会于 2007 年 11 月对微软在操作系统中捆绑其他软件的行为正式启动了调查程序,2009 年 1 月完成了初步调查,据此向微软发送了《异议声明》;2009 年 4 月,微软对《异议声明》作了回复,公开表示在 win7 系统中不再捆绑 IE;2009 年 10 月微软向欧盟委员会作出承诺,承诺的主要内容是原始设备制造商和终端用户(OEMs and end users)都有选择浏览器的充分自由;之后,欧盟委员会开始了"市场测试"程序;2009 年 12 月欧盟委员会接受了微软的承诺并作出了承诺

---

① See Sinead Eaton, "Commitment Issues-New Developments in EU and Irish Competition Law", *E. C. L. R.* 2014, 35(1), p.33.

决定。[1] 按承诺决定的要求，微软必须给用户一个“选择界面”（choice screen），让用户自己决定使用什么浏览器；承诺决定的有效期为5年，即微软的义务至少要履行到2014年年底。但在2012年，欧盟委员会接到第三人举报，称微软早在2011年2月时就没再履行其承诺的义务，即在Win7系统中，浏览器的“选择界面”就不存在了。所以在2012年7月，欧盟委员会对微软是否违背承诺展开了调查。2012年10月欧盟委员会形成初步意见，认为微软违背了承诺，于是再次向微软寄送一份《异议声明》。2013年3月欧盟委员会对微软不遵守承诺决定的行为作出了最终的罚款决定，微软被罚5.61亿欧元。罚款数额是依据微软违背承诺行为的持续时间和严重性、罚款应有的威慑作用以及微软在案件调查中与委员会的合作而得出来的。[2]

微软案在欧盟竞争法上具有重要意义，它让人们真正意识到承诺决定的威慑力，这种威慑力与执法机构的违法决定没有实质上的区别。微软案给企业传递了一个重要信息，违背承诺决定就等于违背欧盟法。[3] 在微软被罚之后，欧盟委员会副主席兼竞争事务委员杰奎因·阿尔穆尼亚（Joaquín Almunia）表示：“承诺决定在竞争法的实施中具有非常重要的作用，因为它能快速地解决竞争问题。承诺决定必须被严格遵守，违背承诺决定是一项严重的违法行为，必须得到制裁。”[4]欧洲议会官员曼纽尔·阿雷西（Manuel Aleixo）也说，微软案是第一个对违背承诺行为罚款的案件，但很可能不是最后一个，而只是一个“序幕”。[5]

第三，声誉责任。声誉罚主要通过剥夺市场主体在后续案件中作出承诺的机会来实现。如果市场主体不履行或不充分、不适当履行承诺，则执法机构会对其丧失信任，这种不信任可能为市场主体带来两种不利后果：一是执法机构如对被和解的垄断行为重新启动调查程序，则市场主体往往不被允许就同一行为再次向执法机构作出承诺；二是在日后其他垄断行为调查中，如果市场

---

① See Case COMP/39.530 – Microsoft (Tying), OJ [2010] C 36/7.

② See Case COMP/39.530 – Microsoft (Tying), OJ [2013] C 120/15.

③ See Anna-Louise Hinds, Sinead Eaton, “Commitment Issues-New Developments in EU and Irish Competition Law”, *E. C. L. R.* 2014, 35(1), p.34.

④ European Commission, *Antitrust*: *Commission Fines Microsoft for Non-compliance with Browser Choice Commitments*, IP/13/196.

⑤ Manuel Aleixo, “An Inaugural Fine: Microsoft's Failure to Comply with Commitments”, *E. C. L. R.* 2013, 34(9), p.466.

主体作出承诺，则执法机构考虑到该市场主体曾有违背承诺的行为，可能不愿接受其承诺。通常，第二种不利后果只能由执法机构裁量，法律不宜作出规定，但第一种不利后果则完全可以制度化。我国台湾地区已有先例，其“缔结行政和解契约处理原则”第 10 条明确规定，“公平交易委员会”对违法行为继续进行调查时，相对人不得就同一行为再次向“公平交易委员会”请求和解。根据这一规定，垄断行为的和解机会对市场主体来说只有一次，市场主体必须做好权衡。

（二）对执法机构变更承诺的约束

承诺决定作出之后，不论是市场主体还是执法机构，都应当按照承诺决定的内容来履行各自的义务。但承诺决定在执行中可能因特定情况的出现而变得不再合适，这时就需要变更承诺决定。通常，变更承诺决定的权力只有执法机构或法院才能享有，但为了防止执法机构随意变更承诺决定，对市场主体的合法权益产生不利影响，法律应当对执法机构的变更权进行必要限制。

1. 监督执法机构的执行行为

承诺决定执行中，不仅可能出现市场主体违背承诺的情况，执法机构也可能会不执行承诺决定，或违背法律为其设定的与承诺决定有关的其他义务。例如，执法机构可能在作出承诺决定后继续开展调查活动，或者在无法定情况下擅自变更承诺决定的内容。这就意味着，对执法机构执行承诺决定的行为也要进行监督。但遗憾的是，市场主体违背承诺时，救济措施往往十分丰富，而执法机构不当执行承诺决定的情况在各国却基本处于“软约束”状态。从平衡执法双方地位差异和利益冲突以及确保承诺制度有效适用的角度上看，对执法机构的约束也应为必需。在立法上，需对在执法机构不当执行承诺决定设立确定的责任，并为市场主体因执法机构不当执行承诺决定而遭受的损失提供合理的救济方式。

追究执法机构责任的前提，应是在立法上将这种责任制度化。承诺决定既然是一种法定的和解协议，则不仅市场主体违背承诺需要承担法定和约定责任，执法机构不当执行承诺决定也应当承担相应的约定与法定责任。

执法机构承担法律责任的具体形态，首先也应是一种行为责任，即不适当执行承诺决定的，只要承诺决定还有执行的意义和必要，执法机构就应当限期改正，重新执行承诺决定。其次，反垄断执法机构是公权力机关，对公权力机关罚款是没有意义的，故不大可能要求执法机构承担罚款责任。最后，声誉责任方面，一般只能通过对执法机构负责人或相关责任人的内部处分，来让执法机构的某些工作人员承担一定的声誉损失,通常不大可能追究执法机构本身的声誉责任。

当然,如果将声誉责任作广义理解,则执法机构不当执行承诺决定的,也可能会带来一定的声誉损失。执法机构一旦对已生效的承诺决定不够尊重,市场主体会有明确感知,直接结果就是市场主体对执法机构失去信任,这会影响市场主体作出承诺的积极性,并使他们在以后的执法活动中,不会轻易作出承诺,甚至不大愿意与执法机构配合。而在市场这一特定领域,反垄断执法机构与市场主体之间具有依赖关系,市场主体的不合作,可能会加大执法成本,甚至让执法陷入两难。因此,不论从承诺制度适用的有效性,还是从后续执法收益的角度上看,执法机构不当执行承诺决定的成本可能是巨大的,它也许会提高单次执法收益,却可能牺牲整体执法活动的实效性。

除追究执法机构责任外,在不当执行承诺决定行为给市场主体带来损失时,还应补偿其损失。执法机构不当执行承诺决定行为给相对人造成的损失主要是一种信赖利益损失,市场主体援引信赖利益保护规则而寻求救济的,应当获得支持。当然,信赖利益保护必须同时受到严格限制:一是市场主体作出承诺且执法机构接受该承诺并作出了承诺决定;二是市场主体已信赖执法机构的决定并据此为特定行为,一旦撤销该行为会给经市场主体造成损失;三是执法机构违背承诺决定且这种违背不是因市场主体的过错而导致的,例如,没有正当理由恢复调查,或在承诺决定作出后又对市场主体施加惩罚;四是市场主体因执法机构的不当行为而遭受损失,且该损失是一种直接的、确定的财产性损失。

2. 设定承诺决定的变更事由

承诺决定一经生效,执法机构与市场主体均应履行决定中的义务,不仅市场主体不得减损、变更或不履行其承诺的义务,执法机构也不得任意变更承诺决定。只要承诺决定尚在执行期内,除法律明确规定或发生特定事由外,承诺决定的内容一般不得被修改,承诺决定也不得被终止。即便执法双方均同意修改或终止承诺的内容,法律一般也很少允许。但是,承诺制度的适用,不仅要追求制度启动上的合理性,也要保持执行中的合理性,如果一项承诺决定在事后被发现不再合适,例如,当初程序启动有误、承诺决定作出的基础丧失或履行承诺决定将造成公共利益损害等,这时继续履行承诺决定就不再是最优策略,其内容就应当进行适当的修改或者终止,严重时甚至需要撤销。

尽管承诺决定本质上是和解契约,但有权变更承诺决定内容的主体只能是作出承诺决定的主体。具体来说有两种情况:一是如果承诺决定由执法机构作出,例如,像欧盟那样,则执法机构可变更承诺决定的内容;二是如果和解决定由法院以判决形式作出,如美国司法部的同意判决就是如此,则只有法院才能变更该判决。

可以看出,承诺决定的变更主体与私人契约的变更主体有所不同。私人主体之间的契约可在订立后因双方协商而变更,承诺决定的变更很少是协商的结果。就执法机构的作出的承诺决定来说,承诺决定的内容虽以执法双方的协商为基础,但其性质一般被认为是行政契约,行政契约在执行中很少会再进行协商。而且承诺决定的作出与履行都要受到公共利益的限制,基于维护公共利益的考虑,反垄断法可能会赋予执法机构单方变更承诺决定的权利。通常情况下,执法机构行使单方变更权不需与市场主体协商,亦无须市场主体同意。但同样,基于公共利益的考虑,执法机构变更承诺决定也不是任意的,而是必须按照法定标准,在出现法定的变更事由时才能行使变更权。就作为法院判决的承诺决定来说,尽管协议双方都可向法院提出变更建议,但最终的决定权在法院。法院会按照法定的或判例确定的标准来审查是否应当变更一项已经生效的同意判决。

承诺决定的变更主要有修改、终止和撤销三种方式。修改是对承诺决定内容的部分变更,未修改的部分继续有效,已修改的部分应按新的内容履行。终止是对承诺决定内容的全部解除,可看作全部内容的变更。终止行为不影响之前的承诺决定的履行,它是对后发生效力。撤销通常是承诺决定的基础丧失,撤销行为具有溯及效力,承诺决定被撤销之后视为自始不存在。如果客观情况发生变化,致使承诺决定部分内容的履行将不合时宜,则应仅对部分内容进行变更。只有在整个承诺决定的履行均不再具有合理性的情况下,才应终止该决定。撤销承诺决定,通常发生于比较严重的场合,主要是作出承诺的市场主体存在过错,这时不应再让其享有承诺收益。

承诺决定被修改,通常情况下表现为市场主体的承诺义务的增减或变化,或者承诺期限的调整。承诺决定被终止,主要是涉案垄断行为的消极效果提前被消除,承诺决定已无再执行必要。承诺决定被撤销,多为市场主体未依法履行承诺或事后证明执法机构当初不宜接受市场主体的承诺,这时执法机构就会对市场主体先前实施的垄断行为恢复调查,或对其违背承诺的情况展开调查,以便确定市场主体相应的责任承担。

由于承诺决定的变更会破坏相关主体的合理预期,甚至给对方造成损失,故各国反垄断法对承诺决定的变更一般都会进行严格限制。法律通常会规定变更承诺决定的标准,或者对可变更的具体事由进行列举。除符合变更标准,或发生了列举情形之外,承诺决定不得被随意修改、终止或撤销。

在欧盟,根据第 1/2003 号条例第 9 条的规定,承诺决定的变更限于下列情况:一是作出承诺决定所依据的事实发生了实质性变化;二是相关企业违反了其承诺义务;三是承诺决定是依据当事人提供的不完整、不正确或误导性信息而作出的。

在美国,立法没有设定同意判决变更的具体情形,但司法判例确立了一系列变更标准。因为同意判决是以法院判决形式作出的,考虑到对"遵循先例"原则的坚守,修改一项同意判决的审查标准比批准它要严格得多。① 根据申请变更同意判决的主体的不同,美国判例法中提出的变更标准大概有以下几个:

(1) Swift 标准

最早提出同意判决变更标准的是 1932 年的 Swift 案。在该案中,卡多佐(Cardozo)法官提出,市场主体可以向法院申请修改同意判决的内容,但必须提供证据证明因新的、不可预见的事实出现,致使同意判决具有严重错误(grievous wrong)。② Swift 案确立的标准包括三个方面:③一是情况变化(change of circumstances),主要指经济环境发生了实质性变化,导致之前的同意判决无法再发挥作用或没有必要再存在;二是极端困难(extreme hardship),即同意判决给当事人来带了严重困难,以致非修改不可,这里的困难应达到极其严重的程度,而不仅仅是一种"不便"(inconvenience);三是不可预见性(lack of foreseeability),意为客观情况的变化是达成同意判决时所不能预见的,这里的不可预见性指的是不具有预见的可能性(unforeseeable),而非客观上没有预见到(unforeseen)。

(2)"基本目标"标准

Swift 案确立的标准十分严格,它给被告施加了繁重的举证责任。而且该

---

① See Richard A. Epstein, *Antitrust Consent Decrees in Theory and Practice: Why Less Is More*, The AEI Press, 2007, p. 26.

② See United States v. Swift & Co., 286 U. S 106, 52 S. Ct. 460 (1932).

③ See William M. Kelly, "Construction and Modification of Antitrust Consent Decrees: New Approaches after the Antitrust Procedures and Penalties Act of 1974", *Colum. L. Rev.* 1977, 77(2), pp. 305 – 307.

案只提出了市场主体申请变更同意判决的标准,如果司法部申请变更承诺决定,则其是否遵循同样的标准就不得而知了。在1942年的Chrysler案中,①法院没有将Swift案确立的严格标准适用于政府提起的同意判决变更案中。法院认为,当政府提起变更申请时,决定是否予以变更的标准,应当是当初作出的同意判决的"基本目标"(basic purpose)是否已经实现或受到阻碍。这被称为"基本目标"标准。②

(3)"公共利益"标准

在司法部与被告共同提起的变更申请中,法院更多地运用了"公共利益"标准。"公共利益"标准在1974年《托尼法案》颁布之后表现得更加明显。《托尼法案》就同意判决的作出规定了"公共利益"标准,即法院作出同意判决时必须使其符合公共利益的要求,但该标准是否适用于同意判决的变更,《托尼法案》则没有规定。不过,既然同意判决的作出考虑了公共利益,那么,司法部与被告双方协商变更同意判决的内容时,也应符合公共利益的要求,否则,只要双方同意就可改变同意判决的内容,则当初作出同意判决的目标就会落空,公共利益就会受到损害。

实际上,在《托尼法案》颁布之后,"基本目标"标准和"公共利益"标准基本上就合二为一了,因为《托尼法案》已经明确设定了同意判决的基本目标就是公共利益。所以,只要是司法部同意的变更申请,不论是其单独提出,还是与被告一同提出,法院都会按照"公共利益"标准予以审查。如果司法部不同意变更同意判决,而被告单方申请变更,被告仍然需要承担较重的举证责任。

尽管由不同主体提出变更申请,法院的审查标准可能不同,但相对来说,司法部比被告更有可能去推动一项同意判决的变更。司法部基本会认可,当客观情况发生变化,导致同意判决的内容与竞争目标不再吻合,协议内容不符合当前政策要求,或者产生了未曾预料到的竞争损害时,修改甚至在特定情况下终止同意判决就是适当的。③ 变更同意判决应优先考虑修改,除非同意判

---

① See Chrysler Corp. v. United States, 316 U. S. 556 (1942).

② See John D. Anderson, "Modifications of Antitrust Consent Decrees: Over a Double Barrel", *Mich. L. Rev.* 1985, 84(1), p. 142.

③ See John M. Nannes, "Termination, Modification and Enforcement of Antitrust Consent Decrees", *Antitrust*, 2000, 15(1), p. 55.

决所服务的竞争目标已经实现，否则就不应终止它。[①] 近年来，司法部已在多个案件中同意修改或终止以前的一些同意判决。例如，在1998年IBM案中，司法部认为IBM在计算机市场上已经没有了显著的市场力量，故申请终止了1954年作出的同意判决；在1990年Western Elec. Co.案中，司法部考虑到正在变化的市场情形，部分删除了1983年作出的同意判决中的营业范围限制。[②]

总的来说，从各国或地区的立法来看，在下列情况下，承诺决定可能需要变更：一是情势变更，即客观情况发生变化，致使承诺决定的全部或部分内容不再合适，例如，市场已变得更有竞争性，或作出承诺的市场主体已不再具有市场支配地位，因而某些义务可能丧失了再履行的必要；二是被和解的垄断行为之前法院已经作出确定判决，但执法双方或一方不知；[③]三是市场主体对承诺的履行存在过错，即指有过错地未履行、未充分履行或未及时履行承诺的内容；四是市场主体对承诺决定的作出存在过错，主要是提供不真实、不充分或误导性信息，使执法机构作出承诺决定。第1/2003号条例、欧盟成员国立法、我国台湾地区"公平交易委员会"之"缔结行政和解契约处理原则"，以及我国《反垄断法》中的这方面规定较为类似。[④]

3. 限制承诺决定的变更方式

在存在承诺决定应予变更的法定事由时，还应以法定方式来变更承诺决定。从各国或地区的立法规定来看，较少有对承诺决定的变更程序作出直接规定的情形，但大多国家或地区反垄断法中都规定了执法调查活动重新启动的方式。二者实际上是同一问题的两个方面。需要重新启动调查程序的，基本意味着之前的承诺决定出了问题，需要修改、终止或撤销；在承诺决定需要变更时，往往也要重新启动调查程序，以便确定到底应如何变更，即修改、终止

---

① See United States v. United Shoe Mach. Corp., 391 U.S. 244, 248 (1968); United States v. Eastman Kodak Co., 63 F.3d 95, 102 (2d Cir. 1995).

② 参见[美]赫伯特·霍温坎普著：《联邦反托拉斯政策：竞争法律及其实践》(第3版)，许光耀、江山、王晨译，法律出版社2009年版，第650页。

③ 这是我国台湾地区"缔结行政和解契约处理原则"第9条规定的内容之一，该规定在其他国家或地区反垄断法中较少见。只不过，即便法律上没有规定，实践中已经法院作出确定判决的行为，显然不宜再由执法机构来与市场主体进行和解。

④ 关于这种情形，我国《反垄断法》第45条只规定，当中止调查决定是"基于经营者提供的不完整或者不真实的信息"而作出时，执法机构应当恢复调查，与第1/2003号条例第9条相比，少了"误导性"(misleading)信息这种情况，这应当是立法疏漏。

还是撤销。

具体来说,当作出承诺决定所依据的事实发生重大变化时,承诺决定往往需要修改甚至终止。这时如果选择修改,新的承诺内容——不论是承诺义务的增减还是承诺期限的变化,都可能需要依赖一定的调查活动才能确定;而选择终止的话,除非涉嫌违法的垄断行为已经不复存在或其消极后果已经完全消除,否则,执法调查活动也应当重新启动。此外,承诺决定需要撤销的,基本因市场主体未履行承诺或之前通过欺骗性手段获得执法机构作出承诺决定,这时垄断行为并未处理完毕,也需要启动重新调查程序来确定行为人的法律责任。即便在欧盟,企业违背承诺时可直接对其施加惩罚性罚款,而不必再去通过调查证明之前的垄断行为违法,但通常也会对企业是否以及如何违背承诺进行调查。例如,在微软案中,欧盟委员会就是通过调查活动确认了微软的确违背了承诺决定的内容。[①] 也就是说,承诺决定的变更并不必然导致调查程序的重启,例如,执法机构发现垄断行为的消极后果已提前消除,直接终止了承诺决定,但重新启动调查程序基本上意味着承诺决定需要变更。所以各国或地区立法中关于重新调查程序启动方式的规定,基本上就是承诺决定变更程序的规定。

从各国或地区立法来看,在需要变更承诺决定并重新启动调查程序时,应以何种方式启动该程序,各国或地区的规定可能不同。我国《反垄断法》的规定是,在存在法定事由时,执法机构"应当恢复调查",这只是规定了调查权属于执法机构,这是毫无疑问的,但程序的启动方式,即依职权还依申请启动,却并不明确。根据第 1/2003 号条例的规定,重新调查程序可由欧盟委员会主动决定,也可因相关主体申请而启动。理论上人们也认为,不仅欧盟委员会有重新调查程序的启动权,作出承诺的企业及第三人也均可向欧盟委员会申请要求启动调查程序。例如,在欧盟微软案中,当微软未遵守欧盟委员会 2009 年作出的承诺决定时,正因为第三人的举报,才使欧盟委员会发现了微软违背承诺的行为,进而对微软重新展开了调查。[②]

总的来说,虽然是否变更承诺决定或重新启动调查程序,应由执法机构做

---

① See European Commission, *Antitrust*: *Commission Opens Proceedings Against Microsoft to Investigate Possible Non-compliance with Browser Choice Commitments*, IP/12/800, Brussels, 17 July 2012.

② See Joaquín Almunia, "Statement on Microsoft Non-compliance with the Browser Choice Commitments", *SPEECH*/12/561.

出最终判断,但市场主体或其他相关人应当可以就此提出申请。即变更承诺决定或重启调查程序的方式应具有双向性,既可由执法机构依职权启动,也可因相关主体的申请而启动。在这个问题上,关键是赋予执法机构之外的相关主体一定的申请权,而不能在任何情况下都依赖于执法机构的主动重启。

首先,如果第三人认为承诺决定的履行将损害自身利益,或普通公众认为承诺决定需要修改或不宜再执行,可向作出决定的执法机构提出申请。即便承诺决定的作出经过了公示程序,第三人或普通公众仍可能因各种原因而未能及时提交意见,这时,只要其申请理由成立,执法机构应考虑是否需要变更承诺决定,以及调查程序是否需要重新启动。

其次,执法机构认为承诺决定需要变更时,可依职权启动审查程序,并视情况决定是否需要重新调查市场主体的垄断行为。一般来说,执法机构需根据修改、终止还是撤销承诺决定,履行不同的程序。在承诺决定已无执行必要时,例如,垄断行为的消极影响提前消除,即便承诺决定尚未到期,执法机构也可直接终止之前的承诺决定,由于这时不会给市场主体带来负担,相反还是一种负担解除,故不需与市场主体协商。需要修改承诺决定内容的,如果是减损市场主体的义务,由于也是负担解除,执法机构可直接作出决定。如果是增加市场主体的义务,则不宜单方作出决定,而应及时和市场主体协商,在其同意之下,共同确定新的承诺内容;市场主体不同意的,执法机构要么放弃修改、维持原状,要么终止承诺决定,转而启动重新调查程序来确定市场主体的法律责任。承诺决定的撤销,主要因市场主体的过错引起,当然不需要征得对方的同意。

最后,在特定情况下,作出承诺的市场主体也可能认为承诺决定应予修改或终止,这时市场主体可直接向执法机构提出申请,执法机构不同意变更的,市场主体可向法院起诉执法机构,由法院来判断是否需要变更。

引起承诺决定变更或调查程序重启的原因,从市场主体的角度大致可分为两类:一是可归责于作出承诺的市场主体的原因,例如,其未履行或未充分履行承诺,或者承诺决定是基于其提供的不充分、不正确或误导性信息而作出的;二是不可归责于任何主体的原因,主要是客观情势发生重大变更。在市场主体无过错的情况下,一般应承认其有权申请变更承诺决定或重新启动调查程序。

通常,如果市场主体有过错,则其自身不大可能申请变更承诺决定或重新启动调查程序,这时执法机构应依职权主动启动审查程序。在发生情势变更时，不仅执法机构可依职权启动审查程序，市场主体也应可向执法机构申请。之所以在这种情况下赋予市场主体申请权，是为了保证调查程序能够及时启动、承诺决定能得到及时变更，并保护市场主体的合法利益。因为一方面，作出承诺决定所依据的事实是否发生变化及变化是否达到重大程度，市场主体会更加清楚，有时也更加关心，如果不允许市场主体提出申请，则执法机构未必了解是否发生情势变更；另一方面，在发生情势变更时，市场主体继续履行之前承诺可能会遭受利益损失或对其来说是一项沉重负担，这时赋予其申请权，更有利于保护其合法利益，尤其是在执法机构明知情势变更而不主动审查时，市场主体的申请权就是维护其自身利益的重要甚至唯一手段。

当然，上述程序只适用于承诺决定的性质为执法决定的情况，如果承诺决定本身就是法院判决或具有法院判决效力，则变更承诺决定只能由执法机构或市场主体向法院提出申请，由法院来最终决定。

第七章　反垄断法承诺制度中的第三人

一、承诺制度影响的第三人范围

第三人利益维护是反垄断法承诺制度适用中容易被忽视的一个问题，因为通常认为，承诺制度只是执法双方间的一种合意安排，如果垄断行为有受害人，受害人仍可通过对垄断行为人提起损害赔偿诉讼等方式来维护自身利益。但实际上，正因为承诺制度具有合意属性，第三人的维权之路变得更为艰难，尤其是在损害赔偿诉讼中，第三人面临着十分繁重的举证难题。所以在承诺制度适用中，必须考虑如何更好地维护第三人利益。这既是一个制度问题，也是一个实践问题。

（一）第三人的基本类型

作为一种和解机制，反垄断法承诺制度的适用主要体现为执法机构与垄断行为人之间的一系列行为安排，如承诺的作出、修改、接受、履行、监督等，但制度适用的影响却可能超越执法双方之外。这是因为垄断行为侵害的法益具有复合性，所有受垄断行为侵害或影响的主体，针对垄断行为实际上都有一个直接或间接的利益诉求。垄断行为被和解了，这些受到影响的主体的利益是否得到妥善安排则并不一定。所以承诺制度的适用应当考虑这些主体的利益诉求。

即便不是垄断行为的受害人，仍有某些主体的利益可能会因承诺制度的适用而受到损害。例如,垄断行为人向执法机构作出承诺,对自身行为予以调整,可能表现为终止一项交易,这时作为交易相对人的第三人可能因此会丧失交易机会,甚至导致一项已订立合同的提前终止。这些主体的利益也应予以考虑。

具体来说,承诺制度的适用可能影响到的第三人主要包括以下两类:

一是垄断行为的受害人。当垄断行为直接针对某个或某些市场主体时,这些垄断行为的直接相对人可能因垄断行为被和解而遭受利益损失,如联合抵制行为中的被抵制方、垄断高价中的买方、差别待遇中的被歧视方等。这些主体既可能是垄断行为实施人的交易对手,也可能是其竞争对手;在纵向垄断协议中,还可能是作为协议参加人之一的被限制方。[①] 在垄断行为存在确定的受害人的情况下,如果垄断行为经承诺而和解,这些受害人的利益如何保障就是一个现实问题。当然,并非所有的垄断行为都会对特定主体造成直接损害。一方面,那些针对市场的或特定行为的限制竞争协议,就基本没有直接受害人,如划分市场协议、限制创新协议等;另一方面,即便某些垄断行为针对特定市场主体,也不会造成直接损害,如掠夺性定价行为。

二是垄断行为受害人之外的因承诺内容而遭受直接不利影响的第三人。这些主体虽非垄断行为受害人,但如果垄断行为以承诺方式处置,其利益也可能会受到直接的不利影响。这类第三人较难类型化,只要在承诺制度适用中,在垄断行为受害人之外,那些能够证明自己正当利益因承诺内容而受到直接的不利影响的任何人,其利益都应在承诺制度适用中得到有效维护。例如,垄断行为人的交易相对人,可能因垄断行为人作出终止交易的承诺而受到损害。在欧盟的 Alrosa 案中,就是因为 Alrosa 的客户 De Beers 向欧盟委员会作出缩减乃至终止与 Alrosa 交易的承诺,该承诺被欧盟委员会接受并作出了承诺决定,Alrosa 认为自身利益受损,于是向法院起诉了该承诺决定。[②] 此外,现实中可能存在这样一类第三人——在承诺制度适用中商业秘密可能面临披露风险的市场主体,例如,其作为垄断行为实施人的客户,可能某些商业秘密被垄断行为人得知,如果后者的承诺内容涉及该商业秘密,则商业秘密权利人的利益就可能因此受到损害。

---

① 参见北京锐邦涌和诉强生公司垄断案案的二审判决书:上海市高级人民法院民事判决书(2012)沪民三(知)终字第63号。

② See Case T-170/06 Alrosa v. Commission, [2007] ECR. II-02601.

上述两类第三人可统称为直接利害关系人,或称特定第三人。之所以这样称呼,是因为这些主体都能证明其利益受到明确的、直接的侵害或影响;同时,在一个拟承诺的垄断案件中,这类主体的数量一般是特定的。

在承诺制度适用中,需要特别保护的第三人利益主要是来自直接利害关系人。如果第三人受到的影响是间接的,则一般不需要创设特别的程序来保护这些主体的利益。因为一方面,间接利害关系人的确定缺少一个明确的标准,这些人的范围可能被无限制地扩大,消费者就是典型的间接利害关系人。有些国家法律就明确对承诺制度适用中利害关系人的范围作出了限制。例如,在荷兰竞争法中,只有那些利益受承诺决定直接影响的人,才能被称为利害关系人。① 另一方面,承诺制度适用中的公共利益维护机制,通常足以保护间接利害关系人的利益,这些人即便作为普通公众,也可以通过公开机制参与到承诺制度的适用中来。可见,间接利害关系人的利益不是不予保护,只不过应区别直接利害关系人与间接利害关系人,对两类第三人创设不同的保护机制。

间接利害关系人的利益之所以能够通过公共利益维护机制得到保护,是因为间接利害关系人属于不特定第三人的范围,而不特定第三人的利益实际上就是社会公共利益。承诺制度适用之所以需要考虑不特定第三人,是因为垄断行为不仅是一种私人行为,还是一种具有公共性的行为,垄断行为会产生社会成本。垄断行为未必会造成他人直接的利益损害,但任何垄断行为都会破坏竞争秩序,而竞争秩序就是一种公共利益,公共利益的主体就是普通社会公众,尤其是消费者。正因为垄断行为对竞争秩序的破坏是一种公共利益损害,而公共利益的主体又是极为分散的、不特定的社会公众,所以需要一个代表公众利益的主体来纠正垄断行为,而执法机构就是这种代表。反垄断执法本质上是为了弥补垄断行为造成的公共利益损失,或者说将垄断行为的社会成本转化为行为人的私人成本。但如果执法机构选择了承诺制度这样一种执法方式,公共利益还能否得到维护,甚至是否存在执法双方之间的"私相授受",就必须得到社会公众的监督。

承诺制度适用必须考虑利害关系人利益和公共利益,这是毫无疑问的。对公共利益的保护,之前已有专章论述,所以本章讨论的第三人利益保护机

① See Marco Slotboom, Jacqueline Coumans, "Important Amendments to the Dutch Competition Act", *E. C. L. R.* 2007, 28(11), p.609.

制，主要是针对直接利害关系人。不过，直接利害关系人与社会公众的区分很多时候是理论层面上的，实践中这两类主体难以截然分开。任何普通公众，只要能证明自己的利益受到了直接影响，就成了直接利害关系人，他们的利益就需要得到更多的保护；即便被认为是直接利害关系人的主体，事实证明其并未受到直接影响，作为社会公众，其对承诺制度的适用也有一定的参与权。也就是说，直接利害关系人和社会公众的身份，只会影响其在承诺制度适用中利益受保护的程度，而不影响其对承诺制度适用的参与。所以直接利害关系人利益保护机制，有些也适用于公共利益维护；公共利益保护机制，有些也适用于直接利害关系人。

（二）第三人的参与标准

承诺制度适用中需要特别保护的第三人，主要是与承诺制度适用存在直接利害关系的主体，但哪些主体符合直接利害关系标准，在实践中则需要判断。

根据第三人参与承诺制度的方式与阶段不同，承诺制度所涉第三人还可分为两类：一是在承诺制度适用中，其合法权益可能受到影响或侵害的主体；二是在承诺决定作出之后，针对被和解的垄断行为提起私人诉讼的主体。这两类主体可能合一，也可能不同。对第一类主体的范围，各国或地区的反垄断法很少有明确规定，而是多概括性地使用"有利害关系的第三人"或直接使用"第三人"的提法。关于私人诉讼主体的范围，国际上有两种确立标准：一是"损害"标准，即任何因违反反垄断法行为而遭受财产或营业损害的主体均可提起损害赔偿诉讼，"损害"标准以美国为代表，英国、加拿大也采用这种标准；二是德国《反对限制竞争法》确立的"影响"标准，[①]即具有起诉资格的主体是一切受到垄断行为影响的人，所谓受到影响的人，是指竞争者以及其他受违法行为影响的市场参与者。按"影响"标准确立的私人诉讼主体范围，要比"损害"标准宽泛。

在反垄断法承诺制度中，确立第一类第三人的范围，目的是以事前的方式保护利害关系人的合法权益，其贯彻的基本理念是，承诺制度的适用，不应给

① 德国《反对限制竞争法》在2005年修订之前，规定只有那些违法行为特别指向的对象才可以起诉。在2005年修订过程中，立法者认为，将民事诉讼的原告限制为违法行为特别指向的对象会导致卡特尔成员几乎不可能承担损害赔偿责任，因此，有必要扩大有权起诉主体的范围，故修订后的《反对限制竞争法》采取了影响标准，明确扩大了私人诉讼主体的范围。参见王健著：《反垄断法的私人执行——基本原理与外国法制》，法律出版社2008年版，第160页。

程序之外的第三人造成额外负担。因此任何主体,只要能证明其合法权益受到承诺制度的直接影响,都应具有知情权、参与权,并能采取合适的方式维护自身权益。确定这类第三人范围时,应尽可能地防止遗漏,故采取的标准可适当宽松些。为此,可借鉴私人诉讼主体确立中的"影响"标准,认可一切可能受到承诺制度直接影响的主体,均可主张为利害关系人,允许其参与到承诺制度的适用中,要求为自己权益提供妥善的保护方式。当然,在参与之后,这些主体如不能证明所受影响为直接影响,则只能作为普通公众享有一般的参与权,那些保护直接利害关系人的利益安排机制则对其不予适用。

至于第二类第三人,即对被和解的垄断行为提起私人诉讼的主体,其范围应与普通的反垄断法私人诉讼主体资格相同。目前世界上采取"损害"标准的国家居多,之所以对私人诉讼主体的范围进行适度限制,主要是防止私人起诉权的滥用。一旦发生私人起诉权的滥用,大量案件进入法院,不仅会加重法院负担,浪费诉讼资源,也会给其他主体带来不便或造成"诉累",结果可能与维护公共利益的初衷背道而驰。此外,私人诉讼还可能与反垄断法的公共执行发生冲突,突出体现在私人诉讼与公共执法中的宽大政策之间的冲突上,即宽大政策的申请者最容易受到私人主体的起诉。为防止私人起诉权的滥用削弱公共执法的效果,对私人诉讼主体的资格进行严格限制,应该说是很有必要的。

总之,为平衡反垄断法承诺制度与第三人之间可能产生的利益冲突,应当合理确定第三人的范围。具体来说,在承诺制度适用中,可适用相对宽松的"影响"标准;在后继的私人诉讼中,标准应严格一些,可适用"损害"标准。

二、承诺制度对第三人的主要影响

(一)垄断行为受害人

1. 承诺内容的确定可能影响垄断行为受害人利益

承诺内容实际上是市场主体对之前实施的涉嫌违法的垄断行为的事后救济,这种救济措施应当能够消除垄断行为的所有消极影响,包括对垄断行为受害人的不利影响。如果承诺内容未对垄断行为受害人的利益作出适当安排,则其只能在承诺之外主张自己的权益,如提起损害赔偿诉讼,但这一般较为困难。所以,如果涉嫌违法的垄断行为有明确的受害人,则承诺内容应当对他们的利益有所关照,例如,应为这些受害人提供赔偿或补偿机制。执法机构在审查承诺内容的充分性时,应考虑是否存在这些利益安排。如果没有这些安排,而执法机构又接受了行为人的承诺,则垄断行为受害人就可能因此遭受不同程度的利益损害。

2. 垄断行为受害人在损害赔偿诉讼中可能面临证据难题

在反垄断执法中,执法机构是公共利益的代表,垄断行为人与其他私人主体之间的利益关系,执法机构未必予以关注。如果承诺内容已对受害人利益作了妥善安排自然很好,但若未予安排或所作安排受害人不满意,则受害人仍可通过其他方式寻求救济,如提起损害赔偿诉讼。但在损害赔偿诉讼中,作为受害人的原告将处于非常不利的地位。一旦所涉垄断行为已通过承诺方式结案,则承诺材料在诉讼中的证据效力将会非常有限。垄断行为受害人在承诺案件中受到的最大不利影响,就是在私人诉讼中可能面临举证难题。

第三人面临的这一难题在正式调查的反垄断案件中通常不会存在。正式调查需要对市场主体的垄断行为作出违法认定,这种认定在后继的私人诉讼中具有较强的证明力,故原告可能不需要再举证证明被告行为违法。即使法院不承认执法机构作出的违法认定,正式调查活动中的很多证据材料与文件资料仍然可以作为原告提起损害赔偿诉讼的重要证据。很多国家或地区为了鼓励私人诉讼,都明确规定反垄断调查中相关材料在后继损害赔偿诉讼中具有证据效力。例如,美国《克莱顿法》规定,代表或由美国政府依照反托拉斯法提起的民事或刑事诉讼中,确认被告违反反托拉斯法的判决和裁定,可以作为其他当事人提起损害赔偿诉讼时的初步证据,判决和裁决中认定的事实对双方当事人都是不可否认的。[①] 德国《反对限制竞争法》(2013 年修订版)第33(4)条也规定,当原告依据德国《反对限制竞争法》或《欧盟运行条约》第101 条和第 102 条提起损害赔偿诉讼时,竞争当局、欧盟委员会在其最终决定中所认定的违法事实对于法院具有约束力。

在承诺案件中,原告之所以会面临证据难题,是因为执法机构拟采取承诺方式结案的,它就不再关注市场主体的行为是否具有违法性,而是关注市场主体行为可能具有的消极后果能否尽快消除,故执法机构作出的承诺决定一般不会对市场主体的行为是否违法或曾经违法作出认定。在这种情况下,第三人提起损害赔偿诉讼,就无法援引执法机构的承诺决定作为证据。从理论上看,既然执法机构对市场主体行为的违法性保持沉默,则举证责任自然重新落到原告身上,故受害人对承诺案件寻求损害赔偿,显然要较正式执法案件承担

① See 15 U. S. C. A. § 16(a).

更重的举证责任。从实践上看,对承诺决定在私人诉讼中的证据效力,有些国家反垄断法已明确做出了限制。例如,美国《克莱顿法》在承认普通判决或裁定证据效力的同时,又规定经原被告双方同意所作出的判决或裁定,不能作为私人损害赔偿诉讼中的初步证据;欧盟委员会2004第217号备忘录(MEMO/04/217)也指出,欧盟委员会依据第1/2003条例第9条作出的承诺决定,不会对被承诺人是否违法作出判断,因此,在私人诉讼中,原告仍需证明被告行为的违法性。

由上可知,如果垄断行为有明确的受害人,对此以承诺方式结案,那么,受害人损害赔偿请求权的行使可能会面临一定障碍。在美国,私人3倍赔偿诉讼之所以较为发达,一个重要原因是其胜诉率非常高,而胜诉率得以保证的关键,就在于主管机关的违法决定或胜诉判决为第三人诉讼提供了有力证据。如果第三人需要在损害赔偿诉讼中证明被告行为违法,则其提起私人诉讼的积极性就会大大降低,私人诉讼一旦受到限制,反垄断法功能的实现自然也会受到影响。从这个角度上看,反垄断法承诺制度对第三人利益的影响,实际上也涉及反垄断法公共执行与私人执行之间的冲突。解决这种冲突,就需在对某些垄断案件适用承诺制度之后,还应对第三人的损害赔偿诉讼提供帮助,以保证第三人仍有对承诺案件提起损害赔偿诉讼的充分激励。

(二)承诺内容影响的第三人

1.承诺内容确定的影响

承诺制度适用中,即便涉嫌违法的垄断行为没有直接的受害人,承诺内容确定不当也可能会对第三人造成影响。承诺制度是一种合意性执法方式,市场主体为了争取和解机会,通常会向执法机构主动提供相关信息,这些信息构成了承诺内容确立及承诺决定作出的基础。市场主体在提供相关信息时,可能会将与案件有关的,但涉及其他市场主体的某些信息也一并提供给执法机构。如果这些信息被不当披露或不当使用,可能会损害其他市场主体的合法权益。

之所以会有这种情况发生,是因为很多垄断行为属于双方行为,或者与其他市场主体的某些行为紧密联系在一起。这时,如果某个垄断行为的实施者基于寻求承诺制度的适用而向执法机构提供自身行为的相关信息,则可能也会暴露其他市场主体相关行为的信息。在其他市场主体也欲实施垄断行为,尤其是实施违法垄断行为时,承诺制度中的信息披露还不会造成什么消极后果,但是,如果其他市场主体的行为完全合法,例如,仅仅是与实施垄断行为的市场主体具有交易关系，则信息披露的内容或方式不当，就可能对该市场主体造成较为直接的影响，甚至侵犯其商业秘密。

这就意味着，反垄断法承诺制度虽然具有一定的信息披露功能，可以解决执法双方之间的信息不对称问题，但同时，它也具有披露不当的风险，可能损害无辜者利益。因此，对披露方式及披露内容进行一定限制，是很有必要的。

2. 承诺决定执行的影响

承诺决定作出之后，执法双方都有应履行的义务。执法机构的履行行为主要表现为中止调查活动，垄断行为实施者的履行行为主要表现为实践承诺，即停止或修正某些行为，并采取一定措施消除行为的消极影响。不论是执法机构的履行行为，还是行为人的履行行为，都可能影响第三人利益。

第一，执法机构中止执法调查活动，会使那些寄希望于借助执法调查结果来实施后继行为的第三人的希望落空。这方面最典型的例子是，当垄断行为涉及行为人与第三人的一项交易时，因调查活动提前停止，交易行为是否违法就无法明确，则交易相对人应继续还是停止这项交易，就处于不确定状态。此外，在市场竞争中，判断市场主体声誉好坏的标准之一就是竞争手段的合法与否，而声誉好坏又是决定相关主体是否与该主体进行交易的重要因素，故在承诺案件中，第三人可能无法对行为人的声誉形成确定的判断，进而影响交易的进行。当然，上述影响通常都是间接的，这时第三人只需参与到程序中，就其利益发表意见即可，这些意见一般会构成执法机构衡量承诺内容充分与否的考虑因素。

第二，行为人修正、终止或实施特定行为，可能给第三人造成多方面的不利影响，有些是直接的利益损害。行为人修正或终止先前行为可能会破坏第三人预期，如果第三人基于对行为人的信任从事了特定行为，付出了一定代价，则还可能发生信赖利益损失。由此遭受损失的第三人，可能是行为人的竞争者、交易者，也可能是普通消费者。当第三人对先前的垄断行为作合法预期时，因修正或终止先前行为，第三人遭受的可能是一种确定性损失，这时行为人是否需要承担违约责任或赔偿责任，可能存在一定争议。此外，为消除先前垄断行为的消极影响，行为人往往需要实施特定的行为，在这一过程中，如果所实施的行为有明确或潜在的相对人，则该相对人的权益也可能会受到直接影响。

三、参与机制:事前的保护措施

(一)公开机制

承诺制度适用的核心程序是确定承诺内容。通常,市场主体提出初步的承诺内容后,由执法机构判断内容是否充分、适当。为了确保承诺内容的妥当性,大多国家法律会要求,承诺内容应向社会公开征求意见。建立公开机制主要有两个目的:一是保护公共利益,即接受社会公众对承诺制度的适用进行评论,以判断承诺是否有损公共利益;二是保护第三人利益,即让第三人知晓承诺内容,以便及时主张权益。

在承诺制度适用中,保护第三人利益首先要保障第三人的知情权。利害关系人只有先了解承诺制度的适用进程,才能谈得上参与及抗辩。承诺制度发生于执法双方之间,要想使所有利益可能受到影响的第三人均了解承诺制度的适用,则只能依赖于公开机制,即要求承诺制度的适用程序必须对整个社会公开。所以公开机制是保护第三人利益的最基本要求。公开机制可使第三人获得一个表达意见的机会。任何主体,只要认为自己的合法权益已经或可能因承诺制度的适用受到损害,就可以以适当的方式、在有效的期限内,向执法机构提交意见。

公开机制的基本内容前文已有说明,这里不再赘述。

(二)意见反馈

公开本身不是目的,而仅是维护第三人利益及公共利益的手段,故公开之后应进入实质性的意见反馈阶段。立法或实践应为意见反馈提供有效方式。

通常,不仅利害关系人可以反馈意见,普通公众也可发表意见。只不过,普通公众对承诺内容及承诺制度适用的评价因不与自身直接利益相关,也不以维护自身利益为目的,故其提供的意见可能过于随意,所以在通常情况下,普通公众一般不需参与到制度适用的具体程序中,而只需以各种方式发表意见即可。同时,普通公众的意见,一般只能作为执法机构的参考,以评价承诺内容及制度适用是否合适,而不必然改变执法机构的决定。除非相关公众有明确要求或以书面方式表达意见并提供了相关证明材料,否则,执法机构也没有义务给出明确回复。而作为利害关系人的第三人,可能因承诺制度适用而受直接的利益损害,故其只要有明确的利益诉求主张,执法机构应允许第三人参与到程序运作之中,并提供一个合理的方式来保护其利益。

利害关系人参与到制度运作程序中后,核心是保障其陈述权与抗辩权。

利害关系人通过公开机制了解承诺制度适用的相关情况尤其是承诺内容后，可就对涉及自身权益的内容陈述意见。在通常情况下，执法机构也应主动征询利害关系人意见。如果利害关系人认为承诺的内容不适当，例如，承诺的内容不够全面或不够充分，[①]则可以进行有利于自己的抗辩。赋予利害关系人陈述权与抗辩权，是保障其合法权益的重要手段。

在实践中，保障利害关系人陈述权与抗辩权需依赖于一些具体机制，这些机制在不同国家或地区有不同形式。在美国，司法部与相对人之间的和解协议公布之后，任何主体可以发表意见，所反馈的书面意见需在法院备案。此外，意见收集之后，司法部部长或其指定的人应对公众意见作出书面回应，所作出的回应同样应登记在《联邦公报》上，除非法院基于查明的事实发现登记可能造成的额外损失会超过对公众利益的收益。[②] 澳大利亚《1974 年贸易实践法》及《2010 年竞争与消费者法》第 87B 条规定承诺制度时，并未要求执法机构 ACCC 在接受承诺时必须与第三人磋商，但实践中 ACCC 常常会这样做。尤其是在并购审查中，ACCC 在接受当事人承诺前通常会考虑第三人利益。另外，有关第 87B 条承诺制度的执法指南也指出并购审查中第三人磋商程序的重要性。[③] 在我国台湾地区，根据"公平交易委员会"颁布的"缔结行政和解契约处理原则"的规定，在进行反垄断行政和解协商程序之前，"公平交易委员会"应衡酌利害关系人因和解契约成立可能遭受之损害，在契约协商中，可征询利害关系人意见。[④] 第 1/2003 号条例规定，承诺决定的相关内容公布后，利害关系人可以在欧盟委员会确定的期限内提出意见，欧盟委员会规定的提交意见期限不应少于 1 个月。

欧盟的"市场测试"机制应当能够保证绝大多数利害关系人及时、充分地提出意见，但仍有人对该机制的不充分性进行了批评。有观点认为，利害关系人只有在看到欧盟委员会的"市场测试"公告后才能发表意见，这本身已构成了对第三人发表意见权利的限制。在他看来，当欧盟委员会向涉案企业发出

---

① See John Temple Lang, "Commitment Decisions Under Regulation 1/2003: Legal Aspects of a New Kind of Competition Decision", *E. C. L. R.* 2003, 24(8), p. 351.

② See 15 U. S. C. A. § 16(d).

③ See Sonja Eibl, "Commitment Decisions: An Australian Perspective", *E. C. L. R.* 2005, 26(6), p. 336.

④ 参见我国台湾地区"公平交易委员会"发布的"缔结行政和解契约处理原则"第 2 条、第 5 条。

"初步评估"时,这些材料就应寄送给利害关系人,这样,利害关系人就能及早地了解案情及自身利益可能受到的影响。① 其实,这种意见过于苛刻了,因为欧盟委员会做出初步评估时,一方面并不了解相对人是否会作出承诺;另一方面也难以得知到底有多少利害关系人。

英国的听取意见程序规定得更加详细。英国《1998 年竞争法》(Competition Act. 1998)在 2004 年修订时增加了关于承诺制度的内容,②2004 年当时的执法机构英国公平贸易办公室(OFT)发布了承诺制度适用指南。尽管指南赋予了 OFT 较大的自由裁量权,③但在意见反馈程序方面的规定却十分完善。根据指南规定,如果 OFT 准备接受企业承诺,则会将相关材料寄送给利害关系人,材料包括案件概况、承诺内容以及当局对为何适用承诺制度的解释;之后,利害关系人会获得一个不少于 11 个工作日的磋商期(a consultation period);经磋商后,如果 OFT 修改了承诺内容,则修改后的承诺又被视为一个新承诺,可能会产生新的利害关系人,OFT 又会将材料寄送给他们,之后进入第二个不少于 6 个工作日的磋商期。④

(三)利益安排

不论是通过公开机制保障第三人的知情权,还是通过意见反馈机制来保护第三人的陈述权与抗辩权,最终目的都是确立一种有效利益保护机制。因此,通过公开机制与意见反馈,第三人如果能够证明其合法权益确因承诺制度的适用已经或将要遭受不可避免的损害时,立法或实践应能提供一个合理方式来保护第三人利益。

在实践中,保护利害关系人的具体方式可能有如下几种:一是如果原有的承诺内容未能给第三人利益作出妥当安排,则执法机构可能会要求市场主体修改承诺内容,直到利害关系人权益能得到有效保护为止;二是市场主体可能被要求与利害关系人在承诺内容之外另行达成利益安排,通常,只有市场主体提供的保护方式得到了利害关系人认可之后,执法机构才会考虑接受其承诺;三是立法上或执法机构可能会要求,承诺决定只有在经利害关系人同意之后

---

① See Emanuela Lecchi et al., "Committing Others: the Commitment Procedure and its Effect on Third Parties", *G. C. L. R.* 2011, 4(4), p. 163.

② See Competition Act. 1998, s. 31A – 31D.

③ See Evi Mattioli, "Commitments and Settlements in the Future UK Competition Regime", *E. C. L. R.* 2013, 34(3), p. 161.

④ See OFT, Competition Law Guideline, December 2004, paras. 4. 21, 4. 22.

才能发生法律效力；四是在市场主体与利害关系人之间无法达成一致的利益安排时，执法机构只能考虑在当前案件中放弃承诺制度的适用，从而转向正式调查程序。

我国台湾地区的做法是，如果和解协议的订立将使利害关系人遭受损害，则“公平交易委员会”可要求和解相对人与利害关系人达成民事和解协议；和解协议的履行将侵害第三人权利时，应经第三方书面同意后才能发生法律效力。①

在欧盟，如果“市场测试”表明承诺内容可能有所不足，欧盟委员会会要求企业重新作出承诺。例如，在 Alrosa 和 De Beers 案中，涉案的两家企业向欧盟委员会作出了承诺，但承诺内容遭到了 21 家利害关系人反对，②欧盟委员会于是要求两家企业重新作出承诺，最终只有 De Beers 重新作出了承诺，欧盟委员会据此对 De Beers 作出了承诺决定。③ 在欧盟，可以说几乎在所有作出承诺决定的案件中，企业的最初承诺都因利害关系人的意见而被修改过。所以在正常的承诺案件中，欧盟委员会公布的承诺会有两份：一是企业最初提交的供“市场测试”的初步承诺（Proposed commitments）；二是经修改后的最终承诺（Final commitments）。

四、救济机制：事后的保护措施

在承诺制度适用中，尽管存在多种第三人利益保护机制，但某些第三人可能因为疏忽或其他原因未能参与到制度运行中，或者参与得不够充分，合理诉求未得到充分满足，如果这样，那么，在承诺决定作出之后、履行中，第三人利益仍有可能受到影响。对于这种情况，法律也应为第三人提供适当的救济方式。通常，救济方式有三种：请求执法机构变更承诺决定；向法院起诉承诺决定；对被和解的垄断行为提起损害赔偿诉讼。

（一）承诺决定的执法变更

承诺决定作出之后，第三人能否请求执法机构变更（包括修改、终止或撤

① 参见我国台湾地区“公平交易委员会”发布的“缔结行政和解契约处理原则”第 5 条、第 6 条。

② See Manuel Kellerbauer, “Playground instead of Playpen: the Court of Justice of the European Union's Alrosa Judgment on art. 9 of Regulation 1/2003”, *E. C. L. R.* 2011, 32(1), p. 2.

③ See Michele Messina, Jean-Claude Alexandre Ho, “Re-establishing the Orthodoxy of Commitment Decisions under Article 9 of Regulation 1/2003: Comment on Commission v. Alrosa”, *E. L. Rev.* 2011, 36(5), p. 739.

销三种情形)承诺决定,各国或地区立法中基本没有明确规定。但各国或地区立法基本都规定了执法调查活动的重新启动机制。二者是极为相关的两个问题,之所以需要重新启动调查,主要目的就是变更之前已经作出的承诺决定。

根据第1/2003号条例和我国《反垄断法》的规定,下列情况会导致调查活动的重启:经营者未履行承诺的;作出承诺决定所依据的事实发生重大变化的;承诺决定是基于经营者提供的不真实、不完整或误导性信息作出的。

上述变更理由中并无保护第三人利益的直接规定,但其可从中推导出来。例如,当承诺决定基于相对人提供的不真实、不充分或误导性信息而作出时,执法机构应当重新启动调查程序,而利害关系人利益未能得到充分保障很大一部分情况也是因此所致,所以这种情况下的重新调查,实际上就能起到维护利害关系人利益的作用。只不过,导致利害关系人利益未能得到保障的情形远不止这些,立法上应扩大重新调查程序的启动原因,将一切导致承诺决定不具有合理性的情形都规定下来。根据我国立法惯例,最便利的方式是在列举重新启动调查程序的情形时增加一个兜底条款,如"其他导致中止调查决定不具有合理性的情形"。

在我国反垄断法上,还有一个可能不利于第三人维权的程序问题,即重新调查程序的启动方式。根据我国《反垄断法》的规定,当存在法定事由时,执法机构"应当恢复调查",这只是规定了调查权属于执法机构,但程序的启动方式并不明确。第1/2003号条例在这方面的规定十分清楚,重新调查程序可由欧盟委员会主动决定,也可因相关主体申请而启动。欧盟的做法值得借鉴。赋予执法机构之外的主体以申请权,可以便利他们从自身利益角度来主张承诺决定的变更,因为承诺决定是否对他们造成不利影响,他们自身才最清楚。所以现实中,如果第三人认为承诺决定的履行将损害自身利益,甚至普通公众认为承诺决定需要修改或不宜再执行,都可向执法机构提出申请。只要申请理由成立,执法机构应考虑是否需要变更承诺决定,以及调查程序是否需要重新启动。

(二)承诺决定的司法审查

承诺决定作出后,第三人如果想通过法院来修改或变更承诺决定,如提起撤销之诉,则因承诺决定的性质不同,方式和难易程度也会不同。

1. 作为司法判决的承诺决定

如果承诺决定是以法院判决形式作出的,如美国的同意判决,则第三人事后去挑战一份生效判决是很困难的。在美国,因为存在所谓的“平行攻击禁令”或称“附属攻击禁令”(collateral attack bar),[①]第三人不得在事后通过独立诉讼的方式来质疑已生效判决。所以第三人想要维权,就只能在事前参与到同意判决的作出程序中。但实践中,第三人可能因各种原因未参与到程序中,第三人的参与也可能被法院拒绝,这时第三人就只能接受一份未与其商量的不利判决。

对于平行攻击禁令,不少美国学者认为其不好甚至是违宪的。例如,Cooper认为,平行攻击禁令与“正当程序”的基本原则不相吻合;[②]Laycock则建议,协议内容如果损害第三人利益,则法院应拒绝作出同意判决,除非第三人加入了诉讼作为被告,或协议方提交了第三人同意的意见书,或证明第三人根本就没有合法权益受损。[③] 但是,法院观点是,平行攻击禁令主要是基于遵循先例的“礼让原则”和节约法院资源的“司法经济”的价值考虑而确立的。如果允许平行攻击,弊端可能有:一是不利于鼓励人们多多和解;二是不经济,相当于同一个案件法院多次审理;三是可能导致不一致甚至冲突的法院判决。[④] 所以,在美国法框架内,似乎不宜一下子否定该禁令,至少它的价值有一定合理性。基于此,有些学者的建议是朝着增加第三人参与同意判决程序的便利性、可行性方向努力;[⑤]也有些建议寻求平行攻击禁令的替代物,即在不违背其价值追求的基础上,找到一个能兼顾第三人利益的替代方案,例如,将第三人针对同意判决的诉讼移交给作出同意判决的法院来审理。[⑥]

当然,第三人通过独立诉讼来攻击同意命令较难,不代表法院无权变更它。相反,法院一直拥有修改、终止或撤销同意判决的裁量权。只不过,法院

---

① 美国学者讨论该问题的文章较多,在westlaw数据库中,仅以美国期刊与法律评论作为检索范围,以“collateral attack”作为标题,就能获得100个左右的检索结果。

② See Cooper, “The Collateral Attack Doctrine and the Rules of Intervention: A Judicial Pincers Movement on Due Process”, 1987 *U. Chi. Legal F.* 155, p. 176.

③ See Douglas Laycoke, “Consent Decrees Without Consent: The Rights of Nonconsenting Third Parties”, 1987 *U. Chi. Legal F.* 103, pp. 128 – 129.

④ See Larry Kramer, “Consent Decrees and the Rights of Third Parties”, 87 *Mich. L. Rev.* 321, pp. 332 – 333.

⑤ See Mark E. Recktenwald, “Collateral Attacks on Employment Discrimination Consent Decrees”, 53 *U. Chi. L. Rev.* 147, p. 173.

⑥ See Cooper, “The Collateral Attack Doctrine and the Rules of Intervention: A Judicial Pincers Movement on Due Process”, 1987 *U. Chi. Legal F.* 155, p. 176; Larry Kramer, “Consent Decrees and the Rights of Third Parties”, 87 *Mich. L. Rev.* 321, p. 335.

对这项工作较为慎重。例如,在美国,因为考虑到对"遵循先例"原则的坚守,撤销一项同意判决的审查标准比批准它要严格得多。[①] 早在1932年的Swift案中,卡多佐(Cardozo)法官就论述了同意判决的变更标准,即只有因新的、不可预见的事实出现致使同意判决具有严重错误(grievous wrong)时,才可对其予以修改。[②] 在1942年的Chrysler案中,[③]法院认为,当政府提起变更申请时,决定是否予以变更的标准,应当是当初作出的同意判决的"基本目标"(basic purpose)是否已经实现或受到阻碍。[④] 1974年《托尼法案》颁布之后,法院更多地运用"公共利益"标准来判断是否变更一项同意判决。

总之,对司法判决形式的承诺决定来说,第三人想以诉讼方式来推翻它并不容易,这完全取决于法院的态度,而法院有充分的理由不支持这种诉讼。所以最好的方式还是事前参与到承诺决定的作出程序之中。

2. 作为执法决定的承诺决定

如果承诺决定由执法机构作出,则其仅具有一般行政行为的效力,第三人认为承诺决定损害了自己利益,可依行政救济的方式来维护,最主要的是提起诉讼。欧盟的承诺决定及我国反垄断执法机构的中止或终止调查决定属于此类。

在欧盟,利害关系人可以事后向法院申请撤销承诺决定,例如,当他认为欧盟委员会"市场测试"公告的内容不够充分进而影响到自己利益时。[⑤] 在实践中,第一个被第三人起诉的承诺决定是欧盟委员会2006对De Beers作出的承诺决定。该案起源于全球第一大原钻生产商De Beers与第二大原钻生产商Alrosa之间的供货合同,欧盟委员会认为De Beers在合同中滥用了市场支配地位并对其启动了调查程序,后基于De Beers的承诺作出了承诺决定。[⑥] 依据承诺决定,De Beers从2006年开始将逐渐缩减从Alrosa购买原来钻的数量(2006年缩为6亿美元,2007年为5亿美元,2008年为4亿美元),直至

---

① See Richard A. Epstein, *Antitrust Consent Decrees in Theory and Practice: Why Less Is More*, The AEI Press, 2007, p. 26.

② See United States v. Swift & Co., 286 U. S 106, 52 S. Ct. 460 (1932).

③ See Chrysler Corp. v. United States, 316 U. S. 556 (1942).

④ See John D. Anderson, "Modifications of Antitrust Consent Decrees: Over a Double Barrel", *Mich. L. Rev.* 1985, 84(1), p. 142.

⑤ See Wouter P. J. Wils, "Settlements of EU Antitrust Investigations: Commitment Decisions under Article 9 of Regulation No 1/2003", 29(3), *World Comp.* 2006, p. 364.

⑥ See Case COMP/B－2/38.381－De Beers, OJ [2006] L 205/24.

2009年不再购买。这份承诺决定会影响Alrosa的利益,所以Alrosa以第三人身份将委员会告上初审法院(Court of First Instance,CFI),要求撤销承诺决定,理由之一是,在对De Beers滥用市场支配地位案的调查中,Alrosa就是一个利害关系人,但却没有得到充分的被听取意见的机会。2007年初审法院判决撤销委员会的承诺决定。[①] 到此为止,这是一个成功的第三人挑战承诺决定的案例。只不过,欧盟委员会随后上诉到欧洲法院(European Court of Justice,ECJ),2010年欧洲法院又推翻了初审法院的判决,[②]支持了欧盟委员会的承诺决定。

在我国,执法机构的中止或终止调查决定就是普通的行政行为,相对人对其不服自然可以提起行政诉讼,问题是第三人能否起诉中止或终止调查决定。1989年《行政诉讼法》对第三人的起诉资格未作明确规定,以致实践中一度将是否具有行政诉讼的原告资格同是否为具体行政行为的直接相对人联系起来。[③] 2000年《最高人民法院关于执行〈中华人民共和国行政诉讼法〉若干问题的解释》明确规定:"与具体行政行为有法律上利害关系的公民、法人或者其他组织对该行为不服的,可以依法提起行政诉讼。"这就确立了原告资格的"法律上利害关系"标准,但这一标准仍具有较大的不确定性,学界观点纷呈。[④] 2014年《行政诉讼法》进一步改变了原告资格的标准,其第25条规定,"行政行为的相对人以及其他与行政行为有利害关系的公民、法人或者其他组织,有权提起诉讼"。这样,只要与行政行为"有利害关系"的主体,就可对行政行为提起诉讼。"利害关系"标准的含义仍不特定,但从字面上看,应比"法律上利害关系"的标准更为宽松,这体现了《行政诉讼法》保护范围的扩大。这与各国或地区在立法上行政诉讼原告资格从窄到宽、从严格到宽松的发展趋势也是一致的。[⑤]

利害关系可以包含多层含义,如直接利害关系和间接利害关系。在《行政诉讼法》修改中,曾有观点提出,行政诉讼原告资格只能限定在直接利害关

---

① See Case T-170/06 Alrosa v. Commission, [2007] ECR. II-02601.

② See Case C-441/07 P, Commission v. Alrosa, [2010] ECR I-05949.

③ 参见汤军:《论行政诉讼原告资格认定的"权益保护"路径》,载《政治与法律》2013年第9期。

④ 参见王克稳:《论行政诉讼中利害关系人的原告资格——以两案为例》,载《行政法学研究》2013年第1期。

⑤ 参见黄学贤:《行政诉讼原告资格若干问题探讨》,载《法学》2006年第8期。

系上,间接利害关系应不予保护。但最终修改时并没有采纳直接利害关系标准,而是坚持了利害关系标准。[①] 这样做有利于保护所有利害关系人的合法利益。至于其利益最终能否得到法院支持,那是司法审查的实质标准问题,可以严一点,但不能据此剥夺第三人的诉讼资格。这种说法有一定道理,只不过,法院通常只会支持直接利害关系人的诉求,间接利害关系人当然可以提起诉讼,但却很难获得最终的、实质上的法律保护。

(三)垄断行为的损害赔偿之诉

执法机构接受相对人承诺,不影响第三人对垄断行为提起损害赔偿诉讼。即便在美国的平行攻击禁令的约束下,第三人对垄断行为提起诉讼也不构成对同意判决的"平行攻击"。但是,承诺决定生效之后,如果第三人针对被和解的垄断行为提起损害赔偿诉讼,因为承诺决定在法院案件审理中的证据效力有限,则第三人将面临举证难题。这时,如果不对第三人诉讼进行支持,则第三人可能难以维护自身权益。

第三人的这种举证难题,实际上是因执法机构未对垄断行为进行正式调查而选择适用承诺制度造成的,因此,执法机构应对第三人举证提供一定的帮助。根据各国反垄断法实践,执法机构提供的帮助方式主要有:

1. 材料支持

为支持第三人诉讼,除涉及市场主体商业秘密外,适用承诺制度的案件资料应可供第三人查阅。第三人通过查阅案件资料,不仅可以了解自身权益是否确因承诺决定受到损害,更重要的是,在损害赔偿诉讼中,这些资料可以成为证明被告是否实施垄断行为以及实施何种垄断行为的初步证据或佐证材料。也就是说,尽管这些案件资料不能直接证明被告违法,但至少能对案件事实及法律关系起到一定的证明作用。

在欧盟竞争法实践中,欧盟委员会对已展开调查的案件会作出"初步评估",实践中基本表现为向涉案企业寄送一份《异议声明》。承诺决定的证据效力有限,但《异议声明》因基本表明企业违法从而具有重要的证据价值。如果第三人之前已参与到调查程序中,则通常会获得《异议声明》的副本;如果第三人未参与到调查程序,那么,将《异议声明》副本提供给第三人就不再是

---

① 参见杨小军:《行政诉讼原告与被告资格制度的完善》,载《行政法学研究》2012 年第 2 期。

欧盟委员会的义务,而是完全由欧盟委员会自主决定。① 一旦欧盟委员会拒绝提供,第三人的事后诉讼就要艰难得多。是否提供《异议声明》副本,欧盟委员会会综合考虑。因为提供副本会便利第三人诉讼,但对作出承诺的企业不利;不提供副本不利于第三人诉讼,但能鼓励企业作出承诺。这是一个两难的选择。总的来说,不参与到调查程序中,第三人获得《异议声明》副本就具有很大的不确定性。故现在,第三人参与调查程序的积极性明显比以前更高,至少在那些欧盟委员会可能不作出罚款决定,而选择接受企业承诺的案件中是如此。②

2. 法庭之友

在案件审理中,如有必要,作出承诺决定的执法机构应充当"法庭之友"的角色。"法庭之友"指非诉讼当事人但对案件实质问题有重大利害关系,主动申请或应法院要求而向法院提交书面意见的人,也是协助法官解决法律问题的人。③ 在有些国家或地区的立法或实践中,针对普通的私人诉讼,就有反垄断执法机构作为"法庭之友"的规定或做法。④ 在针对承诺案件的私人诉讼中,因承诺决定的证明力有限,很多事实或法律问题,如果离开了执法机构的协助,法院往往难以查清或需要耗费较大的诉讼资源,这时基于迅速解决案件的需要,作为原告的第三人可以向法院申请执法机构的协助,法院必要时也可主动要求执法机构协助。

一般来说,作为"法庭之友",执法机构主要承担以下协助工作:

一是传递信息。如果第三人没有或难以从执法机构那里获得案件材料,可向法院提出申请,法院批准后,会向执法机构提出要求,这时执法机构应当

---

① See George Stephanov Georgiev, "Contagious Efficiency: The Growing Reliance on U. S. -Style Antitrust Settlements in EU Law", 2007 *Utah L. Rev.* 971, p. 1019.

② See John Temple Lang, "Commitment Decisions Under Regulation 1/2003: Legal Aspects of a New Kind of Competition Decision", *E. C. L. R.* 2003, 24(8), p. 350.

③ 参见肖永平、李韶华:《美国法庭之友制度的价值纬度与实证研究》,载《东方法学》2011年第4期。

④ 例如,在美国司法实践中,法院认为必要时,可以委托联邦贸易委员会为"法庭之友",以征询意见;法国《关于价格和竞争自由的法律》规定,法院在审理涉及非法联合行为和滥用支配地位行为的案件时,可以咨询竞争审议委员会;德国《反对限制竞争法》也规定,如果联邦卡特尔局局长认为有利于维护公共利益,可以从联邦卡特尔局的成员中任命一名代表,在法律纠纷涉及信贷或保险企业的情况下,也可以从主管的监督机关中任命一名代表,该代表有权向法院发出书面表示,说明事实和证据,参加庭审,在庭审中作陈述并向当事人、证人和鉴定人提问。参见刘桂清:《反垄断法实施中的几个重大关系析》,载《政法论丛》2007年第3期。

将其拥有的案件信息传递给法院，除非相关信息属于商业秘密。在欧盟可能还会出现这样的情况：欧盟委员会作出承诺决定后，第三人在成员国提起了损害赔偿诉讼。这时，成员国法院能否要求欧盟委员会提供案件材料？其实，这个问题在实践中不会有障碍。因为在欧盟委员会处理的任何案件中，不论结案方式怎样，成员国竞争执法机构都会获得《异议声明》的副本。[①] 如果它们认为恰当，则完全可以将《异议声明》副本提供给损害赔偿诉讼的原告。第1/2003号条例没有对成员国竞争执法机构的这方面权利作出限制。不仅如此，根据第1/2003号条例第15条，在案件审理中，法院也可要求成员国竞争执法机构提供《异议声明》。

现实中还可能存在这种情况，即某一案件尚处执法机构与市场主体的协商之中，受害人已向法院提起损害赔偿诉讼。这时，执法机构是否以及何时作出承诺决定还具有不确定性，故为增强法院诉讼的针对性、有效性，法院也可请求执法机构提供程序性信息，以查明执法机构是否已对案件进行审查，是否已经形成了自己的观点，或何时有可能作出决定以及将要作出何种决定，以使自己能依情况确定是否中止诉讼活动或是否需要采取临时措施。[②]

二是提供意见。如果法院认为反垄断执法机构的意见对审理案件必不可少，可要求后者就本案事实及法律问题提供意见。执法机构也可主动向法院提交意见。提供意见的方式一般应是书面的，当然，经法院允许，也可提交口头意见。

三是必要时出庭作证。如果案件已经执法机构处理（尽管是以和解方式处理），执法机构也对案件事实及法律问题有了一定了解。为了迅速查清案件事实及法律关系，法院在必要时可要求执法机构委派相关人员出庭作证。

执法机构对法院的协助并不是干涉法院的案件审理。执法机构不论是传递信息还是提供意见，对法院都不具有约束力，而只有参考意义，法院完全可以置执法机构的信息及意见不顾而进行独立审判。当然，执法机构在传递信息及提供意见时，也应尽力保持客观、中立。执法机构给予法院的协助，只是它维护公共利益职责的一部分，它无意为法院审理案件中的任何当事人的私

---

① See John Temple Lang, "Commitment Decisions Under Regulation 1/2003: Legal Aspects of a New Kind of Competition Decision", *E. C. L. R.* 2003, 24(8), p. 350.

② See Commission Notice on the Co-operation Between the Commission and the Courts of the EU Member States in the Application of Articles 81 and 82 EC (2004/C 101/04), OJ [2004] C 101/54, para. 21.

人利益服务，所以它也无须就其提供的协助听取任何当事人的意见。相反，根据欧盟法规定，如果案件当事人就法庭上争论的问题已与执法机构有所接触，无论这些接触是发生在法院请求执法机构协助之前还是之后，执法机构都应如实告知法院。①

五、第三人对承诺制度功能的限制

（一）第三人诉讼对承诺制度的影响

反垄断法承诺制度与第三人之间的影响是相互的，不仅承诺制度的适用可能造成第三人利益损害，第三人的特定行为也会限制承诺制度功能的发挥。

反垄断执法中的承诺制度发生于执法机构与市场主体之间，如同其不以保护私人主体利益为目的，它也不对第三人向市场主体提出损害赔偿请求进行限制。也就是说，承诺制度虽然可能免除反垄断执法机构对市场主体的惩罚，却无法免除市场主体可能需要向第三人承担的损害赔偿责任。如果垄断行为具有明确的受害人，即便案件以承诺制度了结，也不意味着市场主体的行为合法，只要第三人在损害赔偿诉讼中能够证明市场主体违法，市场主体还应承担相应的损害赔偿责任。因此，在垄断案件适用承诺制度之后，仍有可能发生私人诉讼问题。

第三人在承诺制度之后提起的私人诉讼，如果对其展开缺少适当的控制，则可能会与承诺制度之间产生冲突，主要表现为后继的第三人诉讼可能会限制承诺制度功能的发挥。

具体来说，私人诉讼对承诺制度功能的限制主要在两种情况下会存在：

1. 第三人行为可能导致承诺制度的适用出现尴尬局面

承诺制度适用中，可能存在一类特殊的第三人，即那些与作出承诺的市场主体共同实施了垄断行为或实施了基本相同或类似的垄断行为，但未向执法机构作出承诺的市场主体。这些主体本身就是垄断行为的实施人，按理说当其未作出承诺，应由执法机构通过正式调查来追究其责任，这本没有什么疑问。这里将其作为第三人，主要也不是为了要维护他们的利益，只不过，如果对他们的行为不管不顾，则承诺制度适用的有效性就会受到较大影响。

---

① See Commission Notice on the Co-operation Between the Commission and the Courts of the EU Member States in the Application of Articles 81 and 82 EC (2004/C 101/04), OJ [2004] C 101/54, para. 19.

当多个市场主体实施了同一或基本相同、类似的垄断行为并都进入执法机构的调查视野时,其中部分市场主体向执法机构作出承诺,其他市场主体没有作出承诺,这时,一旦执法机构选择接受部分市场主体的承诺而对其他行为人作出违法决定,则由于垄断行为是同一个或基本相同、类似,垄断行为受害人很可能基于执法机构对未承诺者作出的违法决定而向作出承诺的市场主体主张损害赔偿。[①] 这时法律适用可能会非常尴尬,一个较难解决的问题是,执法机构对其他市场主体作出的违法决定能否作为第三人对作出承诺的市场主体提起损害赔偿诉讼的证据? 如果可以,则作出承诺的市场主体就失去了承诺制度的保护;如果不能,则执法机构违法决定的效力就打了折扣,第三人甚至也可从违法决定中很容易找到证明被和解的垄断行为违法的证据和方法。这样,作出承诺的市场主体可能因此处于被动地位,这会打击市场主体作出承诺的积极性。

2. 作出承诺的市场主体更容易被第三人提起损害赔偿诉讼

尽管承诺决定对市场主体行为的违法性保持沉默,但在大多适用承诺制度的垄断案件中,市场主体行为违法基本是确定的。这一点,不仅执法双方明知,第三人也会持有同样预期。如果市场主体愿意向执法机构作出承诺,第三人会认为,市场主体势必实施了垄断违法行为,故在承诺之后,第三人很可能会对市场主体提起损害赔偿诉讼。也就是说,承诺制度的适用会向第三人传递市场主体实施垄断行为的信号,并且这种垄断行为大多情况下也是违法的,故从理论上看,承诺案件中的市场主体,很容易会受到第三人损害赔偿诉讼的攻击。

当然,如果垄断案件通过正式调查并作出违法决定了结,第三人提起私人诉讼的积极性会更高,因为该决定可为第三人提供更有力的证据。但问题是,因为执法资源有限,通过正式执法处理的垄断案件只是现实中垄断行为的一小部分,故第三人诉讼与正式执法之间很难一一相继。对那些未以正式执法方式处理的案件,第三人如果寻求损害赔偿,首先就会选择适用了承诺制度的案件。

由于承诺决定不对市场主体行为的违法性进行认定,第三人在诉讼赔偿诉讼中仍需要证明被告行为违法,在这种情况下,为什么第三人还会选择承诺

---

① See John Temple Lang, "Commitment Decisions Under Regulation 1/2003: Legal Aspects of a New Kind of Competition Decision", *E. C. L. R.* 2003, 24(8), p. 348.

案件中的市场主体进行诉讼？原因是，第三人对承诺案件寻求损害赔偿虽然要比对正式执法案件寻求损害赔偿承担更重的举证责任，但相比于更多的未经过执法机构任何处理的案件，这种举证责任又要轻一些。因为在法院诉讼中，承诺材料虽然一般不能作为证明被告违法的直接证据使用，但完全可以作为证明被告从事相关垄断行为的间接证据，第三人从承诺材料中仍可寻求到大量的证明被告从事违法行为的有用信息。

如果不对承诺案件中的第三人诉讼进行适当的控制，第三人很容易就能获得胜诉，则市场主体考虑到后继的私人诉讼的危险，可能会对承诺制度的适用产生犹疑，这会限制承诺制度功能的发挥。

（二）防止私人诉讼损及承诺制度功能

1. 尴尬局面的破解

私人诉讼对承诺制度功能的限制主要存在两种情况。第一种情况是，实施同一、相同或类似垄断行为的市场主体有多个，其中有些作出承诺而有些不承诺，则这时作出承诺的市场主体就很容易在第三人提起的损害赔偿诉讼中处于不利地位。

就这一问题的解决方法可一分为二。这类主体实际上可分为两类：一是垄断行为的共同实施人，即其与作出承诺的市场主体联合实施了同一项垄断行为，主要是垄断协议，例如，在一个垄断协议中，部分参加人向执法机构作出了承诺，其他参加人未作出承诺；二是垄断行为的单独实施人，即其实施的垄断行为与被承诺的垄断行为相互独立，只不过该垄断行为与作出承诺的市场主体实施的垄断行为基本相同或类似。

对第一类，即垄断行为的共同实施人，一个可行的解决方法是，只有在所有的共同实施人均作出承诺时，执法机构才能接受承诺，也即执法机构不能接受其中某个或某些市场主体单独作出的承诺。这在界定承诺制度适用范围时已经有所论述。只有这样处理才能避免承诺人日后可能面临的不利地位。换言之，对于一项垄断协议，如果协议参加人想通过承诺方式来结案，其必须让所有的协议参加人也一同作出承诺。这样做在理论上也能自圆其说，因为当一项垄断行为的实施人有多个时，任何单个或部分行为人作出的承诺，都很难说是消除了垄断行为可能产生的所有消极影响。换言之，在其他实施人不愿承诺甚至继续实施垄断行为的情况下，单靠部分实施人的承诺，通常无法完全消除垄断行为的所有消极影响，所以也就不宜适用承诺制度。

对第二类，解决方法很简单，执法机构基本可不用理会垄断行为的单独实施人是否作出了承诺。即便他人实施了与被承诺的垄断行为基本相同或类似的垄断行为,对承诺人来说,这也是多起互相独立的案件,彼此之间没有必然联系。执法机构对每个案件完全可以独立考虑,只要该案中的承诺是合适的,就可作出承诺决定。至于他案中的市场主体不愿承诺,可直接通过正式调查确定行为人的法律责任。这样做在实践中也不会造成法律适用的不统一,因为作出承诺决定只是对被承诺行为的合法性"保持沉默",并不意味着行为合法,所以完全不妨碍在其他案件中对基本相同或类似的行为作出违法认定。而且这种违法认定的证据效力,只能及于针对该案的损害赔偿诉讼,在作出承诺的另案中,并不具有证据效力,所以也不会对作出承诺的市场主体造成打击。

2. 对后继的私人诉讼予以适当限制

私人诉讼限制承诺制度功能的第二种情况是,作出承诺的市场主体较容易受到第三人提起损害赔偿诉讼的攻击,即相对于未经执法机构处理的垄断案件,第三人对承诺案件提起损害赔偿诉讼的胜算更高,因此就更有激励去向作出承诺的市场主体索赔。市场主体出于对后继私人诉讼中败诉的担忧,可能对承诺制度的适用较为慎重。这是承诺制度与私人诉讼制度之间存在的潜在冲突。要想最大限度地发挥承诺制度的功能,就须消除市场主体的担忧。为此,需要对针对承诺案件的后继私人诉讼进行一定限制,以寻求两种制度之间的平衡。

首先,可以考虑减轻承诺案件中市场主体对受害人的赔偿责任。在美国反托拉斯私人诉讼中,一旦原告胜诉,被告需要承担三倍损害赔偿责任。这种惩罚性责任对很多市场主体来说是较重的,如果承诺案件的垄断行为实施者也要承担三倍赔偿责任,则市场主体作出承诺的积极性就可能不足。故对承诺案件,可考虑减轻赔偿限额,如将三倍改为一倍。这种做法在美国解决宽大政策与私人诉讼之间冲突时已经采纳。在美国反托拉斯法实践中,为了刺激卡特尔成员的告密行动,参与宽大政策的公司,在日后私人诉讼中需要承担的赔偿责任仅限于单倍赔偿,且只对受违法行为影响的贸易额中所占的比例负责。为了享受单倍赔偿的利益,公司必须与发动反托拉斯民事诉讼的原告合作,由审理案件的法院判断决定宽大政策的申请者是否已经提供了令人满意的合作。[1] 当然,如果一国反垄断法规定的损害赔偿责任原本就是单倍,则就没有减轻责任的必要。

其次,从诉讼过程看,第三人对承诺案件积极诉讼的原因在于,承诺资料对证明被告违法起到一定的证明作用,且案件审理的法院可要求反垄断执法机构进行证据方面的协助,故为防止私人起诉权滥用,可限制承诺资料作为证据的效力,并对相关证据在反垄断执法机构与法院之间的传递进行一定限制。

第一,可以规定承诺资料在私人诉讼案件审理中只能作为间接证据使用,不能作为证明被告违法的直接证据。也就是说,承诺资料不能单独作证,只能与其他直接证据共同起证明作用。换言之,仅有反垄断执法机构提供的承诺资料,不能认定被告从事违法行为。

第二,在执法机构与市场主体就承诺内容进行协商时,如非确有需要,可以考虑让市场主体以口头方式提供相关信息,尤其是这些信息可能在日后私人诉讼中被作为对市场主体不利的证据时。口头形式不会留下书面材料,第三人在诉讼中就无法获取这些信息作为证据使用。当然,这里的口头形式指的是协商过程中的"讨价还价",而不是指执法双方认可了的承诺内容及最终的承诺决定。在承诺制度适用中,承诺内容的确定,通常需要执法机构与市场主体之间多次沟通、谈判,在协商过程中,执法机构可能会获得市场主体从事垄断行为的一些证据,这些证据如非必要,可以不体现在承诺内容及承诺决定中。但毫无疑问,承诺制度的适用,要在多种利益之间寻求平衡,尤其要维护第三人利益及公共利益,故承诺内容在执法双方达成一致意见后必须公开,以接受社会评论,最终的承诺决定中也应附上承诺内容。很显然,这些材料是无法口头化的。

第三,第三人在承诺制度完成之后查阅案件资料的,应受一定条件限制。一般情况下,第三人可向反垄断执法机构查阅案件资料的,应以申请方式为之,且申请应附详细理由,是否允许,应由执法机构根据案件具体情况进行判断,例如,相关信息是否属于商业秘密,是否已由市场主体作特别保留要求,以及是否为查清案件事实及法律问题所必需等。

第四,可以对法院向反垄断执法机构获取承诺材料的方式进行一定的限制。反垄断执法机构通常无须主动向法院传递承诺案件的相关信息,而只在

---

① 参见王健著:《反垄断法的私人执行——基本原理与外国法制》,法律出版社 2008 年版,第 94 页。

法院提出请求时才负有一定的协助义务。第三人不可对执法机构提出向法院传递信息的要求,是否需要传递信息,应由法院进行判断。如果第三人在案件审理前或审理中已向执法机构申请查阅了相关资料,或与执法机构就案件审理中的核心问题有了接触,则这一情况应由执法机构或第三人主动向法院披露,由法院对由此获得的承诺材料的证据效力进行认定。即便执法机构通过正常途径向法院传递了相关信息,信息的证据效力也应由法院衡量,且通常不能被作为直接证据使用。

第八章　我国反垄断法承诺制度与实践

一、我国反垄断法承诺制度的确立

(一)承诺制度确立的现实需求

我国最早提出保护竞争的文件为1980年国务院发布的《关于开展和保护社会主义竞争的暂行规定》,1993年《反不正当竞争法》开始对垄断行为进行系统规制。但由于经验欠缺,在2007年《反垄断法》颁布之前,承诺制度或类似制度在我国反垄断法文件及执法中均未被提出。实践中,承诺制度在我国的确立,有着强烈的现实需求与广泛的客观基础,也存在观念与文化层面的支持。

我国反垄断法的公共实施主要采取单一的执法方式,即由执法机构追究垄断行为实施者的“行政责任”,采取罚款为主的责任追究方式。[①] 这种执法方式具有典型的强制性与单方性,过于依赖执法机构命令

---

① 在我国有些反垄断法文件中,也有追究垄断行为实施者刑事责任的内容,但严格来说,这种规定不属于垄断行为的刑事化,我国反垄断法中实际上并未专门就垄断行为设置刑事责任。所谓“情节严重的,追究刑事责任”,不过是指明适用刑法的相关规定,而刑法中这些罪名并不仅适用于反垄断领域。任何领域中的违法行为只要情节严重的,都可能触犯刑法而须承担刑事责任。正因如此,反垄断法的刑事化,应指就垄断行为独立定罪,如设置专门的“垄断罪”或就具体的垄断行为设置罪名,而非仅指实施垄断行为可能违反刑法的相关规定。

的权威,如果执法机构本身能力有限或执法资源不足,则垄断行为规制极易陷入困境。现实也表明,尽管我国数十年前就提出反垄断的任务,但效果一直不太理想。造成这种局面有多方面原因,实施方式的单一化也是原因之一。一方面,我国反垄断执法机构是普通的行政机关,独立性不强、权威性不足,由其采取强制性执法方式在现实中受到诸多因素制约,不仅难以对抗大的垄断行为实施者,尤其是管制性行业中的大企业,也难以规制行政权的滥用行为。在我国反垄断法的实施中,行业管制与地方保护成为两大障碍。行业主管机构倾向于以管制取代竞争,反垄断执法一旦遭遇行业主管机构,执法活动将十分艰难。地方政府及其部门往往以查处垄断行为会影响当地"经济发展"为由,多方阻挠执法,甚至主动培养地方垄断者,实施地区封锁。对这两大障碍,若"硬碰硬"地进行规制,可能会"两败俱伤"。另一方面,因执法资源、执法能力、执法经验不足,采用单一的强制性执法方式,可能因追究手段的有限性而使一些违法垄断行为成为"漏网之鱼"。例如,大量的垄断行为难以进入执法视野;即便案件进入执法程序,因市场主体不积极提供有关证据材料,调查活动也可能难以持续。

从经济发展程度上看,我国经济仍处于转型中,市场主体及垄断现状与西方国家相比呈现较大不同,这也为承诺制度引入提供了"因地制宜"的客观基础。西方国家的反垄断法,在市场经济由自由竞争进入垄断阶段的背景下产生,垄断已成为当时市场的主要公害,其产生之初就需面对实力雄厚的大企业,强力手段自然非常重要。我国市场经济建立不久,市场主体仍处于培育之中,且大型企业垄断市场的状况还不普遍。这就要求,反垄断法的实施应避免造成市场主体的额外负担,避免对市场经济的过分介入,执法机构在行使垄断规制权时,应尽力克制刚性,多采取较为温和的方式处理其与市场主体之间的关系。而且正因为我国市场主体仍需培育,我国反垄断法实施不久,市场主体与执法机构之间还很少恶意对抗,这种关系不应被过多破坏。

反垄断法所蕴含的团体理性以及现代竞争法对合作的追求,也成了承诺制度赖以运作的观念基础。反垄断法的目的在于重塑市场竞争,而竞争实际上"代表着一种个人理性与团体理性的互动关系,团体理性强调的是人们之间的合作关系,个人理性则常常将个体价值目标的实现列为行动的出发点"。① 有效

① 盛杰民:《竞争法在中国:现状及展望》,载杨紫烜主编:《经济法研究》(第1卷),北京大学出版社2000年版,第271页。

竞争下,个人理性与团体理性达到了平衡;限制竞争行为则破坏了二者的平衡。可以说,反垄断法重在恢复被个体理性否定的团体理性,它不以任何一方主体利益为出发点,而强调利益共存与利益均衡。① 在我国现阶段,维持市场主体间的利益均衡尤其重要。因为我国市场上的中小企业居多,维持一定数量的中小企业,是保证市场处于竞争状态的重要手段。对实施垄断行为的中小企业,尤其是小型企业,如果处罚过于严厉,可能使其因承受能力不足而退出市场。承诺制度以其对各类市场主体、执法机构及公共利益的多重关照,力图形成相对均衡的利益分配格局,尤其能够平衡中小企业与大企业之间的实力差异,因此,它在本质上是一种超脱个体理性的团体理性。此外,理论与事实也证明,合作能使各方状况更好,这种理念已被现代竞争法继受,表现在制度上,不仅市场主体之间的良性合作受到鼓励,市场主体与执法机构之间的合作也备受重视。

(二)承诺制度确立的影响因素

从理论上看,反垄断法承诺制度能否引入,与一国法律制度或法律执行传统紧密相联。承诺制度是公权机关与私人主体之间通过协议解决"公共问题"的执法方式。如果一国缺少公私主体之间合意的传统,则在反垄断执法中引入承诺制度,可能会带来法律秩序间的冲突。在实行反垄断法承诺制度的国家,其法律制度或法律执行传统或多或少能为公私合意的存在提供足够的体制支持。

具体来说,下列因素可能会影响反垄断法承诺制度的确立:

第一,是否存在公私法划分的理论。在奉行公私法划分理论的国家,公法由于与公共利益相关,一般由公权力机构严格按照法定方式执行。公法执行通常具有强制性,私人主体一般不能与公权主体就执法事项达成合意。因而在公法领域引入和解制度,存在一定的体制障碍。但在注重法律实用性的英美法系,情况大不相同。因不存在公私法划分,在法律适用中,尤其在法院的诉讼程序中,公权力主体与普通私人主体的地位并无不同,因而双方通过和解程序解决争议极为平常。在美国,联邦贸易委员会与市场主体之间可自由达成和解协议;司法部提起反垄断民事诉讼时,其与被告的地位也是平等的,因而同意判决的适用非常自由。

第二,是否存在公法执行中的和解传统。在承认公私法划分的国家,之所

① 参见焦海涛:《均衡理念的竞争法分析》,载《政法论丛》2006年第6期。

以允许公私合意,多是因为公法的执行中历来具有和解传统。反垄断执法中接受承诺一般并非反垄断法独创,而是与法律制度的执行传统相一致。很多大陆法系国家中存在“公法契约”的概念,这一概念的提出虽曾遭遇很多反对意见,但现今,许多国家都建立了公法契约制度。在性质上,大陆法系国家的反垄断法承诺制度多被看作一种公法契约。公法契约理论的存在,一定程度上解释了反垄断法承诺制度的正当性与合法性问题。

第三,反垄断执法经验的丰富与否。反垄断法承诺制度是一种新型执法方式,是在反垄断执法实践中逐渐探索出来的,其源头——美国的同意判决制度,本身就是实践的产物。欧盟的承诺决定也是在长期的和解实践之后才得以在立法上规定。在 1962 年欧盟第 17 号条例之后,第 1/2003 号条例之前,欧盟长期运用非正式的和解制度来处理一些违法性轻微的案件,因此积聚了大量的和解经验,在第 1/2003 号条例中,这种非正式的和解制度被“正式化”。之所以执法经验较为重要,是因为承诺制度的适用具有很大的不确定性,立法上即便对该制度有所规定,具体适用也需要执法机构进行裁量,而且承诺制度的适用事关多方主体利益,实现主体间的利益平衡对执法机构来说也是一个不小的挑战。所以,在执法经验尚有欠缺的国家中,引入承诺制度很容易造成制度的不当适用。那么这时,要么不规定承诺制度,要么同时规定一系列确保承诺制度适用妥当性的辅助措施。如果二者兼缺,承诺制度的适用就容易引人质疑。

第四,反垄断执法机构的独立性与权威性可能也是一个影响因素。在反垄断执法中,市场主体之所以愿意作出承诺,是因为承诺决定能够免除自己的法律责任,而具有该效果的一个重要因素是保证承诺决定的效力能够得到各类主体尤其是其他公权力机构的认可。如果承诺决定很容易被推翻,或者执行中难以得到其他公权力机构的认可,则市场主体就会缺乏作出承诺的充分激励。因此,在实行反垄断法承诺制度的国家,反垄断执法机构一般具有足以抗衡其他公权力机构的独立地位,甚至具有准司法权。只有这样,执法机构作出的承诺决定才有较高的可执行性,市场主体才会充分信任这种决定。在这方面,美国与日本最为典型,这两个国家的反垄断法执法机构被公认为准司法机关,具有极高的独立性与权威性。在美国,司法部的同意判决本身就以法院判决形式作出,而联邦贸易委员会的同意命令,也具有类似法院判决的效力。日本的同意审决虽发生于公正交易委员会的审判程序之中,但该审判程序与法院审判程序类似，同意审决与其他审决的效力一样，对法院具有拘束力。[①]

（三）承诺制度确立的特殊之处

我国反垄断法承诺制度的确立环境是，现实层面上存在引入承诺制度的迫切需求，但理论上，又不完全具备承诺制度运行的法律制度或法律执行传统。这使承诺制度在我国的确立呈现出一些特殊之处。

在公私法理论中，反垄断法属于公法，公法执行中的和解制度在我国还未普遍建立。《反垄断法》在这种背景下确立承诺制度，属于较为大胆的制度创新，也可以说具有试点性质。尽管行政诉讼中的调解、和解以及其他公法执行中的和解，已在探索、试点中，但总体上，我国还未建立统一的、明确的公法执行中的和解制度。这时反垄断执法中率先适用承诺制度，可能的结果有两个：一是因合法性不足而受到批评；二是对我国统一的公法和解制度建立起到推动作用，进而受到人们肯定。从目前情况来看，肯定的声音大于否定的声音。这与公法契约或行政契约的观念近年来在我国已逐渐普及的背景分不开。

在执法机构的能力与地位方面，我国因反垄断法刚刚起步，与欧美国家相比也难免存在一定差距。这可能会影响承诺制度的适用效果。首先，承诺制度的适用离不开经验判断，而我国反垄断法实施时间尚短，执法经验普遍不足，在这种情况下的自由裁量很容易出错，或伴随着其他执法风险的产生。其次，因缺乏重视法律程序的传统，我国公法执行中重实体、轻程序的观念仍然存在，这可能导致承诺制度的适用不注重与相对人的协商，不注重程序公开，这会影响相对人、第三人及公共利益的有效维护。最后，我国反垄断执法机构有多个，这在理论上可能产生如下问题：如果某个垄断行为具有跨领域性，如既涉及价格垄断，也涉及非价格垄断，或者同一市场主体先后实施性质相同但领域不同的两个垄断行为，在我国现行体制下，这类行为会受两个执法机构管辖，则可能出现一个执法机构作出承诺决定，而另一执法机构不接受市场主体承诺的情形。在这种情况下，执法活动尽管没有合法性问题，但市场主体的预期利益可能受到影响，进而影响到其适用承诺制度的积极性，甚至还会产生承诺制度适用中的公平问题。

上述特殊之处并不意味着我国不可以引入承诺制度。总体上，或多或少会存在一些弥补执法经验与执法能力不足的配套机制。例如，执法经验必然

---

① 在日本《禁止垄断法》中，当事人对公正交易委员会作出的审决不服时，不能依据一般行政诉讼的路径向地方法院提起行政诉讼，而只能向东京高等法院起诉。这种起诉类似于上诉。

有一个时间积累的过程，无法在短时期内获得，但这也不意味着执法经验不够丰富的国家就不能规定承诺制度。执法经验的丰富意味着执法机构能够妥善地处理承诺制度适用中可能出现的各种问题，当这种处理方式制度化之后，就可被其他国家移植、吸收。执法机构的专业性、权威性尽管在短时期内难以改变，但可通过相应的合作机制与制衡机制来尽力避免执法中的随意与冲突。

指出我国承诺制度确立的特殊性，目的在于强调，立法规定承诺制度时应建立相应的配套机制：一方面，要尽可能地给予执法机构明确的指引；另一方面，应加强对承诺制度适用的程序控制。这样做的主要目的是减少并约束执法机构的自由裁量权。在执法经验与能力均存在一定问题，执法机构的独立性、权威性也有不足的情况下，承诺制度的适用必须通过相关配套制度来控制，缺少配套制度，承诺制度的适用就可能产生较大风险。在各种配套制度中，最重要的是相对人、第三人和公共利益保护机制，而这一机制的形成，很大程度上依赖于一国程序法制的完善。因为不论是保护相对人利益，还是维护第三人或公共利益，在承诺制度中主要依赖于相关程序性制度。如果一国的程序法观念不强或程序法制不足，设立承诺制度时就可能会忽略一些看似烦琐但具有重要功能的程序机制，或者即使设立了，制度运作中也不够重视。我国程序法近年发展虽较为迅速，但程序法制的观念仍然不够，尤其是公权力机关，更看重实体问题。这种背景下确立的承诺制度，也被打上了鲜明的时代烙印，突出表现在保护各类主体利益的程序机制不够完善甚至没有建立。

二、经营者承诺制度的主要内容①

（一）经营者承诺制度的法律依据

我国反垄断法中承诺制度的提法为“经营者承诺制度”，根据《反垄断法》第 45 条的规定，它是指在反垄断执法调查中，被调查的经营者如果承诺在反垄断执法机构认可的期限内采取具体措施消除涉嫌垄断行为的消极后果，反垄断执法机构可作出中止调查决定；在经营者履行承诺后，反垄断执法机构可作出终止调查决定，从而结束执法程序的垄断行为处理方式。

除《反垄断法》对承诺制度有所规定之外，三大执法机构在各自的执法程序规定中，也都涉及承诺制度。国家工商行政管理总局 2009 年颁布的《工商

① 关于我国经营者承诺制度介绍及评析的内容曾发表，参见焦海涛：《我国经营者承诺制度的适用与完善》，载《当代法学》2012 年第 2 期。

行政管理机关查处垄断协议、滥用市场支配地位案件程序规定》(以下简称工商局《程序规定》)对经营者作出承诺的主要内容,中止调查申请书、中止调查决定书和终止调查决定书应当载明的事项,以及工商机关终止调查、恢复调查的具体情形等作了细化规定;国家发展和改革委员会 2010 年颁布的《反价格垄断行政执法程序规定》(以下简称发改委《程序规定》)中也规定了细化的承诺制度,内容与工商局的规定基本一致。

此外,《反垄断法》第 29 条以及商务部 2009 年颁布的《经营者集中审查办法》(以下简称商务部《审查办法》)中规定了"附加限制性条件批准"的决定,其基本含义是,在审查过程中,为消除或减少经营者集中具有或可能具有的排除、限制竞争效果,参与集中的经营者可以提出对集中交易方案进行调整的限制性条件,且商务部和参与集中的经营者均可提出对限制性条件进行修改的意见和建议,如果该限制性条件最终被商务部接受,则商务部会对经营者集中作出"附加限制性条件批准"的决定。从上述内容中看,"附加限制性条件批准"的决定,和经营者承诺制度本质相同,实际上也可视为一种承诺决定。

(二)经营者承诺制度的具体内容

从《反垄断法》及工商局和发改委的程序规定上看,我国经营者承诺制度的具体内容主要包括以下方面:

1. 承诺制度的启动

对反垄断执法机构调查的涉嫌垄断行为,被调查的经营者可在调查期间提出中止调查申请,承诺在反垄断执法机构认可的期限内,采取具体措施消除行为影响。中止调查申请应当以书面形式提出,并应载明下列内容:一是涉嫌违法的事实及可能造成的影响;二是为消除行为影响而承诺拟采取的具体措施;三是实现承诺的日程安排和保证声明等。

2. 中止调查决定的作出

反垄断执法机构根据被调查经营者的申请,在考虑行为的性质、持续时间、后果及社会影响等具体情况后,可以决定中止调查,并作出中止调查决定书。中止调查决定书应当载明被调查经营者涉嫌违法的事实、承诺的具体内容、消除影响的具体措施、时限以及不履行或者部分履行承诺的法律后果等内容。

3. 承诺的履行与监督

反垄断执法机构基于经营者申请作出中止调查决定后,经营者应当履行其承诺。为保证承诺的履行,一方面,经营者应当在规定的时限内向反垄断执法机构提交履行承诺进展情况的书面报告;另一方面,反垄断执法机构应对经营者履行承诺的情况进行监督。

调查程序中止之后,视情况的不同,可能会产生两个结果:第一,如果经营者已经履行承诺的,反垄断执法机构可以决定终止调查,并作出终止调查决定书。终止调查决定书应当载明被调查经营者涉嫌违法的事实、承诺的具体内容、消除影响的具体措施、履行承诺的具体步骤和时间等内容。终止调查决定作出后,案件处理程序结束。第二,发生下列情况之一的,反垄断执法机构应当恢复调查:经营者未履行承诺的;作出中止调查决定所依据的事实发生重大变化的;中止调查决定是基于经营者提供的不完整、不正确或者误导性的信息而作出的。

(三)经营者承诺制度的基本特点

与其他国家或地区的承诺制度相比,我国经营者承诺制度的特色表现在以下方面:

1. 部分借鉴欧盟竞争法中的承诺决定制度

我国经营者承诺制度,基本以欧盟承诺决定制度为蓝本。但欧盟竞争法对承诺决定程序的规定,内容较为分散,除第 1/2003 号条例第 9 条的原则性规定外,第 1/2003 号条例第 27(4)条规定了承诺决定的公开机制与利害关系人抗辩机制,欧盟第 23 条关于罚款、第 24 条关于定期罚款的规定以及第 15 条关于欧盟委员会与成员国法院合作的规定等内容,在承诺决定的履行中也可适用。这些内容共同构成了欧盟委员会作出承诺决定的法律依据。我国则不同,在《反垄断法》中,除了第 45 条之外,再无涉及经营者承诺制度的内容;在《反垄断法》之外,工商局和发改委的程序规定尽管也有承诺制度的相关规定,但内容仍未超出《反垄断法》的范围。

可见,欧盟竞争法中关于承诺决定程序的内容非常丰富。我国的经营者承诺制度,只借鉴了第 1/2003 号条例第 9 条的内容,与承诺程序适用密切相关的各种配套机制未能建立,只能说是部分借鉴或片面借鉴,结果可能使承诺程序在适用中产生很多难题。

2. 创设了中止调查与终止调查两种决定方式

我国经营者承诺制度在适用中,执法机构可能会先后作出两个决定。如果经营者在被调查期间作出承诺,执法机构接受承诺的,会作出中止调查决定。此后,经营者应切实履行其承诺,经确定履行完毕的,执法机构作出终止调查决定。从概念使用上看,中止调查决定似乎只是一个暂时决定,终止调查决定才具有最终意义。这种做法在其他国家或地区反垄断法中没有出现。按照通常程序,只要反垄断执法机构接受了市场主体的承诺,进一步的调查程序就无须展开,也即有效承诺即可产生调查程序终止的效果,并不存在调查中止与调查终止的区分。

我国《反垄断法》规定了中止调查决定,可能是担心经营者在作出承诺后又不履行承诺。这种担心实际上没有必要,因为经营者不履行承诺的,反垄断执法机构自然可以重新开始调查程序,而不受先前作出的停止调查决定的约束。我国《反垄断法》也规定,经营者未履行承诺时,执法机构应恢复调查。既然规定了恢复调查程序,中止调查决定就没有必要。因此,我国《反垄断法》对中止调查决定与终止调查决定的区分,虽然是一种创设,但实际意义不大。

3. 回避使用和解的提法,强调经营者的单方承诺

我国的经营者承诺制度,虽然本质上是一种执法和解,但各种立法文件都避免使用"和解"的提法。这可能与我国公法的执法体制有关。在公法执行中和解制度还未普遍确立的时候,反垄断法执行中自然也不宜使用"和解"的概念。

在承诺制度适用中,我国相关规定也体现出强调经营者单方承诺,不重视执法双方协商的特点。这与和解制度的本质有所差异,和解就是通过协商达成合意,如果没有协商,则和解仅具形式。从这个角度上看,我国的经营者承诺制度,与真正的反垄断执法和解制度尚有差距。

具体来说,经营者承诺制度的单方性体现在多个方面。例如,在程序启动上,只规定经营者可书面申请适用承诺制度,未规定执法机构可向经营者提出适用建议;对经营者的承诺申请规定了严格的条件,要求申请书必须载明涉嫌违法的事实及可能造成的影响、消除行为影响拟采取的具体措施、实现承诺的日程安排和保证声明等内容,而这些内容实际上可以在程序适用中进行协商,甚至"讨价还价";在确定承诺内容时,只规定执法机构应对承诺的具体内容进行实质审查,而未规定在这一过程中,作出承诺的市场主体具有哪些抗辩权。

4. 不同执法机构共同适用经营者承诺制度

在反垄断法承诺制度的适用主体上,其他国家或地区的做法一般是:如果执法机构有多个,则不同执法机构适用不同的承诺制度;如果执法机构为一

个,则适用一种甚至多种承诺制度。一般不存在多个执法机构适用同一种承诺制度的情况。例如,美国反托拉斯法的执法机构主要是司法部与联邦贸易委员会,二者可分别适用同意判决与同意命令程序,两种承诺制度之间相互独立。之所以这样,是因为不同的执法机构具有不同的执法传统,在不同的执法体制下,创设不同的承诺制度可能更为合理。大多国家的反垄断执法机构是一个,其适用的承诺制度也往往是一个,但曾经的日本稍有例外。日本《禁止垄断法》2005 年修订之前,公正交易委员会可适用的承诺制度包括劝告审决与同意审决两种。

我国情况有所不同。《反垄断法》第 45 条规定的经营者承诺制度,在工商局及发改委《程序规定》均被直接援用,也即这两个执法机构适用的是同一个承诺制度。商务部审查经营者集中案件时,可依据《反垄断法》第 28 条作出附加限制性条件批准决定,尽管这也是承诺制度,但与第 45 条相互独立。

三、经营者承诺制度的主要不足

(一)承诺制度的总体不足

1. 概念使用较为抽象,又缺乏具体解释,可操作性不强

我国《反垄断法》第 45 条仅对经营者承诺制度作了原则性规定,很多概念的具体含义需要进一步明确,在目前还缺少相关法律解释的情况下,承诺制度的适用可能存在可操作性问题。

从我国现行规定来看,需要明确具体含义的概念主要有以下几个:

一是“消除行为后果”。根据我国《反垄断法》规定,经营者提供承诺时,应表明采取具体措施消除涉嫌垄断行为的后果,但在现代反垄断中,很多垄断行为具有多重后果,消除后果具体指代什么?此外,达到何种程度可以说消除了行为后果,应当由谁(执法机构、提供承诺的经营者还是普通公众)、以什么标准进行判断?

二是“履行承诺”。经营者作出承诺后应当履行承诺,承诺的履行与否是决定程序适用效果的重要因素。经营者履行承诺的,执法机构作出终止调查决定;未履行承诺的,执法机构应当恢复调查。在这里,承诺是否履行的判断标准并不明确。经营者承诺采取的具体措施全部实施完毕即为履行承诺,还是要求必须消除行为的消极后果,而不论具体措施是否尽数履行?可见,判断经营者是否履行承诺的标准可能是多元的,这里既存在量的标准(从过程判

断),也存在质的标准(从后果判断)。如果采取质的标准,将消除行为消极后果作为判断标准,可能会发生经营者超额或不足额履行义务的情况;如果采取量的标准,则不仅结果难以控制,还会存在一个充分或不充分履行的问题,也即有些经营者将承诺采取的措施实施完毕,但有些措施的采取可能并不充分、彻底。

三是"作出中止调查决定所依据的事实"及"重大变化"。反垄断执法机构恢复调查的情形之一是作出中止调查决定所依据的事实发生重大变化的,但何为"作出中止调查决定所依据的事实",以及如何判断事实变化达到重大程度,在解释上可能存在不同意见,尤其在部分事实发生重大变化或关键性事实发生非重大变化时,执法机构能否恢复调查很难进行判断。

2. 经营者承诺制度的解释与适用没有统一的依据

经营者承诺制度在具体适用中离不开执法机构的裁量与解释,但我国反垄断执法机构有多个,不同机关在适用承诺制度时很难保证解释的一致性。不一致的解释不利于保证承诺制度适用上的一致性,可能使人们误以为承诺制度具有较大的随意性,是一种不可控制、难以预见的制度。不仅如此,解释的不一致也可能破坏市场主体的合理预期,甚至产生公平问题。这在不同执法机构对同一垄断行为均有管辖权时表现得最为明显。

就工商局和发改委《程序规定》来看,二者内容基本一致,但存在细微区别。例如,工商局要求,中止调查申请应载明"涉嫌违法的事实及可能造成的影响";发改委则要求,中止调查申请应载明"涉嫌垄断的事实"。再如,工商局《程序规定》指明,在接到经营者申请后,工商行政管理机关在考虑行为的性质、持续时间、后果及社会影响等具体情况后,可以决定中止调查;发改委《程序规定》则仅表明,只要经营者承诺在执法机构认可的期限内采取具体措施消除行为后果的,执法机构即可决定中止调查。关于恢复调查,根据工商局《程序规定》,"经营者未履行承诺的"应恢复调查;发改委《程序规定》则表述的是"经营者在规定的时限内未履行承诺或者未完全履行承诺",内容更加具体。

如果以商务部《审查办法》为例,则制度适用上的差别可能更明显。虽在性质上,附加限制条件决定可视为承诺决定,但商务部从头到尾均未使用承诺的提法,那么这两种制度,是否有实质差别,差别又在何处呢?从现有法律规定看,这些问题目前尚难明确回答。

如果追溯附加限制条件决定的源头,我们可在欧盟竞争法中找到依据。

根据欧盟企业集中控制条例即欧盟第139/2004号条例，如果所涉企业对其集中申报进行修改，特别是作出足以解决集中可能带来的限制竞争问题的承诺（commitments），使该集中能被宣布与共同体市场相容时，则欧盟委员会可接受该承诺，并据此作出一份附加条件和义务的决定，并能自由地采取恰当的手段，确保当事人履行承诺，以及对当事人不履行承诺的情形予以处理。① 可见，欧盟第139/2004号条例虽同样使用了附条件决定的概念，但同时也将其作为一种承诺制度看待。

3. 执法机构的权限过大，经营者缺少抗衡能力

经营者承诺制度本质上是一种和解制度，和解意味着双方主体地位应当平等，承诺内容的确定应当具有协商性与合意性。但从我国《反垄断法》的规定上看，在承诺制度适用中，执法机构的权限显然过大，作出承诺的经营者缺少足够的抗衡能力。我国经营者承诺制度的正式性似乎更加突出，经营者必须接受来自执法机构的各种限制，很难与执法机构进行平等地协商。这种地位差异可能导致最终的承诺内容缺少合意性，而仅体现执法机构的单方意志。从长远来看，经营者可能由此丧失作出承诺的积极性，最终影响承诺制度的适用。

从我国《反垄断法》规定看，执法机构在承诺制度适用中的主导性有多种表现，例如，经营者作出承诺时，应保证在反垄断执法机构认可的期限内采取具体措施消除该行为的消极后果，由于没有明确的期限限制，执法机构认可的期限可长可短，也可能因人而异，经营者缺少协商余地；在承诺内容的确定上，实行执法机构的单方审查制与单方否决制，未规定承诺内容的补充、修正机制；在承诺履行方面，只规定执法机构对经营者履行承诺的情况进行监督，并对经营者不履行承诺时设定了救济措施，却未强调执法机构也应履行其义务，更未规定执法机构不履行义务时的救济措施；在重新调查程序的启动上，也单方面强调执法机构的权力，未规定相对人有权请求重开调查程序。

（二）承诺制度启动上的不足

1. 启动方式较为单一

我国《反垄断法》未明确规定经营者承诺制度的启动方式，只规定被调查的经营者作出有效承诺的，反垄断执法机构可以作出中止调查决定。从《反垄断法》第45条的字面意义上看，承诺制度的适用应由经营者主动提出，否则

① 参见欧盟第139/2004号条例的陈述条款(30)、(31)、第6条、第8条等。

执法机构就应继续调查。工商局及发改委《程序规定》也指出，涉嫌垄断行为的经营者“在被调查期间”，可以提出中止调查申请，这里也未提及反垄断执法机构可以主动向经营者提出承诺制度的适用建议。同时，上述《程序规定》还要求，经营者的“中止调查申请应当以书面形式提出”。由此可知，我国经营者承诺制度的启动方式，主要是经营者申请，且只能以书面形式申请。

将承诺制度的启动方式限定为经营者申请，一定程度上可以防止执法机构将其意志强加给经营者，但从理论上看，既然是一种和解机制，那么，执法双方都应具有制度适用上的相应权利。经营者当然可以作出承诺申请，在经营者未申请时，如果执法机构认为适用承诺制度有助于案件解决，也可以向经营者提出建议。只不过，由执法机构提出适用承诺制度时，通常只能是一般性建议，而不能是拿出拟定好的承诺内容让经营者同意。

2. 先决条件规定不明

有些国家反垄断法对承诺制度的适用规定了先决条件，例如，要求反垄断执法机构经过必要的调查、掌握初步证据，甚至要求只有在执法调查难以查清案件时才可适用承诺制度。我国经营者承诺制度在适用时是否有类似要求，相关法律未作出明确要求。但《反垄断法》规定，经营者承诺制度的适用对象是“反垄断执法机构调查的涉嫌垄断行为”，工商局及发改委《程序规定》也指出，经营者在“被调查期间”可提出中止调查申请。从这些规定上看，执法机构的调查程序应当在前，经营者的承诺应当在后。这是否意味着，经营者作出承诺及反垄断执法机构接受承诺，均以反垄断执法调查程序已经启动为条件？如果是，调查活动又应达到何种程度？从现行法律规定上看，这些内容仍较模糊，所以承诺制度的适用是否存在先决条件就不太明确。现实中，如果经营者于调查期间作出承诺，问题自然不大，但倘若在反垄断执法机构只是基于某主体举报获得了相关信息，调查程序还未展开时，经营者就主动作出承诺的，执法机构能否接受承诺，就是一个有争议的问题。

3. 适用范围限定不清

我国《反垄断法》没有限制承诺制度适用的案件范围，只规定对执法机构调查的“涉嫌垄断行为”，经营者可作出承诺。按照这一规定，似乎所有的垄断行为都应可以适用承诺制度，但不论从理论还是其他国家或地区的实践上看，承诺制度的适用范围都应当是有所限制的。

我国《反垄断法》规制的垄断行为有 4 种，除了三大传统垄断行为之外，还有较为特殊的一类，即“滥用行政权力排除、限制竞争行为”。从现行法律规定看,既然是“经营者”承诺,则滥用行政权力排除、限制竞争行为似乎不能适用承诺制度。一个现实是,国家工商总局在颁布前述《程序规定》的同时,也颁布了《工商行政管理机关制止滥用行政权力排除、限制竞争行为程序规定》,后一个程序规定中却只字未提承诺制度。在两个规定由同一主体且同时颁布的这一背景下,对承诺制度规定的截然不同,应理解为滥用行政权力排除、限制竞争行为是不能适用承诺制度的。但问题是,这种认定的依据是什么?

在经营者承诺制度的适用范围上,还有一个问题是,承诺制度的适用有没有具体的案件范围限制。对这个问题,大多国家采用适度限制的模式,将违法性明显或重大、复杂的案件作为承诺适用的例外,而我国立法却未见相关规定。

(三)承诺制度适用中的不足

1. 是否要求经营者承认违法不得而知

从其他国家或地区的立法与实践上看,反垄断法承诺制度的适用,一般不对市场主体的行为是否违法作出认定。这样做的目的是避免经营者在日后的损害赔偿诉讼中处于被动地位,这是市场主体乐意接受承诺制度的重要原因。从字面上看,我国《反垄断法》也未明确要求经营者作出承诺时承认行为违法,但实践中却产生了不一致的认定及理解。

《反垄断法》刚一出台,全国人大常委会法制工作委员会在编写条文说明时就明确指出:“经营者的承诺,虽然是由于经营者从事了被调查的涉嫌垄断行为,但是,该行为是否真的构成垄断,此时并无定论,因为该问题已被承诺双方搁置起来。因此,经营者的承诺不得作为反垄断执法机构证明经营者从事了垄断行为的证据。”①但是,工商局及发改委《程序规定》却存在模糊之处。根据工商局《程序规定》第 16 条、发改委《程序规定》第 15 条,经营者申请中止调查时,申请书首先应载明的内容就是“涉嫌违法的事实及可能造成的影响”或“涉嫌垄断的事实”。这就意味着,经营者要想获得中止调查的利益,就必须向执法机构说明自己的行为可能涉嫌违法或涉嫌垄断。工商局《程序规定》第 17 条又规定,对经营者的申请,工商行政管理机关应在考虑行为性质、持续时间、后果及社会影响等具体情况后决定是否中止调查。这里将“行为

① 全国人大常委会法制工作委员会经济法室编:《〈中华人民共和国反垄断法〉条文说明、立法理由及相关规定》,北京大学出版社 2007 年版,第 271 页。

性质”作为中止调查决定应否作出的判断因素之一，但何为“行为性质”，指的是垄断行为的类型、严重性，还是垄断行为是否构成违法等，也不太清楚。

此外，在工商局《程序规定》出台不久，国家工商总局竞争执法局负责人曾就该规章的有关情况回答了记者提问。在对经营者承诺程序意义的回答中，该负责人认为，“经营者承诺制度又称和解制度。该制度旨在通过经营者主动承认违法行为并承诺在执法机构认可的期限内采取具体措施消除后果影响，使垄断行为及时得到制止”。① 在这里，经营者作出承诺时“主动承认违法行为”成了中止调查的条件。可见，反垄断执法机构在实践中可能会要求经营者承认违法。这是否意味着，如果经营者提出中止调查申请，又不承认行为违法的，反垄断执法机构可能不会接受经营者的承诺？如果果真如此，经营者适用承诺制度的好处就会大打折扣，这会限制承诺制度功能的发挥。

2. 对执法机构作出中止调查决定的要求过严

经营者提出中止调查申请后，是否中止调查由反垄断执法机构判断。反垄断执法机构可能会考虑多种因素以作出合理决定，但作为一项合意性执法方式，如果执法机构考虑的因素过多，甚至为此展开执法调查，则可能使承诺制度的适用成本增加，最终结果反而可能不经济。因此，执法机构在决定是否接受经营者申请时，无须对案件事实及法律关系进行准确认定，只要作出大致判断即可，各国反垄断法尤其不要求执法机构对涉嫌垄断行为的性质进行判断。

工商局《程序规定》则规定，经营者申请中止调查的，工商行政管理机关应在考虑行为的性质、持续时间、后果及社会影响等具体情况后，决定是否中止调查。这一规定因要求过严可能妨碍执法机构及时作出决定，也会使承诺制度的适用受到限制。而且这里仅仅是中止调查决定，而非终止调查，中止调查本身就是一种暂时性的决定程序，要求过严似乎没有太大必要。

3. 对公共利益和第三人利益保护不足

执法机构基于经营者承诺而作出中止或终止调查决定的，决定的内容在作出前是否应当听取利害关系人和公众意见，决定作出后是否应当向社会公

---

① 《国家工商总局竞争执法局负责人就〈反垄断法〉两个配套规章出台答记者问》，载中国国家工商行政管理总局网：http://www.saic.gov.cn/zwgk/zyfb/qt/fld/200906/t20090608_61152.html，最后访问日期：2016 年 6 月 12 日。

布，我国现行法律没有作出任何规定。[①] 其他国家反垄断法一般要求，执法机构拟作出承诺决定的，应将案件的基本情况、市场主体作出的具体承诺以及承诺决定的内容等向社会公布，以接受社会评论。公开的目的主要是维护第三人利益及公共利益。第三人如果认为承诺决定将损害自身利益，可对该决定提出抗辩；普通公众也可判断承诺制度的适用是否适当，如案件是否适宜承诺制度、承诺内容是否充分等。

（四）承诺决定执行中的不足

1. 承诺履行的监督方式匮乏

在承诺履行阶段，重要的不仅是经营者是否履行其承诺，还包括经营者如何履行其承诺。这些信息是决定反垄断执法机构是否应恢复调查程序的主要因素之一，而知悉这些信息离不开对承诺履行的监督。在这方面，我国《反垄断法》只规定，执法机构作出中止调查决定后，应对经营者履行承诺的情况进行监督，但未提供具体的监督方式。缺乏合理的监督方式，监督机制可能流于形式。加之监督需耗费成本，执法机构未必有主动监督的足够激励。

为解决这一问题，工商局及发改委《程序规定》，以及商务部《审查办法》对监督方式稍作细化，规定经营者应将履行承诺或执行限制性条件的情况向执法机构作书面报告。经营者主动报告制度能够减少执法机构的监督成本，在一定程度上能解决承诺履行中的监督不足问题。但仅有这种规定是不够的，监督方式仍过于单一，而且一旦反垄断执法机构因依赖或相信经营者报告而放松主动监督，经营者可能在报告中提供不完整或不真实的信息，以欺骗或误导执法机构，这样会使执法机构对经营者是否及如何履行承诺的情况缺乏了解，影响承诺制度的适用效果。此外，如果经营者不按时提供报告，又该如何制约经营者？换言之，经营者不履行承诺或不及时报告，是否应当承担相应的法律责任，法律应当作出明确规定。

2. 恢复调查程序的启动方式不明

适用承诺制度的案件，只有在作出承诺的市场主体完全履行其义务后，案件才算处理结束。在此之前，如果因市场主体过错或客观事实变化，致使承诺

---

① 事实上，我国《反垄断法》对执法机构的相关决定是否应当公布，规定得都较为宽松。只有对禁止经营者集中的决定或对经营者集中附加限制性条件的决定，法律规定应当及时向社会公布；对于认为构成垄断行为的处理决定，规定可以向社会公布。而且这里的公布，是对已经作出的决定的公布，而非拟作出决定的公布。换言之，公布的目的不是接受社会公众评论，而仅仅是让社会公众知晓。

决定已不能消除行为消极后果时,就应当对案件恢复调查程序。工商局《程序规定》的内容类似,仅将"不真实"的信息解释为"不正确或者误导性"的信息;发改委《程序规定》将"经营者未履行承诺"细化为"经营者在规定的时限内未履行承诺或者未完全履行承诺"。总体来说,上述规定与第1/2003号条例第9条的规定几乎一致。

从我国法律规定上看,如果存在应当恢复调查的情形,则调查程序应如何启动不太明确。从字面意义上看,主要应由反垄断执法机构依职权启动。事实上,如果恢复调查程序因经营者过错行为引起,反垄断执法机构应当主动重新开始调查,但在客观事实发生重大变化即发生情势变更时,因不存在过错方,市场主体也应可以向执法机构申请,由后者开始调查程序。我国《反垄断法》对恢复调查程序的启动方式规定的不明确或单一化,在实践中可能不利于调查程序的及时启动,也可能不利于保护经营者的合法利益。

四、经营者承诺制度的完善措施

(一)统一承诺制度的适用规则

我国《反垄断法》规定的经营者承诺制度较为简单,实践中不仅不易操作,也可能引发很多负面效果。制定具体适用规则的目的,一方面,在于增强制度的可操作性;另一方面,也是控制制度运作的风险。在具体做法上,反垄断基本法中,承诺制度的适用可以不作细致规定,但基于制度统一适用及约束执法机构的需要,应在反垄断基本法之外,制定相对详细、明确的制度适用规则。

为了经营者承诺制度的有效适用,我国法律需要对很多内容予以补充规定或明确。在制定具体适用规则时,至少应对以下几个问题予以明确:

第一,确保制度适用的一致性。经营者承诺制度的适用应有统一的依据,不能因执法机构的不同而有所区别,尤其是工商机关和价格主管部门在执行反垄断法时,如果适用承诺制度,就应基本遵循相同的程序要求。理想方式是制定承诺制度适用的统一规则,但在我国三大执法机构均已制定各自程序规则的情况下,应确保各自规定不能发生冲突。首先,工商局及发改委《程序规定》中的不一致之处,应予以修改或通过解释确保其适用的一致;其次,考虑到经营者集中案件的特殊性,商务部《审查办法》中除关于"限制性条件"的规定可有所不同,但其中的程序性内容也应尽量与另两大机关的《程序规定》保持一致。

第二,消除制度适用中的缺位或模糊之处。我国经营者承诺制度的内容较为简单且很多规定不够明确,因而这方面的问题很多。在总体上,需要解决以下问题:一是明确经营者承诺制度的性质,在承认其与正式执法调查活动区别的基础上协调好二者关系;二是应在规范层面上,建立承诺制度适用的各种限制性条件,执法机构的裁量虽然必不可少,但应以遵循各种法律约束为前提,也即在一些共通性的限制条件方面,不应允许执法机构作出变通;三是明确经营者承诺制度与经营者集中审查中的附条件批准决定之间的关系,例如,二者是否属于同一种制度,是否遵循基本相同的操作程序,以及在目前两种制度各有适用规则的情况下,规则之间有无参照适用的效力。

第三,明确相关概念的具体含义。尽管灵活性、裁量性是反垄断法承诺制度的固有特征,但如果相关概念的含义不明确,制度适用就可能存在任意性。如果反垄断执法机构具有较强的专业性,反垄断执法经验丰富,或者承诺制度已实施较长时间,则可以相对扩大执法机构适用承诺制度的裁量权,模糊概念的使用也可能危害性不大。但在我国,不仅反垄断法刚刚实施,经营者承诺制度也在摸索之中,且我国公法执行历来就无和解传统,在这种背景下,过分依赖反垄断执法机构对相关概念进行判断或解释,不仅会加重执法机构的负担,还可能超出其能力,甚至导致承诺制度适用不当。因此,对承诺程序适用中的相关概念,必须明确其含义。具体而言,应当明确何为"消除行为后果",如何判断承诺履行或未履行,至于"作出中止调查决定所依据的事实"及"重大变化"等概念,则应确定其具体含义或至少确立相关判断标准。

(二)加强反垄断委员会的作用

由于《反垄断法》规定的经营者承诺制度较为原则,三大执法机构的细化规定也基本未超出《反垄断法》的框架,现实中承诺制度的适用面临很多不确定性,基于控制制度适用风险的很多限制性条件在当前立法中也基本空白。同时,我国执法机构没有足够的反垄断法执法经验,承诺制度的适用更无现实案例参考,执法机构本身也未掌握承诺制度的适用规则,所以总体上,不论基于制度实效追求,还是控制执法裁量的考虑,承诺制度的适用都需要确立明确的规则。

在当前三大执法机构均已颁布各自执法程序的情况下,再由它们发布专门的承诺制度适用规则不太现实,也不利于制度适用的统一,所以可以考虑在国务院层面制定行政法规。但承诺制度只不过是反垄断执法中的一项较小制度,以行政法规的形式确立其适用规则与我国的立法传统不太吻合。基于此,一个可行的方式是由国务院反垄断委员会来制定适用指南。

我国《反垄断法》对反垄断委员会的定位是组织、协调、指导反垄断工作的机构，由反垄断委员会来制定适用指南的优势比较明显：第一，这与反垄断委员会的职能定位较为吻合，承诺制度适用属于执法工作范畴，反垄断委员会的重要职责之一就是“制定、发布反垄断指南”，以指导反垄断执法工作；第二，反垄断委员会属于国务院下属的议事协调机构，由其发布执法指南对各执法机构适用承诺制度都能起到指导作用，这避免了各执法机构独自发布适用规则可能导致的重复、冲突问题，有利于规则适用的统一；第三，反垄断委员会发布的执法指南本身不是法律规则，而只是一种执法指导及建议，这虽然存在约束力不足的问题，但能兼顾执法机构的裁量权，故与承诺制度的和解属性可能更加契合。

反垄断委员会发布承诺制度适用指南时，主要可对承诺制度的适用范围和适用程序作出规定。在适用范围上，既可对执法机构适用承诺制度的案件类型作出建议，也应指出哪些案件不宜适用承诺制度。总体上，适用范围的内容不宜过细，各种具体案件类型之间也不大可能是“泾渭分明”的关系，故指南中还可建议执法机构在进行案件选择时可予考虑的具体因素。与适用范围不同，适用程序的内容可以尽量详细，尤其那些平衡执法双方地位差异以及维护第三人利益与公共利益的程序，可以作出明确而具体的规定。

在反垄断法实施中，考虑到垄断行为的专业性、不确定性，咨询机构的作用应能得到较好发挥，但在我国当前实践中，反垄断委员会的作用与优势尚未完全显现出来。未来优化反垄断执法机制的一个方向，可以考虑逐步加强反垄断委员会的作用，尤其是发挥其通过执法指南的制定来指导反垄断执法工作的作用。

可喜的是，我国反垄断委员会已启动承诺制度适用指南的制定工作。由国家发改委牵头制定的《反垄断案件经营者承诺指南》初稿已经形成。① 指南初稿对承诺制度适用中的大多关键问题都作了规定，较好地弥补了反垄断法的不足。指南出台之后，承诺制度的适用将更加规范。②

---

① 参见《〈反垄断案件经营者承诺指南〉(征求意见稿)公开征求意见》，载中国国家发展和改革委员会网：http://www.ndrc.gov.cn/gzdt/201602/t20160203_774296.html，最后访问日期：2016年6月12日。

② 本书书稿完成时，承诺制度适用指南还未开始起草；书稿交付出版社前，国家发改委起草的《反垄断案件经营者承诺指南》已公开征求意见。由于该指南不是最终版本，本书暂不对该指南的内容作过多介绍或评论。

（三）限定承诺制度的适用范围

对经营者承诺制度的适用范围，反垄断法的规定是“涉嫌垄断行为”，这实际上没有限制其适用范围，因而在实践中，是否适用承诺制度完全由执法机构自由裁量。工商局《程序规定》虽细化了承诺制度，但对其适用范围没有任何规定。在颁布上述程序规定的同时，国家工商总局也颁布了《工商行政管理机关制止滥用行政权力排除、限制竞争行为程序规定》，其中只字未提承诺制度。在两个规定由同一主体且同时颁布的背景下，对承诺制度规定的截然不同，应理解为滥用行政权力排除、限制竞争行为是不能适用承诺制度的。另外，商务部《审查办法》虽未提及承诺制度，但其中的“附加限制性条件批准”决定，性质上可视为一种承诺制度；发改委《程序规定》中也涉及承诺制度，但依旧没有限制其适用范围。

由上可知，我国现行立法规范的四种垄断行为中，垄断协议、滥用市场支配地位和经营者集中行为被明确或间接规定可适用承诺制度，滥用行政权力排除、限制竞争行为则不可适用承诺制度。很显然，我国现行立法对经营者承诺制度适用范围的规定比较粗放：一方面，以4类大的垄断行为为界，“一刀切”式地作出可以或不可以适用承诺制度的规定；另一方面，又未指出在具体案件中适用承诺制度的限制性条件。这种规定的结果是，执法机构在决定是否接受市场主体承诺时，可能只需判断垄断行为的大类，而较少考虑案件的具体细节。这与各国或地区成熟做法不尽一致。理论上，不仅4类垄断行为是否一概可以或不可以适用承诺制度需要具体分析，即便某类垄断行为可以适用承诺制度，在面对具体案件时，也应慎重承诺制度的适用。

1.经营者集中审查中能否适用承诺制度

前面说过，经营者集中审查中的“附加限制性条件批准”的决定实际上可视为承诺制度。这种判断可能会遭到反对，因为我国的经营者承诺制度基本以第1/2003号条例规定的承诺决定程序为蓝本，而第1/2003号条例规定的是《欧盟运行条约》第101条和第102条的执行程序，即对垄断协议和滥用市场支配地位行为的执行程序，并不包括经营者集中行为的审查。这似乎意味着，在控制经营者集中时不能适用承诺决定制度。事实是否如此？

应当看到，经营者集中审查的目的在于事前防止集中对竞争的消除或限制。在一项经营者集中审查中，经营者如果认为反垄断执法机构可能会作出禁止集中的决定，则在决定作出前，可主动承诺采取相关措施，以消除集中可能产生的消极影响，这时反垄断执法机构没有理由再禁止该项集中，因为经营者的承诺已能实现禁止决定所要实现的目的。只要经营者充分履行其承诺，该集中就不会对竞争造成消极影响。因此，这里关键的问题是监督经营者履行承诺，而不是一概拒绝经营者作出承诺。

事实上，欧盟《企业集中控制条例》即第139/2004号条例中同样规定了承诺制度。根据该条例规定，如果所涉企业对其集中申报进行修改，特别是作出承诺，使该集中能被宣布与共同体市场相容，则欧盟委员会可接受该承诺。当然，企业的承诺应能足以解决集中可能带来的限制竞争问题。据此，欧盟委员会可作出一份附加条件和义务的决定，并能自由地采取恰当的手段，确保当事人履行保证，以及对当事人不履行保证的情形予以处理。①

可见，企业集中审查中适用承诺制度不仅理论上可行，也有实践基础。只不过，第1/2003号条例中的承诺决定与企业集中控制条例中的附条件和义务决定是否相同，在理论上存在争论。有人认为完全一致，有人则认为存在一定区别。② 例如，依据第1/2003号条例作出的承诺决定虽不对企业行为是否违法进行认定，但只要企业违背了已经生效的承诺决定，即可直接对其处以罚款，而不必等到通过调查认定企业行为违法后才可处罚。③ 企业集中审查中，欧盟委员会依据企业承诺而作出的附条件和义务决定则没有这种效力，通常，企业违背了所附义务时，欧盟委员会还应判断该集中是否与共同体市场不相容，进而决定采取何种对策。

我国商务部2009年颁布的《经营者集中审查办法》，充分借鉴了欧盟《企业集中控制条例》，同样规定了参与集中的经营者可主动提出对集中交易方案进行调整的限制性条件，商务部亦可据此作出"附加限制性条件批准"的决定。企业提出的限制性条件，既可能是行为的，如承诺开放其网络或平台等基础设施、许可关键技术（包括专利、专有技术或其他知识产权）、终止排他性协议等；也可能是结构的，例如，剥离参与集中的经营者的部分资产或业务等；也可能是结构性条件和行为性条件相结合的综合性条件。就结构性限制条件，商务部在2010年曾专门颁布《关于实施经营者集中资产或业务剥离的暂行规定》；2014年《关于经营者集中附加限制性条件的规定（试行）》颁布，内容更

---

① 参见欧盟第139/2004号条例的陈述条款(30)、(31)、第6条、第8条等。

② See John Temple Lang, "Commitment Decisions Under Regulation 1/2003: Legal Aspects of a New Kind of Competition Decision", *E. C. L. R.* 2003, 24(8), p. 347.

③ See Miguel Sousa Ferro, "Committing to Commitment Decisions-Unanswered Questions on Article 9 Decisions", *E. C. L. R.* 2005, 26(8), pp. 451 – 452.

加全面并取代了前者。

2. 滥用行政权力排除、限制竞争行为能否适用承诺制度

我国反垄断法中的垄断行为，除了三大传统垄断行为之外，还有较为特殊的一类，即“滥用行政权力排除、限制竞争行为”。从法律规定上看，这类行为的主体是行政机关和法律、法规授权的具有管理公共事务职能的组织，而我国《反垄断法》规定的承诺制度中，作出承诺的主体是“经营者”，因而严格来说，滥用行政权力排除、限制竞争行为是无法适用承诺制度的。只有当这类行为的实施者除了行政主体之外，还包括经营者时，才可对经营者适用承诺制度。

从字面上看，上述判断无疑是正确的，但从理论角度，排除承诺制度在滥用行政权力排除、限制竞争行为上的适用，不一定符合承诺制度的本质及设立承诺制度的目标。承诺制度的本质是执法机构与被执法者之间的和解，只要是垄断行为的实施者，应均可向执法机构作出承诺。同时，法律之所以规定承诺制度，主要是基于效率考虑，即迅速消除垄断行为的消极影响，并最大限度地节约执法资源。[①] 只要适用承诺制度能实现这一目的，并不会产生额外的超过其收益的消极影响，则不论垄断行为的实施者是谁，都应可向执法机构作出承诺。

承诺制度适用于滥用行政权力排除、限制竞争行为，还有另外一个优势。在传统的调查程序中，执法机构和相对人之间的对抗性比较明显，这在面对普通市场主体时可能无关紧要，但在面对行政主体时，难免会陷入不同程度的执法困境。我国反垄断法在规制行政垄断方面不断遭受批评，就与此相关。如果以承诺制度处理，则一方面，无须“硬碰硬”；另一方面，也不会认定行政主体的行为违法，效果可能会好得多。

3. 承诺制度适用的具体案件范围

在明确四类垄断行为均有适用承诺制度的余地时，还应说明，并非所有的案件都可以承诺方式结案。在面对特定案件时，不论属于四类垄断行为中的哪一种，均离不开以具体案情为基础的具体分析。

在确立承诺制度适用的案件范围时，我国同样可采用正面建议与反面限

---

① See George Stephanov Georgiev, “Contagious Efficiency: The Growing Reliance on U. S. - Style Antitrust Settlements in EU Law”, 2007 *Utah L. Rev.* 971, pp. 973 - 974. C. J. Cook, “Commitment Decisions: The Law and Practice Under Article 9”, 29(2), *World Comp.* 2006, p. 210.

制相结合的方法。退一步说，正面建议可以不作规定，但在我国反垄断执法经验尚有欠缺的情况下，为免执法机构单纯追求执法便利而随意扩大承诺制度的适用范围，反面限制则不得不作出规定。

就反面限制来说，可以借鉴其他国家或地区做法。一方面，可效仿美国与欧盟做法，将违法性明显、涉案范围较大、影响较恶劣的横向垄断协议行为作为承诺制度的适用例外。作为世界上拥有最先进的反垄断法体系及执法经验的两个代表，美国与欧盟均在核心卡特尔案件中排除了承诺制度适用，这不是偶然的，而是表明了对这些具有严重危害性的垄断行为适用承诺制度不足以实现遏制违法行为的目的。另一方面，可以从执法程序的角度考虑，规定未进入调查程序的案件、执法机构已掌握了垄断违法行为确实证据的案件等，均不宜适用承诺制度；同时，即便可以适用承诺制度，在具体适用过程中，也应保证程序的充分公开性，以便利害关系人或社会公众有所了解，必要时参与到程序之中。

总之，在我国反垄断法实施才刚起步的情况下，承诺制度的适用范围还不宜完全交给执法机构自由裁量。可行的路径是，在规范层面确立一个大致的评判标准，由执法机构在实践中根据该标准并结合案件具体情况做出判断，即允许执法机构行使适度限制下的自由裁量权。为更好地指导承诺制度适用，可考虑通过反垄断委员会发布执法指南的方式，对承诺制度的适用范围提出指导性建议。

国家发改委 2016 年初公布的《反垄断案件经营者承诺指南》（征求意见稿），第 2 条从三个方面规定了经营者承诺制度的适用范围：一是执法机构对涉嫌垄断行为调查核实后，认为构成垄断行为的，应依法作出处理决定，不再接受经营者承诺；二是对固定或变更商品价格、限制商品生产或销售数量、分割销售市场或原材料采购市场的横向垄断协议案件，执法机构不应接受经营者承诺；三是对其他案件，经营者主动提出承诺，执法机构可以决定适用中止调查及终止调查程序。这里明确对价格卡特尔、数量卡特尔和划分市场行为排除承诺制度的适用，与欧盟做法一致，符合承诺制度的适用趋势。不过，另两项规定指代不够清楚，合理性可能存在一定问题。

第一，执法机构对经调查核实构成垄断行为的案件不适用承诺制度，是指执法机构在适用承诺制度前必须先进行调查，只有经调查不能认定相对人构成垄断行为时，才可适用承诺制度，还是指实践中，如果调查活动收集的证据已经足以认定相对人实施了违法垄断行为时，就不应再接受相对人承诺？如果是前者,则与我国台湾地区的规定一致,这会限制承诺制度功能的发挥,不利于承诺制度的普遍适用;如果是后者,则与承诺制度追求执法效率的功能吻合,也是防止执法机构泛化承诺制度适用的必要手段。

第二,该条规定的对价格卡特尔、数量卡特尔和划分市场之外的垄断行为,经营者主动提出承诺的,执法机构可决定适用承诺制度,也存在含义不清之处。一是这些案件适用承诺制度的前提,必须是经营者主动提出承诺吗?二是这些案件只要经营者主动提出承诺,执法机构就可决定适用承诺制度吗?虽然适用承诺制度通常是经营者主动提出申请,但既然是一种和解机制,执法机构必要时也可向经营者提出适用承诺制度的建议。此外,即便核心卡特尔之外的垄断行为理论上都有适用承诺制度的可能,但实践中未必都可适用承诺制度,垄断行为的严重程度、造成的损害后果、案件的复杂程度以及执法调查获得的证据多少等客观因素,都会影响承诺制度在个案中的适用。所以并非这些案件中的经营者主动提出承诺的,执法机构就可决定适用承诺制度,否则,执法机构的裁量权仍然过大,承诺制度适用仍有可能出现较大风险。

(四)明确承诺制度的启动规则

1. 启动方式

承诺制度既然是一种和解机制,启动方式就可不必限定为市场主体的单方申请。在法律规范中,可以规定不仅市场主体可向执法机构申请中止调查,执法机构在确认承诺制度具有可适用性时,也可主动询问相对人是否愿意作出承诺;即使规范层面未作规定,实践中也应允许执法机构提议承诺制度的适用。

执法机构提出适用建议,一般不会造成制度适用上的随意,因为不论以何种方式启动,只要法律对承诺制度的适用设定了限制条件,执法双方都应遵守。同时,执法机构的建议通常也不会构成对市场主体的负担,因为一方面,市场主体完全可以拒绝执法机构的建议,即便同意,承诺内容也会由市场主体自己提出;另一方面,为了防止执法机构压榨市场主体,法律一般会要求,执法机构的建议仅仅是一种制度适用的意向,不具有任何直接或潜在约束效果,一般也不允许执法机构事先拟定好承诺内容来要求市场主体同意。

2. 先决条件

为了防止执法机构单从执法便利的角度泛化承诺制度的适用,也为了减少制度适用的错误成本,有必要规定承诺制度的适用应以执法机构已经启动了执法调查活动为条件。尽管从理论上看,未进入执法调查程序的垄断案件,市场主体一般不会作出承诺，但若不附加先决程序限制，执法机构可能在仅有垄断线索而连起码的初步证据也未获得的情况下，就会选择接受经营者的承诺，或直接向经营者提议适用承诺制度。这样一来，承诺制度的适用就过于随意，可能引起制度适用的错误。

对承诺程序的适用附加先决条件限制，意味着如果在调查之前，市场主体就主动作出承诺，则执法机构不宜接受该承诺并据此作出相关决定。但这里限制的，仅仅是执法机构不应根据市场主体的承诺作出相关决定，而非一概拒绝市场主体承诺。市场主体主动承诺意味着其自觉修正自身行为，尤其在其承诺已经利害关系人认可的情况下，承诺的积极效果非常明显。这时执法机构应允许市场主体作出承诺。只不过，这里的允许不意味着，执法机构会据此作出一个具有约束力的承诺决定。换言之，在案件未经调查之时，市场主体的承诺只是一种单方行为，不会构成对执法机构的约束，执法机构没有义务放弃调查活动。只有在经过调查之后，确认案件适用承诺制没有太大问题，执法机构才会据此作出承诺决定。

当然，这里的先决条件，仅指执法调查活动已经启动，已对案件有了初步了解、基本判断，而非指执法机构已经掌握了行为人违法的充分证据。如果执法机构已掌握充分证据，则不应再接受承诺，因为这样无疑会放纵违法者，也不能再节约执法资源，所以应对市场主体作出违法认定并予以处罚。

这里的先决条件，也不应如同我国台湾地区那样规定，要求被调查的垄断行为难以查清。法律应当允许在这种情况下，执法机构可以选择适用承诺制度，但不宜规定仅在这种情况之下，执法机构才能适用承诺制度。也就是说，被调查的垄断行为难以查清，只是承诺制度适用的可能情形之一而不是基本条件。一旦将这种情况作为承诺制度的适用前提，就会大大限制承诺制度功能的发挥。

(五)确定执法权限的合理限度

对反垄断执法机构适用承诺制度的相关权限，既要保障也应约束。保障的目的是为了便利承诺制度的适用，最大限度地节约执法资源；约束的目的则是防止执法机构侵害相对人权益或不当适用承诺制度损害公共利益。

第一，要求执法机构在决定是否接受市场主体承诺时，必须综合考虑多种因素，而不能仅追求执法的便利性。即便立法或指南对适宜采纳承诺制度的案件作出了要求或建议，这些要求或建议也只是原则性的、初步的，执法机构在具体案件中必须进行综合权衡。通常，执法机构需要考虑的因素较难通过立法形式规定,但可在反垄断委员会制定执法指南时作出不穷尽的建议性列举,例如,应考虑垄断行为的性质、持续时间、普遍性,案件的典型性、复杂性,行为人的合作意愿,以及执法调查的难度与成本等。为使这种约束得到真正落实,可要求执法机构在作出承诺决定时,解释其适用承诺制度的原因。

第二,在承诺内容的确定上,必须强调执法双方的协商。虽然承诺制度的本质是和解,但我国公法执行的强制色彩一直较浓,执法机构的惯性思维可能使得承诺内容的确立更多地体现了执法机构的单方意志。根据欧盟竞争法实践,承诺内容在足以消除垄断行为消极后果的基础上,应能以一种对市场主体最小限制的方式体现出来。为此,市场主体可以与执法机构进行充分的协商。通常,承诺内容主要应由市场主体提出,执法机构认为承诺不够充分时,可以提出修改建议,再由市场主体做出衡量。在这种"讨价还价"的过程中,执法机构不可以以命令的方式要求市场主体必须作出某种承诺,也不得以惩罚相威胁。

第三,执法机构接受经营者承诺时,不应要求经营者承认违法。在通常情况下,执法机构作出承诺决定时,不会对市场主体的行为是否违法或曾经违法做出认定。我国经营者承诺制度的适用也应如此。既然接受经营者承诺,意味着调查程序中止,不经过调查自然无法认定经营者行为是否违法。如果执法机构要求经营者主动承认违法,则经营者担心对自己不利,例如,承诺决定可能在后继的第三人诉讼中被当作证明经营者违法的证据,这样,经营者就不大愿意作出承诺,最终影响承诺制度功能的发挥。故在实践中,执法机构在审查经营者作出的承诺时,不应要求经营者对"涉嫌违法的事实及可能造成的影响"作出说明,只要求其对案件事实及相关行为作出如实描述即可。

第四,适当放宽执法机构作出中止调查决定的条件。反垄断执法机构决定是否中止调查时,基于有效制止垄断行为及维护公共利益的需要,固然应考虑多种因素,但也应保证制度适用的及时性与经济性。通常,执法机构首先应对案件性质是否适宜承诺作出判断,这种判断只是初步的,而不是对经营者行为的具体性质进行认定。之后,执法机构会考虑经营者作出的承诺是否恰当、充分,这种考虑也只是估计性的,因为承诺未履行,其履行效果就不得而知。也就是说,在承诺制度适用中,执法机构作出中止调查决定时,所进行的判断通常都是大概的、初步的。法律即便规定了严格的条件或标准,条件是否满足、标准是否达到也无法在事前准确认定。相反,条件越严格或标准越高,执法机构作出决定就需付出越高的成本,这在结果上可能不利于保证承诺制度的适用效率。因此，我国《反垄断法》及相关配套法律规范，可不必对执法机构作出中止调查决定的条件规定得过于严格，是否作出决定，主要应由执法机构进行裁量。

（六）建立相关者利益保护机制

1. 建立公开机制

垄断行为可能损害第三人利益或公共利益，对垄断行为中止或终止调查可能会导致相关者利益保护不足，因此，基于有效保护第三人利益及公共利益的需要，应在经营者承诺制度的适用中建立公开机制。经营者作出承诺后，如果执法机构打算接受经营者的承诺并据此作出中止调查决定的，应在不侵犯相关主体商业秘密的前提下，将案件的基本事实、经营者承诺的具体内容、消除影响的具体措施与时限等内容公布。其他国家或地区的做法是在专门的官方出版物上公布，我国反垄断执法机构无官方公报，故可在其网站上公布，条件允许的，也可在相关纸质媒体上公布。公布应具有一定的期限，以保证受众的广泛性。公布相关内容时，还应提供一个接受普通公众反馈信息的渠道，如邮箱、电话、地址等。

2. 接纳合理意见

在相关内容公布后，如果案件存在利害关系人，利害关系人可以向反垄断执法机构提交意见，进行抗辩。因利害关系人的意见或抗辩对承诺制度的适用具有直接影响，故其提交意见或表达抗辩的方式应是书面的。在收到利害关系人意见或抗辩后，执法机构可先进行书面审查，如果有必要，应召集利害关系人，进行当面审查，并可要求作出承诺的经营者到场，接受利害关系人提问。如果承诺内容或中止调查决定确已影响利害关系人合法权益，或将对其产生不可避免的影响，则执法机构应视情况采取合理措施。例如，可要求经营者重新作出利害关系人认可的承诺，或要求双方就相关问题达成协议；如果案件确实不宜适用承诺制度，应重新开始调查程序。

案件及承诺内容公开后，普通公众也可就此发表意见。普通公众对承诺的评价不与自身直接利益相关，也不以维护自身利益为目的，故其提供意见的方式没有必要限制，一般也不需要其到场确认。普通公众的意见对执法机构来说一般只具有参考价值，以评价承诺内容及承诺制度适用是否合适，执法机构一般也不需对公众意见作出回应，除非意见较为集中或特定主体有明确要求。

3. 引入磋商程序

为保证承诺内容及承诺制度适用符合公共利益的要求，执法机构在接受经营者承诺并拟作出中止调查决定前，可考虑将所有涉案信息提交给专业机构再次进行磋商。我国有条件承担磋商之职的现成机构是国务院反垄断委员会。由于反垄断委员会的成员单位既包括三大执法机构，也包括可能与垄断行为相关的几乎所有监管部门，故其磋商能从竞争维护、行业发展甚至整个国民经济发展的角度考虑承诺的妥当性，从而避免反垄断执法机构的单一性判断。此外，反垄断委员会还设有专家咨询组，其成员主要是来自经济学界、法学界和其他领域的专家，由他们对承诺制度的适用进行判断，也可弥补执法机构专业能力的不足。

4. 发布影响声明

为了防止反垄断执法机构怠职，对不宜适用承诺制度的案件也适用了承诺制度，并使公众对承诺制度适用的效果有所了解，美国与欧盟都要求，执法机构拟以承诺方式结案的，在作出承诺决定前，应解释适用承诺制度的原因，并评估承诺决定对市场竞争可能产生的影响。通常，评估的内容还应作为承诺决定的一部分，一并向社会公众披露。我国也可引入这种制度，要求反垄断执法机构在公布案情及作出中止调查决定时，都要发布竞争影响声明，以增强承诺制度适用的严肃性，确保承诺制度的适用在效果上是促进了竞争而不是相反。

5. 公布决定内容

基于追求执法透明性的考虑，应要求执法机构在适用承诺制度时，将中止调查及终止调查决定的内容全部向社会公布。中止调查决定中，主要载明的是执法双方认可的承诺内容，这些内容应让社会公众知晓并评判；终止调查决定则反映了执法机构对经营者履行承诺情况的认可，因而其内容必然包括经营者履行承诺的具体情况及实际效果，这些内容也有必要让公众知悉，以判断承诺制度适用的最终效果。如果有条件，执法机构还可将经营者提交的履行承诺情况的定期报告，以及执法机构对经营者的监督检查结果，向公众披露。

执法决定的公布不仅是为了让公众知晓案件处理结果，更重要的是让人们了解执法活动的展开以及反垄断法的实际运作过程，它本身就是一个很好的法制教育及竞争文化普及的过程。我国《反垄断法》对执法机构的相关决定是否应当公布，普遍规定得较为宽松——只对经营者集中案件中的禁止决定和附条件决定，法律规定应当及时向社会公布；对认为构成垄断行为的处理决定,仅规定可以(而不是应当或必须)向社会公布。附条件批准集中地决定固然可以看作承诺制度适用中的一种决定,但对承诺制度适用中的其他两种停止调查决定,法律却未要求予以公布。

(七)设置合理的承诺监督机制

1. 建立多样化的监督措施

在经营者履行承诺义务的监督方面,《反垄断法》仅原则性地规定执法机构"应当对经营者履行承诺的情况进行监督",工商局及发改委的《程序规定》也只增加了经营者报告制度。仅有这些规定显然是不够的,且不说执法机构的监督常面临能力及资源约束,在经营者违背承诺时不对其施加法律责任,也不能对经营者履行承诺形成真正约束,且也不符合契约一方违约时应承担"违约责任"的基本法理。因此,在继续强化执法机构主动监督并实施强制报告制度之外,建立多样化的监督措施很有必要。一方面,可考虑在复杂、疑难及专业案件中设置临时的专门监督机构,以检验经营者履行承诺的实际效果;另一方面,可借鉴欧盟的做法,对经营者违背承诺的行为设置严厉的法律责任,例如,既设定一次性的罚款责任,也设置按日计算的定期罚款责任。

2. 丰富恢复调查程序的启动方式

法律不仅应规定恢复调查的具体情形,还应区分不同情况,设置不同的恢复调查程序启动方式。在这方面,我国《反垄断法》仅规定,当存在应恢复调查情形时,"反垄断执法机构应当恢复调查"。这一规定的内容显然不够明确,从字面上看,似乎主要应由执法机构依职权启动,这就有将重新启动调查程序的权利完全赋予执法机构的倾向。这种不明确或单一化的启动方式规定,并未考虑到引起调查重启的原因可能多样,不同的原因应依赖于不同的重启方式。在实践中,这种规定可能也不利于调查程序的及时启动,甚至在作出承诺的客观情势发生重大变化时,也不利于保护作出承诺的经营者的合法利益。

欧盟立法明确将恢复调查程序的启动分为依职权和依申请两种方式,这种规定较为合理,我国可直接借鉴这种做法,规定执法机构可依职权启动恢复调查程序,市场主体认为必要时也可向执法机构申请恢复调查程序。当然,市场主体提出申请时,是否恢复调查程序,也只能由执法机构来作最终决定。市场主体不服执法机构决定的,可向法院提起诉讼。

五、我国经营者承诺制度实践评析

（一）我国经营者承诺制度实践概况

1. 第一案：中国电信、中国联通案

我国实践中援引经营者承诺制度处理的第一个案件是 2011 年年末曝光的中国电信、中国联通涉嫌滥用其在互联网接入市场上的支配地位实施价格歧视案。

2011 年 11 月 9 日国家发改委通过央视《新闻 30 分》向社会披露，已就宽带接入问题对中国电信、中国联通展开反垄断调查，调查的主要内容是，中国电信、中国联通在宽带接入及网间结算领域是否利用自身具有的市场支配地位阻碍影响其他经营者进入市场。发改委在节目中表示，已基本查明在互联网接入这个市场上，中国电信和中国联通合在一起占有 2/3 以上的市场份额，具有市场支配地位。中国电信、中国联通涉嫌违法的行为主要是，二者对有竞争关系的和没有竞争关系的互联网服务提供商（Internet Service Provider，ISP）给出了不同的宽带入网价格条件：中国移动、中国铁通等大型 ISP 实行的是 100 万元/G · 月，且必须到集团进行审批，并指定在北京、上海、广州的指定点进行接入；一些中小型的 ISP 接入条件则是 20 万 ~ 30 万元/G · 月。

两家企业若能被认定违法，按照《反垄断法》规定，将被处以上 1 年度营业额 1% 至 10% 的巨额罚款。这一消息在媒体间引起轩然大波，①也引起社会公众的普遍关注。之后，中国电信、中国联通于 2011 年 12 月 2 日在官方网站同时发出声明，承认在互联互通以及价格上确实存在不合理行为，同时承诺整改，将提升网速并降低宽带资费。

中国电信承诺整改的主要内容有，“将认真对有关问题进行整改，尽快与中国联通、中国铁通等骨干网运营商进行扩容，降低与中国铁通的直联价格，进一步提升互联互通质量，实现充分互联互通”；“将进一步规范互联网专线接入资费管理，按照市场规则公平交易，并梳理现有协议，适当降低资费标

---

① 央视报道之后，2011 年 11 月 11 日，工信部下属《人民邮电报》以《混淆视听 误导公众——驳央视对电信、联通涉嫌价格垄断的报道》一文，用“基本概念厘清了吗”“垄断事实查明了吗”“全球行情吃准了吗”“新闻素养丢掉了吗”四问央视报道，认为央视的报道片面，与事实严重不符。11 月 15 日，央视官网（中国网络电视台）制作专题系列报道《电信联通遭反垄断调查》回应《人民邮电报》，通过多方论证认为电信联通垄断事实确凿，并对发改委在调查结果未出先公布案情的做法给予支持。

准”;“将继续坚持依法经营,不断提升经营管理和服务水平”;“十二五”期间,“将扎实推进‘宽带中国·光网城市’工程,大幅提升光纤接入普及率和宽带接入速率,五年内公众用户上网单位带宽价格下降35%左右,逐年提高性价比,并立即着手实施”。

中国联通承诺整改的主要内容有,“将认真对有关问题进行整改,不断完善互联网专线资费管理制度,积极配合其他骨干网运营商进一步提升互联网互联互通质量”;“十二五”期间,“将持续加大宽带网络建设投入,深入推进宽带网络‘升级提速’工程,大幅提升光纤接入普及率和宽带接入速率”;“将进一步下调公众用户上网单位带宽资费水平,并尽快组织实施,为广大消费者提供优质服务”。

中国电信、中国联通在声明中同时称,已就本案向国家发改委提交中止反垄断调查申请,国家发改委也证实收到其申请。两家企业提出中止调查申请的依据正是《反垄断法》规定的经营者承诺制度。此后,国家发改委未再披露是否接受了中国电信和中国联通的申请,但2012年3月13日,国家发改委证实了正对两家企业履行承诺的情况进行监督。① 这意味着,国家发改委已经作出中止调查决定,否则案件不可能进入承诺履行阶段。2014年2月19日国家发改委再次表示,正根据《反垄断法》对中国电信和中国联通是否完全履行整改承诺、相关整改措施是否消除涉嫌垄断行为后果等情况进行评估,并将根据评估结果,依法作出处理决定。② 但遗憾的是,本案的最终决定之后一直未再披露。

2. 适用承诺制度的其他案件

除中国电信、中国联通垄断案外,根据新闻报道及官方公告,我国实践中至少还有以下案件适用了承诺制度:(1)2011年11月,浙江省工商局对慈溪市建设工程检测协会涉嫌组织本行业经营者达成划分市场协议的行为作出中止调查决定,并于2013年3月作出终止调查决定。③ (2)2014年5月,国家发改委对美国IDC公司借助标准必要专利实施的滥用市场支配地位案作出了

---

① 参见钟晶晶:《发改委披露电信反垄断调查进展》,载《新京报》2012年3月15日,第B01版。

② 参见中国新闻网:《发改委:电信联通垄断案将根据评估作出处理决定》,载中国新闻网:http://www.chinanews.com/gn/2014/02-19/5855627.shtml,最后访问日期:2016年6月12日。

③ 参见国家工商行政管理总局的竞争执法公告2013年第10号。

中止调查决定。[①] (3)2014 年 6 月,国家工商总局对北京盛开公司在销售巴西世界杯门票过程中,涉嫌利用独家代理商的优势地位搭售巴西当地酒店住宿、交通以及旅游服务的垄断行为作出了中止调查决定,[②]并于 2014 年 12 月 24 日对本案作出终止调查决定。[③] (4)2014 年 9 月,江苏省工商局对江苏省电力公司海安县供电公司要求企业缴纳一定限额的预付电费作为供电条件的行为作出了中止调查决定,并于 2016 年 8 月作出终止调查决定。[④] (5)2015 年 5 月,宁夏自治区工商局对中国铁通、中国联通、中国电信宁夏分公司涉嫌滥用市场支配地位,在经营普通宽带业务中,不同程度地要求用户必须安装固定电话的垄断行为作出了中止调查决定,[⑤]并于 2016 年 12 月作出终止调查决定。[⑥] (6)2015 年 9 月,内蒙古自治区工商局对中国移动内蒙古分公司涉嫌垄断的"手机上网套餐流量月末清零"行为作出了中止调查决定。[⑦] (7)2015 年 10 月,内蒙古自治区工商局对中国联通内蒙古分公司涉嫌垄断的宽带业务与手机业务及手机终端销售业务捆绑销售,及将宽带与手机(固话)业务费用相关联的行为作出了中止调查决定。[⑧] (8)2016 年 12 月,山东省工商局对国网山东省电力公司烟台市牟平区供电公司借助地方政府收费文件,限制民营企业参与烟台市牟平区房地产供配电施工市场经营活动的行为作出了中止调查决定。[⑨]

上述案件除第一个涉及划分市场行为,一般不应适用承诺制度外,其他案件适用承诺制度都没有问题。IDC 案的涉案行为实际上也较恶劣,不仅包括不公平高价,还有搭售、附加不合理交易条件等,按理不应以承诺方式结案,但本案在调查之前,中国企业华为已在法院起诉 IDC,调查进行之中,IDC 败诉的二审判决已经作出,IDC 实际上已不可以再实施滥用行为。所以,当 IDC 公司积极配合调查,与华为就专利许可费和其他条款达成和解协议,并表示将参照对华为公司的许可条件与中国其他企业进行专利许可谈判时,执法机构

---

① 周玲:《中国官方中止调查 IDC 垄断案》,载《东方早报》2014 年 5 月 23 日,第 A24 版。
② 参见国家工商行政管理总局的竞争执法公告 2014 年第 14 号。
③ 参见国家工商行政管理总局的竞争执法公告 2015 年第 1 号。
④ 参见国家工商行政管理总局的竞争执法公告 2016 年第 1 号。
⑤ 参见国家工商行政管理总局的竞争执法公告 2015 年第 4 号、第 5 号和第 6 号。
⑥ 参见国家工商行政管理总局的竞争执法公告 2017 年第 5 号、第 6 号和第 7 号。
⑦ 参见国家工商行政管理总局的竞争执法公告 2015 年第 8 号。
⑧ 参见国家工商行政管理总局的竞争执法公告 2015 年第 10 号。
⑨ 参见国家工商行政管理总局的竞争执法公告 2017 年第 1 号。

已没有必要再对本案进行调查，中止调查显然是一个更经济、更理性的选择。其他几起案件都是工商部门处理的，涉案行为都是非价格方面的，根据国家工商行政管理总局的竞争执法公告的披露，这些行为的危害性都不大，且涉案企业在调查中态度较好，主动提出承诺并整改，所提整改措施也较为全面、有效，鉴于此，对这些案件适用承诺制度，不仅不会有损反垄断法威慑力，还能节约执法资源。

（二）中国电信、中国联通案的承诺分析①

1. 本案能否适用承诺制度

本案是我国实践中第一个明确依据《反垄断法》第45条处理的案件。由于主体特殊、行为特殊，以及案件处理方式特殊，本案在中国反垄断法历史上注定具有重要意义。以承诺方式处理本案能否取得实际效果，承诺的操作方式是否得当，不仅事关人们对承诺制度的基本认识，也直接影响人们对反垄断法的总体印象。因为如前所述，作为一种特殊的垄断行为处理方式，承诺制度如果适用不慎，可能会带来诸多消极效应。就本案来说，国家发改委接受中国电信、中国联通的承诺之后，意味着它不会再对本案进行调查，不会认定两家企业违法，更不会有处罚发生。这种结果显然会受到两家企业的欢迎，也能消除监管部门的顾虑，但对受到两家企业涉嫌违法行为侵害的市场主体来说，对广大公众来说，甚至对反垄断法的实施来说，代价却可能是巨大的。

（1）本案属于典型案件，法律适用极具示范效果与引导意义

本案是一起极具典型性的案件，它不仅被认为是反垄断法针对大型国有企业的第一案，也因涉案行为与众多民众相关并长期备受诟病而成为“热点”案例；而且互联网接入服务本身技术性极强，这决定了案件必然专业、复杂。如此众多因素决定了，本案必然是“反垄断执法史上的里程碑事件”，在这一案件中适用承诺制度，结果可能得不偿失。

关注这一案件的除了涉案行业、社会公众之外，显然还包括铁路、石油、电力等领域与中国电信、中国联通两大企业处于基本相似的垄断地位的众多国企，这意味着本案处理结果的示范效应将会异常明显，它不仅反映了电信行业的垄断现状，也会影响各大领域垄断性国企的持续行为。在这类案件中，执法机构接受涉案企业的承诺就是一种妥协，是一种“大事化小、小事化了”，这种

① 这部分内容曾发表，参见焦海涛：《中国电信、中国联通垄断案中承诺的消极效应》，载《法学》2012年第3期。

执法态度,结果就是对违法行为的放纵,甚至让类似行为在日后频频发生。为了给其他众多垄断性国企树立榜样,引导其后续行为,也为了表明反垄断执法机构在面对大型国企时应有的公正的、独立的态度,本案的理想执法方式应当是展开正式调查,明确行为的违法与否,并据此确立法律责任。

(2)本案受社会公众普遍关注,接受承诺会打击人们对反垄断法的信心

我国《反垄断法》的实施效果与该法制定时的高调宣传相比或多或少让人有些失望,尤其人们寄望《反垄断法》改变大型国企垄断行为的预期基本没能实现。为了树立人们对《反垄断法》的信心,执法实践中亟须通过一个公众极为关心的典型案件来证明《反垄断法》的"经济宪法"地位。中国电信、中国联通案正是《反垄断法》实施多年以来宣扬其威慑力的最好机会。

本案中,国家发改委在央视高调指责中国电信、中国联通从事垄断行为,本身就给了社会充分信心,一旦案件最终以承诺方式了结,则意味着执法机构对两家企业是否存在垄断行为保持沉默,其结果是,不仅一直寄希望于通过执法机构的调查活动而寻求救济的受害者将哭诉无门,社会公众也可能会认为反垄断法不过是"纸老虎",甚至指责执法机构与国有企业沆瀣一气。尽管在法律上,中国电信、中国联通是否真的从事了垄断违法行为还需要进一步认定,即便执法机构接受两家企业的承诺,也不等于承认其行为合法,但在社会公众心里,这一事件一定要有个"说法",而不能是含糊其词、不了了之。因此,本案处理的意义并不在于个案行为的性质如何认定,而是事关人们对反垄断法的信心,具有培育竞争文化的重要价值。

(3)本案调查活动已较深入,接受承诺已不合时宜

中国电信、中国联通垄断案 2011 年 11 月 9 日首次披露,但执法机构对两家企业的调查活动则早在 2011 年上半年就已展开。根据新华网报道,2011 年 4 月下旬国家发改委价格监督检查司(现已改为价格监督检查与反垄断局)就向中国电信和中国联通下达了调查通知;6 月,发改委通报初步调查结论:认定两公司在相关市场具有支配地位,涉嫌存在滥用市场支配地位行为,并拟按照有线宽带接入总体收入的 1% ~10% 进行罚款;两公司随后分别提交了为自己辩护的反馈意见书。① 案件披露后,调查活动仍在继续。据《新京报》报道,发改委曾于 11 月 21 日派出 3 路人马对北京市 5 家电信企业进行了

① 参见刘菊花:《记者还原"中国反垄断第一案"实质:好一路神仙剑法》,载新华网:http://news.xinhu-anet.com/fortune/2011-11/11/c_111161540.htm,最后访问日期:2016 年 6 月 12 日。

调查取证,获得了详细证据证明联通对与其有竞争关系的企业实行了价格歧视政策。除此之外,发改委还掌握了很多其他的核心证据。①

如果上述报道属实,则发改委就不宜再接受两家企业的承诺。原因很简单,承诺制度的适用是对正式执法调查活动的替代,不可避免会降低反垄断法的威慑力,因而通常只有在那些调查取证困难或调查成本过高的案件中,执法机构才应考虑承诺制度的适用。而本案的调查活动已基本完结,执法机构已掌握了两家企业从事垄断违法行为的充分证据,这时接受承诺不仅不能带来任何便利或简化执法活动的现实意义,相反还是对违法行为的放纵。

(4)本案所涉行为属严重的垄断违法行为,不宜以承诺方式结案

根据国家发改委的界定,本案涉及的垄断行为主要是价格歧视,②即中国电信、中国联通对有竞争关系的和没有竞争关系的互联网服务提供商(ISP)给出了不同的宽带入网价格条件。价格歧视虽不是价格卡特尔行为,但也属于具有严重违法性的价格垄断行为。在违法性严重的垄断案件中,适用承诺制度必须慎重。因为承诺制度的适用结果通常不对涉案行为作违法认定,也不对行为人进行惩罚,而违法性严重的案件可能涉及众多受害者利益,行为人主观恶性较强,其处理应考虑反垄断法的尊严,应体现反垄断法的威慑效力,因而对这类案件,应启用正式的调查程序,明确行为的违法性,确定行为人的责任承担,以严惩违法者。

同时,就垄断行为性质来说,价格歧视的危害性虽然不如核心卡特尔严重,但本案的特殊性在于,涉案两家企业的行为已造成了较为严重的损害后果。一方面,中国民众普遍对互联网服务不满,“网速慢”“资费贵”是众多网民的一致印象,这种现象的形成或多或少与中国电信、中国联通这两家互联网基础服务供应商的涉案行为有关。2011 年 11 月 9 日央视《新闻 30 分》披露本案的同时还称,截至 2010 年,我国宽带上网平均速率排名全球第 71 位,不及美国、英国、日本等 30 多个经济合作组织国家平均水平的 1/10,但平均一兆每秒网速的接入费用却是发达国家平均水平的 3 ~4 倍。另一方面,本案起源于中国电信 2010 年下半年的大规模清查“穿透流量接入”行动,该行动导

---

① 参见钟晶晶、赵谨:《“宽带垄断案”发改委仍在取证》,载《新京报》2011 年 11 月 22 日,第 B01 版。

② 有学者认为,本案所涉垄断行为除价格歧视外,还包含价格挤压。参见王晓晔:《中国电信、中国联通涉嫌垄断案的再思考》,载《交大法学》2013 年第 2 期。

致大量网民无辜断网或网速异常，网民直接受到巨大损失。所谓穿透接入，是指其他互联网服务提供商不直接与中国电信、中国联通交易，而是通过向第三方购买便宜的流量，然后用来发展自己的固网业务。因为中国电信、中国联通价格歧视行为的存在，穿透接入被弱势互联网服务提供商普遍采用。然而，2010 年 8 月中国电信开始大规模清查"穿透流量接入"行动，这一行动导致中国铁通等运营商损失惨重，大量用户断网或者网速异常缓慢。据当时受影响最严重的广东铁通统计，在中国电信开始清查的不到一个月时间内，铁通宽带用户申诉达 37,477 件，越级投诉 39 件，38,443 个用户没有缴费，有 28,210 个用户面临退网。中国电信清查事件之后，中国联通也随即对第三方接入的价格进行了调整。正是这一事件引发的投诉让国家发改委注意到了中国电信、中国联通在宽带接入市场上的垄断问题，并展开调查。①

2. 可能存在的操作问题

中国电信、中国联通垄断案的特殊性决定了它不适合以承诺方式结案。退一步说，即便不考虑承诺制度适用的正当性问题，仅从操作程序上看，本案中承诺制度的适用也存在一定问题。

(1)两家企业的承诺内容不符合要求

我们从互联网上只能获得中国电信与中国联通承诺整改声明，执法机构最终接受的承诺内容与承诺整改声明到底有多大不同，我们不得而知，但推断应该是无实质性差别。如果这样，两家企业的承诺明显存在问题。一份可接受的承诺内容至少应满足确定性的要求，即承诺内容不能含糊其词、模棱两可，而要具体、明确且充分。而本案中，中国电信、中国联通的"整改方案"显然没有达到这一要求，其所使用的"进一步提升""进一步规范""适当降低""不断提升""扎实推进""逐年提高""不断完善""持续加大""深入推进""大幅提升""进一步下调"等词汇，明显具有不确定性，不仅具体内容难以捉摸、量化，甚至类似文字游戏。

此外，内容确定还要求，承诺采取的措施应具有及时性，即经营者的承诺应设有明确的期限。本案两家企业的"整改方案"中，除中国电信承诺 5 年内公众用户上网单位带宽价格下降 35% 左右以外，其他拟采取措施基本未设定时限，即便提出了时间限制，也是诸如"尽快""立即"等模糊表达方式。

---

① 参见刘方远、耿雁冰：《电信联通遭反垄断调查 缘起铁通断网事件》，载《21 世纪经济报道》2011 年 11 月 10 日，第 2 版。

(2)缺少必要的公示程序

通常情况下,执法机构拟接受经营者承诺的,应在作出决定前,将案件情况及经营者承诺的内容公示,以维护利害关系人及社会公共利益。本案中,发改委接受了两家企业的承诺,但具体案情除央视《新闻30分》及媒体的零星报道外,大量信息公众不得而知。两家企业承诺的具体内容,也只能从二者的官网声明中推断。但很显然,这些都不是法律意义上的公示程序。因为这不是执法机构的公开,而仅仅是第三方的报道及被调查者的声明;报道与声明的内容、方式远不足以满足维护相关方利益的基本要求,利害关系人及社会公众根本没有任何表达意见的机会和渠道。

(3)执法机构作出的中止调查决定一直未向社会公布

中国电信和中国联通披露向国家发改委提出中止调查申请后,后者仅证实收到申请,但是否接受该申请一直未予回应。根据《反垄断法》的规定,执法机构接受经营者承诺的,应作出中止调查决定。虽然我国立法未明确要求中止调查决定应向社会公布,但从其他国家或地区立法或实践上看,承诺决定的及时公布是维护公共利益的重要途径。只有经过公布,人们才能了解最终的承诺内容,才有可能就此表达自己意见,也才能判断经营者是否履行了承诺。本案中,发改委一直没有表态是否作出了中止调查决定,但在多个场合提出,已在积极监督两家企业履行承诺内容。这意味着,两家企业应已收到发改委的中止调查决定,只不过这个决定未向社会公布。因此,我们就不知道中国电信和中国联通承诺的具体内容是什么,也就无法判断它们是否在履行承诺以及履行程度如何。

(4)执法机构对本案中承诺制度适用的合理性没有作过任何解释

承诺制度通常应作为替代性执法方式,执法机构接受经营者的承诺必须具备充分理由。因此,大多国家或地区立法均要求,执法机构适用承诺制度时应当解释理由,甚至需要对承诺制度的适用效果进行评估。中国电信与中国联通案较为特殊,适用承诺制度难免带来各种消极后果,而执法机构最终还是选择接受了两家企业的承诺,在正常情况下,执法机构应当解释接受承诺的原因。但遗憾的是,国家发改委一直没有对其起初高调披露、强硬表态到最后接受承诺、中止调查的态度转变作过任何解释。

(5)执法机构如何监督两家企业履行承诺的情况社会公众也不得而知

执法机构接受经营者承诺后,关键问题就变成了承诺的履行。执法机构应对经营者履行承诺的情况进行有效监督,否则,经营者可能不及时、不充分履行承诺。在专业性案件中,还可考虑设置专门的监督机构,以解决执法机构的专业能力不足问题。本案中的监督机制是如何建立的,执法机构一直未作过披露。同时,本案的专业性较强,发改委有无足够能力监督两家企业履行承诺的情况也存有疑问。从媒体报道上看,发改委对两家企业的监督主要是依赖后者的定期报告,即依赖两家企业的自觉履行行为。这种监督机制可能是不够全面的。

根据中国新闻网报道,按照国家发改委的要求,中国电信和中国联通分别在2012年和2013年将整改情况作了报告,中国联通于2013年12月23日,中国电信于2014年1月7日再次作了报告。国家发改委确认,从两家企业报告和初步了解的情况看,互联互通质量有较大幅度提高;对两家企业是否完全履行承诺,已组织专家在进行评估,会根据评估结果,适当时候依法作出处理决定。①

3.本案的额外收益

发改委对中国电信、中国联通案的高调披露曾带给民众太多期望,但最终的"不了了之",又让人们再度感叹中国的《反垄断法》不过是一只"没牙的老虎"。其实,回过头来思考这个案件,尽管从结果上看,它带给我们的更多的是失望,但从过程来看,也有一些额外收益需要铭记:

第一,执法机构敢于对中国电信与中国联通这两家大型国企展开反垄断调查活动,足以说明我国《反垄断法》并非只针对小企业而放纵大企业,反垄断执法也并非"只拍苍蝇、不打老虎"。从近些年查处的垄断案件上看,是否国有企业并非执法机构执法的考虑因素。2012年12月4日在国务院反垄断委员会专家咨询组主办的首届"中国竞争政策论坛"上,国家发改委反垄断部门负责人就中国电信、中国联通案公开表态,称办理此类大型国企的案件"并不是杀鸡给猴看,而是打老虎、办大案,办案才是硬道理"。② 如果执法机构一直能保持这样的办案决心,即便一两个案件的处理结果不尽如人意,我们也没理由对整个《反垄断法》失望。

第二,本案的处理结果固然是一种"妥协",但在整个案件调查及处理过

---

① 参见《发改委:电信联通垄断案将根据评估作出处理决定》,载中国新闻网:http://www.chinanews.com/gn/2014/02-19/5855627.shtml,最后访问日期:2016年6月12日。

② 吴平:《发改委反垄断局局长许昆林:电信反垄断案没有结案》,载正义网:http://news.jcrb.com/jxsw/201212/t20121204_1002628.html,最后访问日期:2016年6月12日。

程中,我们看到了一个总在不断努力、不断争取并因此可予信赖的执法机构。本案最终以承诺方式了结,尽管有失妥当,但我们也不能过多指责执法机构,这样的结果虽未必在执法机构预料之外,但一定也让其深感无奈。在案件调查中,国家发改委的态度、决心一直比较明确,但也因此"承受了太多不该承受的压力"。[①] 尽管理论上本案不应适用承诺制度,但因国务院各部门意见不一致,本案调查活动实际上已陷入僵局。在这种情况下,适用承诺制度虽有些无奈,但也不失为解决垄断问题的一种方式。

第三,退一步说,本案至少让我们充分认识到了设置独立、权威的反垄断执法机构的重要性。它带给我们的宝贵教训是,一旦地位不高、权威不足、独立性不强,执法机构即便有办案之心,也可能缺少办案之力。在我国《反垄断法》制定之前,学界就一直呼吁设置独立、权威的反垄断执法机构,当时,这不过是一种理论上的说教而已,因缺少有说服力的实例,人们对此不大可能有深切体会,而这次,至少让人们真正意识到了执法机构在《反垄断法》实施中的至关重要作用。

---

① 王晓晔:《中国电信、中国联通涉嫌垄断案的再思考》,载《交大法学》2013 年第 2 期。

参考文献

一、主要中文文献

1. [美]赫伯特·霍温坎普著:《联邦反托拉斯政策:竞争法律及其实践》(第3版),许光耀、江山、王晨译,法律出版社2009年版。

2. [美]欧内斯特·盖尔霍恩、威廉姆·科瓦契奇、斯蒂芬·卡尔金斯著:《反垄断法与经济学》,任勇、邓志松、尹建平译,法律出版社2009年版。

3. [美]理查德·A. 波斯纳著:《反托拉斯法》(第2版),孙秋宁译,中国政法大学出版社2003年版。

4. [美]W. 吉帕·维斯库斯、约翰·M. 弗农著:《反垄断与管制经济学》(原书第3版),陈甬军等译,机械工业出版社2004年版。

5. [日]村上政博著:《日本禁止垄断法》,姜姗译,法律出版社2008年版。

6. [日]根岸哲、舟田正之著:《日本禁止垄断法概论》(第3版),王为农、陈杰译,中国法制出版社2007年版。

7. [美]迈克尔·D. 贝勒斯著:《程序正义——向个人的分配》,邓海平译,高等教育出版社2005年版。

8. [美]唐纳德·J. 布莱克著:《法律的运作行为》,唐越、苏力译,中国政法大学出版社2004年版。

9. [美]埃里克森著:《无需法律的秩序》,苏力译,中国政法大学出版社2003年版。

10. 苏永钦著:《经济法的挑战》,清华大学出版社2005年版。

11. 刘孔中著:《公平交易法》,台北,元照出版公司2003年版。

12. 王健著:《反垄断法的私人执行——基本原理与外国法制》,法律出版社2008年版。

13. 王炳著:《反垄断非强制性执法制度与实践分析》,法律出版社2011年版。

14. 殷继国著:《反垄断执法和解制度:国家干预契约化之滥觞》,中国法制出版社2013年版。

15. 全国人大常委会法制工作委员会经济法室编:《〈中华人民共和国法垄断法〉条文说明、立法理由及相关规定》,北京大学出版社2007年版。

16. 王晓晔主编:《中华人民共和国反垄断法详解》,知识产权出版社2008年版。

17. 余涌著:《道德权利研究》,中央编译出版社2001年版。

18. 徐昕著:《论私力救济》,中国政法大学出版社2005年版。

19. 孙笑侠著:《程序的法理》,商务印书馆2005年版。

20. 王锡锌著:《行政程序法理念与制度研究》,中国民主法制出版社2007年版。

21. 王小龙著:《经济转型与激励机制——政府治理与私人交易中的契约设计》,经济科学出版社2005年版。

22. [日]栗田诚:《竞争执法的有效性和透明性——关于国内外对日本实施反垄断法认识之差异的分析》,朱忠良译,载《环球法律评论》2003年春季号。

23. 盛杰民:《竞争法在中国:现状及展望》,载杨紫烜主编:《经济法研究》(第1卷),北京大学出版社2000年版。

24. 王晓晔:《中国电信、中国联通涉嫌垄断案的再思考》,载《交大法学》2013年第2期。

25. 时建中:《对反价格垄断行政执法机制和体制的延伸思考》,载《中国物价》2013年第11期。

二、主要外文文献

1. Wolf Sauter, "Proportionality in EU Competition law", *E. C. L. R.* 2014, 35(7), pp. 327 – 332.

2. Anna-Louise Hinds, Sinead Eaton, " Commitment Issues-New Developments in EU and Irish Competition Law", *E. C. L. R.* 2014, 35(1), pp. 33 - 40.

3. Manuel Aleixo, "An Inaugural Fine: Microsoft's Failure to Comply with Commitments", *E. C. L. R.* 2013, 34(9), pp. 466 - 479.

4. Evi Mattioli, " Commitments and Settlements in the Future UK Competition Regime", *E. C. L. R.* 2013, 34(3), pp. 160 - 168.

5. Pierre Moullet, " How Should Undertakings Approach Commitment Proposal in Antitrust Proceedings?" *E. C. L. R.* 2013, 34(2), 86 - 100.

6. Dr Mag. Marie-Therese Richter, " The Settlement Procedure in the Context of the Enforcement Tools of European Competition Law-A Comparison and Impact Analysis", *E. C. L. R.* 2012, 33(11), pp. 537 - 542.

7. Nagy, Csongor István, "Commitments as Surrogates of Civil Redress in Competition Law: the Hungarian Perspective", *E. C. L. R.* 2012, 33(11), pp. 531 - 536.

8. Mag. Marie-Therese Richter, "The Settlement Procedure in the Context of the Enforcement Tools of European Competition Law-A Comparison and Impact Analysis", *E. C. L. R.* 2012, 33(11), pp. 537 - 542.

9. Michele Messina, Jean-Claude Alexandre Ho, " Re-establishing the Orthodoxy of Commitment Decisions Under Article 9 of Regulation 1/2003: Comment on Commission v. Alrosa", *E. L. Rev.* 2011, 36(5), pp. 737 - 751.

10. Pierre Bos, Lizette Jacques, " Netherlands: Procedure-Commitment Decisions", *E. C. L. R.* 2011, 32(4), pp. 70 - 72.

11. Angela Ortega Gonzalez, "The Cartel Settlement Procedure in Practice", *E. C. L. R.* 2011, 32(4), pp. 170 - 177.

12. Manuel Kellerbauer, " Playground Instead of Playpen: the Court of Justice of the European Union's Alrosa Judgment on Art. 9 of Regulation 1/2003", *E. C. L. R.* 2011, 32(1), pp. 1 - 8.

13. Emanuela Lecchi, Jason Logendra, Rachel Thomasen, " Committing Others: the Commitment Procedure and its Effect on Third Parties", *G. C. L. R.* 2011, 4(4), pp. 162 - 166.

14. Katarzyna Mrzygłód, "Commitment Decisions: A Polish Perspective",

the ICC Global Antitrust Review, Journal Issue 3, 2010, pp. 98 – 108.

15. Kozieł, Tomasz, "Commitment Decisions Under the Polish Competition Act-Enforcement Practice and Future Perspectives", *Yearbook of Antitrust and Regulatory Studies*, Vol. 2010, 3(3), pp. 71 – 91.

16. Alberto Pera, Michele Carpagnano, "The Law and practice of Commitment Decisions: a Comparative Analysis", *E. C. L. R.* 2008, 29(12), pp. 669 – 685.

17. Luca Simonetti, "The New Co-operation Approach Under the Italian Antitrust Rules", *E. C. L. R.* 2008, 29(1), pp. 56 – 69.

18. Lawrence M. Frankel, "Rethinking the Tunney Act: A Model for Judicial Review of Antitrust Consent Decrees", *Antitrust L. J.* 2008, 75(2), pp. 549 – 622.

19. Marco Slotboom, Jacqueline Coumans, "Important Amendments to the Dutch Competition Act", *E. C. L. R.* 2007, 28(11), pp. 607 – 616.

20. Lucie Carswell-Parmentier, "Recent Developments in French Competition Law-Commitments, Leniency and Settlement Procedures-the French Approach", *E. C. L. R.* 2006, 27(11), pp. 616 – 630.

21. Annette Wedel Fraemohs, "Commitments Under the Danish Competition Act: An Overview", *E. C. L. R.* 2006, 27(10), pp. 550 – 557.

22. Oriol Armengol, Alvaro Pascual, "Some reflections on Article 9 Commitment Decisions in the Light of the Coca-Cola Case", *E. C. L. R.* 2006, 27(3), pp. 124 – 129.

23. George Stephanov Georgiev, "Contagious Efficiency: The Growing Reliance on U. S. – Style Antitrust Settlements in EU Law", 2007 *Utah L. Rev.* 971.

24. Miguel Sousa Ferro, "Committing to Commitment Decisions-Unanswered Questions on Article 9 Decisions", *E. C. L. R.* 2005, 26(8), pp. 451 – 459.

25. Wouter P. J. Wils, "Settlements of EU Antitrust Investigations: Commitment Decisions Under Article 9 of Regulation No 1/2003", 29(3), *World Comp*. 2006, p. 345.

26. C. J. Cook, "Commitment Decisions: The Law and Practice Under

Article 9", 29(2), *World Comp.* 2006, p. 209.

27. John Davies, Manish Das, "Private Enforcement of Commission Commitment Decisions: a Steep Climb not a Gentle Stroll", 29 *Fordham Int'l L. J.* 917 (2006).

28. Sonja Eibl, "Commitment Decisions: an Australian Perspective", *E. C. L. R.* 2005, 26(6), pp. 328 – 337.

29. John Temple Lang, "Commitment Decisions Under Regulation 1/2003: Legal Aspects of a New Kind of Competition Decision", *E. C. L. R.* 2003, 24(8), pp. 347 – 356.

30. John M. Nannes, "Termination, Modification and Enforcement of Antitrust Consent Decrees", *Antitrust*, 2000, 15(1), pp. 55 – 58.

31. Firat Cengiz, "Alrosa v. Commission and Commission v. Alrosa: Rule of Law in Post-Modernisation EU Competition Law Regime", Accessed June 12, 2016. http://ssrn.com/abstract=1674345.

32. Wouter P. J. Wils, "The Use of Settlements in Public Antitrust Enforcement: Objectives and Principle", Accessed June 12, 2016. http://ssrn.com/abstract=1135627.

33. Heike Schweitzer, "Commitment Decisions Under Art. 9 of Regulation 1/2003: The Developing EC Practice and Case Law", Accessed June 12, 2016. http://ssrn.com/abstract=1306245.

34. Philippe Choné, Saïd Souam, Arnold Vialfont, "Commitments in Antitrust", Accessed June 12, 2016. http://www.chaire-eppp.org/files_chaire/Commitments_in_Antitrust.pdf.

35. Lloyd C. Anderson, "United States v. Microsoft, Antitrust Consent Decrees, and the Need for a Proper Scope of Judicial Review", 65 *Antitrust L. J.* 1.

36. Sanford I. Weisburst, "Judicial Review of Settlements and Consent Decrees: An Economic Analysis", 28 *J. Legal Stud.* 55.

37. Paula L. Blizzard, "Consent Decree Standard of Review: United States v. Microsoft Corporation", 13 *Berkeley Tech. L. J.* 355.

38. John D. Anderson, "Modifications of Antitrust Consent Decrees: Over a Double Barrel", *Mich. L. Rev.* 1985, 84(1), pp. 134 – 154.

39. William M. Kelly, "Construction and Modification of Antitrust Consent Decrees: New Approaches After the Antitrust Procedures and Penalties Act of 1974", *Colum. L. Rev.* 1977, 77(2), pp. 296 - 315.

40. Cooper, "The Collateral Attack Doctrine and the Rules of Intervention: A Judicial Pincers Movement on Due Process", 1987 *U. Chi. Legal F.* 155.

41. Douglas Laycoke, "Consent Decrees Without Consent: The Rights of Nonconsenting Third Parties", 1987 *U. Chi. Legal F.* 103.

42. Richard A. Epstein, *Antitrust Consent Decrees in Theory and Practice: Why Less Is More*, The AEI Press, 2007.

43. Motta Massimo, *Competition Policy: Theory and Practice*, Cambridge University Press, 2004.

44. Hanns Ullrich ed, *The Evolution of European Competition Law: Whose Regulation, Which Competition*, Edward Elgar, 2006.

45. [美]菲利普·阿瑞达、路易斯·卡普洛著:《反垄断法精析:难点与案例》(第5版,英文版),中信出版社2003年版。

后 记

一、研究缘起

2003年我从武汉大学法学院毕业，到北京大学法学院攻读硕士学位。硕士期间迷恋抽象的理论问题，2005年准备硕士学位论文时，拟写"竞争法上的利益衡量"这类抽象题目。我的导师盛杰民教授及时将我拉了回来，建议我考虑"反垄断执法中的和解制度"。这在当时极具前瞻性。我硬着头皮将论文写了出来。现在回头看看，这篇论文写得很糟。一是心理作怪，尽管写具体制度，仍不愿放弃抽象思考，所以文中不少内容是"故作高深"，用语也不规范。二是当时还未确认读博，忙着四处找工作，留给论文写作的时间太少。我既未参考足够的国外制度，也不愿细究文章的逻辑关系，就匆忙地"捏造"了好几万字。

不过，留下一篇存在缺陷的文章也不全是坏事，这使我以后能继续思考这个问题。

读博期间，我仍关注反垄断执法中的和解制度，也就此写了几篇文章。2009年博士毕业后，我到安徽大学法学院工作，第一学期没课，有了相对集中的时间，便产生将该问题研究扩展成书的想法。很快，年末就完成了初稿。正准备提交出版社，学校通知可申请当年的国家社科基金项目。因之前准备书稿太累，加上2009年年底宝宝出生，实在没时间准备新题目，就偷懒报了"反垄断法实施中的承诺制度"这个选题。

第一次申报国家社科基金项目，没想过能入选，但偏偏幸运地立项了。这导致书稿出版计划不得不延期。这让我苦恼了很长一段时间。因为在学界，我算较早研究承诺制度的学者，自然希望能就此出版第一本著作。

立项后，我重新对反垄断法承诺制度作了系统思考。这期间又发现原稿中的很多不足，于是我放慢了速度，选择以专题论文的方式，就其中个别问题深入研究，论文发表后也能作为项目的阶段性成果。这一拖就是好几年。对我这类平台一般、不善交际、论文更是平平的年轻学者来说，论文发表实在太难、周期实在太长。一次次投稿、一次次被拒后，到 2013 年年底，手上还有几篇论文待发。再等下去，不知何时才能结项，于是 2014 年年初提交结项申请。过程中出了一些耽搁，2015 年拿到结项证书。整个研究过程有点心力交瘁，于是想休息一段时间，顺便再等论文发表。只是，等待论文发表太具有不确定性，太考验人的耐心。2016 年，终于决定将书稿交付出版社，尽管到目前，仍有论文还处于审稿程序中。

总的来说，这几年对反垄断法的关注，基本集中于承诺制度，以致有点“一叶障目”，但仍做得不好，很多问题未想出解决方案。由于这种“执着”，有人以为我的博士学位论文写的就是承诺制度。其实，在我读博时，盛杰民老师已不再招收博士研究生，我攻读博士学位期间的导师是张守文教授，我的博士学位论文写的是经济法理论问题。因为不自信，博士学位论文至今也未出版。

这次，利用这个机会，我想说，本书是在我硕士学位论文基础上修订而成。从当初关注该制度，到本书出版，时间已经过去 10 余年。

这 10 年时间，也是我学术之路的最初 10 年。本应是精力最好、最能出成果的 10 年，但却常常感觉十分疲惫。10 年之路，走走停停，虽未想过放弃，但走得异常艰难。尤其是工作的这几年，可以说是带着委屈、隐忍，孤独地负重前行。年长者常说我们赶上了好时代，这在某些方面是事实，但我们又常感受到从未有过的无助。有时觉得，个人努力只是成功的一方面，甚至不是决定性方面。这最让人无奈，却又不得不面对。也许，做这个时代的“青椒”，如果天分不够，又选择科研之路，真的很不容易！

农村孩子更是如此。带着一家期望，十年寒窗之后，以为能回馈家里，但现实却让你低头。身边不少人走上了兼职之路，也有朋友劝我兼职，但我还是放弃了。家里亲戚也不解。他们常问我平时做什么，我说写论文。他们问写论文有钱吗，我说没有。他们不相信。亲戚们以为我读到博士了，一定是“大款”，每次我说出实际收入及家庭状况，他们也不相信。也有老家亲戚问我借钱,数额不多时,还能应付,但一旦数额较大,我拿不出时,他们常怀疑我“抠门”。我只能苦笑。

二、我的父亲

这本书,我要献给父亲。

我能持续读书,离不开父亲的鼓励。为了支撑我读书,父亲耗尽了生命。父亲是典型农民,一生日子清贫,为子女不惜任何牺牲。父亲走时才 55 岁,头发却全白了。那是他一生劳苦的标记,也是子女们用一生时间也无法报答的爱。

父亲的一生,是难以想象的凄苦。父亲的苦,从他离乡那刻开始。父亲不到 9 岁时,我爷爷病逝,父亲便随改嫁的奶奶来到现在的村子。父亲有了一个继父,也开始了痛苦的童年,以及随之而来贫穷劳累的一生。农村都是同姓而居,在别人看来,父亲是异姓,就成了被欺辱的对象。父亲只能与他唯一的姐姐——我的亲姑姑相依为命。父亲离开了才进一年的学堂,成了新家中的主要劳力。可以想见,一个 9 岁的孩子,在陌生的环境中,面对随时可来的饥饿与欺辱,该是怎样的一种生活。

父亲深知,只能依靠自己改变命运。恶劣的环境磨炼了父亲的意志,让父亲无论何时都有永不言弃的决心与勇气。单凭记忆,父亲认识了很多字。我清晰地记得,在我儿时,父亲眯着双眼读“三国”“水浒”的情形。尽管没能再进学堂,但父亲的知识足以让大多读过初中的人汗颜。我整个小学阶段的学习,都没离开过父亲的辅导。也许与自身经历有关,父亲在我儿时便教育我,只有读书,才能走出农村。可能很老套,但也最实在,也是聪明的教育方式。

我出生于20世纪80年代初。那时,农民积极性很高,每家都希望多些劳力,所以,很多孩子读完小学,便辍学务农了。父亲没有这样,他不但鼓励我和姐姐读书,就连放假,也不会让我做过多农活。无论多忙,只要我有作业,或要看书,父亲都会准许。这些小事,至今想起来,仍温暖如新。只是有时,偷懒有了正当的理由。在不懂事时,总让父母担心,对父母的劳累无动于衷,可到了懂事时,已于事无补……

父亲总宁愿自己辛苦点,宁愿家里贫些,也要满足我在读书上的一切要求。为了让我读书,父亲四处举债;为了我的学费,父亲过年一人在外,只为挣那比平时多一些的打工费。父亲的豁达、无私、义无反顾,让我无论何时想起,都潸然泪下。

虽然父亲最大的愿望，就是我能走出农村，但父亲不会逼我学习。父亲总笑着对我说，如果我不能考上大学，就只能和他一样，一辈子与土地为伴了。一直生活在农村的我，眼见了父亲的艰辛，自然不想做一辈子农民。父亲的这种教育方式，让我很轻松，又能不断进步。我感谢父亲！骨子里懒散、反叛的我，如果在强压之下，可能早就扔掉书包了。父亲不要求我考试得多少分，考第几名，也不干预我的学习方式。无论我在放学后选择学习，还是做农活，抑或贪玩，父亲都很少干涉。一旦我的成绩落后了，父亲便给我鼓励。也许是遗传了父亲的聪明，在学习上我很少让父亲失望。父亲从不在我面前表露满意，每年得来的奖状，父亲也不像别的家长那样贴在墙上。只是在别人面前，一提到我的学习，父亲脸上都荡漾起满足的笑容。这种笑容，是父亲最真实、最开心的笑。

我读初中时，父亲的头发就渐渐白了。父亲的老，都写在脸上，那种岁月沧桑留下的痕迹，怎么也擦不去。每次看到父亲的白发，看到父亲苍老的面孔，我都很愧疚。这种感觉一直陪伴着我，直到上大学，直到本科毕业，直到我又去北京读书。我曾暗地为父亲祈祷，希望老天厚爱，让父亲能过得轻松些。我也曾以为，等我学业完成时，就有能力让父亲好好享受晚年了。可这种心愿，终究被现实击碎，碎到不留一点痕迹。

初中毕业时，父亲支持我读高中。那时农村，多数人选择中专，父亲高瞻远瞩，以为大学才有前途。尽管为此需付出高昂学费，付出多年时间，但父亲也在所不惜。父亲从未期望我养家，哪怕举债，哪怕自己辛苦，也要供我上大学。当我终于拿到大学录取通知书时，父亲开心得像个孩子。这些年付出的艰辛，增添的皱纹，以及全白了的头发，都被父亲置于脑后。

本科毕业，我选择读研，这也是父亲支持的。当我再次拿到录取通知书，父亲的笑容依旧那么灿烂。父亲的笑容，让我一下子原谅了自己的自私。原本该工作的我，没有对家尽一点责任，但看到父亲那么开心，我突然意识到，在父亲心底，他最需要的，不是自己过得多好，而是子女不要再像他一样。

可是，就在我不懂事地一心读书时，父亲的身体出了问题。我读高二那年，父亲被查出身体不好，从此便一直与药相伴。从最初的西药，到最后的中药，此间七八年，父亲未断过吃药。父亲的病不重，但需要休养，其实只要休养得当，父亲不会这么早离世。父亲没有在意他的病，相反，却常安慰我们。各种农活，父亲仍在打理。我们屡次劝说，父亲都是笑着说再做几年。也许是药物作用，也许是上天厚爱，最初几年，父亲的病似乎没有影响他的身体。在别人看来,父亲还是那么结实。只是母亲知道,父亲的身子一日不如一日,并常伴有吐血。

常年在外读书的我,对父亲关注太少。每次打电话,每次回家,父亲都说自己没问题,一切都好。眼见父亲身体尚可,大意的我便信以为真。直到本科快毕业,母亲告诉我,父亲又被检查出其他病,我才如梦方醒。原来这几年,父亲竟如此忍受疾病折磨。在家时,也曾看到父亲身体虚弱,但父亲吃药后,又安然无恙。粗心的我再次相信父亲没有大碍。

2003 年 9 月,我去北京读书,心安理得地以为父亲的身体依旧无碍。父亲想来送我,他说去外地上学,父母总要陪着去看看。父亲不是不放心我一个人出门,他深知我在外地生活多年。他想来北京看看,看看儿子读书的学校。1999 年我刚上大学,去武汉报到时,父亲也想陪我。后来,他说去了也没用,而且身体不好,就让表哥陪我去了。本科生活一下子就过去了,父亲也没能去看看我生活了 4 年的美丽校园。4 年后我去北京,父亲想陪我一起的愿望更为强烈。只不过,那时父亲身体已经不好。北京那么远,我不忍老人受苦。那时我单纯地想,将来在北京安定了,就好好陪父亲看看校园,看看北京。父亲感叹自己老了,感叹将来是否还有机会去北京。我却想着未来的日子还长。

年轻时,总不能细心地去体会父亲的想法。我已经长大,却让父亲一生牵挂,连一丝安慰也没能给父亲。只是那时,我想不到,这次离开,再见父亲已是一年半之后。更想不到,若干年后,当我从学校走出去,来北京看看已成为父亲再无法实现的愿望。

在我很小的时候,父亲就希望我能进入大学。但从上大学那天起,我就很少陪父亲。此后多年,和父亲在一起的时间少之又少。暑假里,别的孩子回家,我却不想父亲太辛苦,于是留在学校打工。只有寒假,才能从容地和父亲团聚。每个寒假,也是父亲最开心的日子。虽然生活的艰辛,早让父亲学会了隐藏情绪,但我明显感受到,父亲希望和我待在一起的时间能长些。那时的我不懂珍惜,于是在家的日子被压得短了又短。我总想,以后有很多机会。不论我提出何时回校,父亲总是支持,并把零食塞满我的行李。每一次离开,父亲就开始盼望我的下一次回家。

2003 年 7 月,本科毕业了,宿舍已退,要到 9 月才能去北京报到。于是,那个暑假,是我所有大学期间,唯一一个待在家里的完整假期。那段时间,父亲的笑容很多,和父亲的相处也很愉快。以前,因背负整个家庭的希望,也觉得对不起父亲,所以总感受到无形的压力。这样一来,和父亲的交流并不多。一方面,因前途未卜,生怕他老人家失望;另一方面,父亲为我、为整个家付出得太多,早已身心受损,每次看着父亲因过于劳累而早就全白的头发,以及脸上过多与年龄不相称的皱纹,我就无比揪心。因此不忍让父亲看到我的软弱,甚至不自觉地选择逃避。但这个假期不同,我的本科学业已经完成,并将要去全国最著名的文科学府求学,所以不论是我,还是父亲,都显得很轻松,也掩饰不住喜悦。

愉快的日子总是短暂。9 月,我一个人去了北京。刚去北京的日子,过得浑浑噩噩,很快便到了寒假。考虑到 9 月才离家,于是决定寒假在北京度过。那时,从未想到父亲 1 年多之后就要离开我们。我忽视了父亲的病情,也忽视了老人最想要的就是子女的陪伴。所以,不论什么原因,现在看来都是借口。也因此,这个荒唐的决定让我至今想来都懊悔万分、痛心不已。

再次回家,已经 2004 年年末,硕士二年级寒假。那时,我已渐渐熟悉北京的生活节奏,加上老师帮忙,生活有了很大改观。不仅基本生活没有问题,还有了一笔积蓄,所以回家后,我为父亲张罗这,张罗那,父亲看着我东蹦西跳,又像以前一样开心起来。粗心的我,每次看到父亲笑容,都忘了父亲病情的严重。

那个寒假,是父亲和我待在一起的最后日子。当我回校,父亲还和以前一样,给我准备满满一箱零食;父亲拎着行李箱送我去车站,车子开出很久,父亲仍站在原地……

1 个多月后,父亲走了,时间是 2005 年 4 月 1 日。那天是愚人节,上天和我开了一个我一生中最大的玩笑。

父亲走得太匆忙。弥留时刻,母亲问他是不是想见子女,父亲无力地摇了摇头,眼泪无法抑制地流了下来。即便在生命的最后时刻,父亲都不想给子女增添负担。父亲就这样闭上了双眼,脸上挂满泪痕,带着无法弥补的遗憾,永远离开了他的亲人。

父亲的最后一面,我没来得及见上……母亲转述父亲遗言,只有一句,让我继续读书。我听了父亲的话,一直读到博士毕业。

太多的事,回头才能明白,可生命永不会回头。我给予父亲的爱太少。一起相伴的岁月,相比一生,太过短暂。短暂到未能向父亲说出一句爱,就成了过往。父爱几重天,我还没有弄懂,转瞬的离去,已造就一生的遗憾。对父亲,我的爱真正迟到了,并且永远无法再赶上……过往,那些刻在脑中的片段,只能如同沁入血骨的忏悔,时刻提醒着我,需用一生时间,回报那再无以传递的爱。

愿父亲在天堂里，为自己而活。

三、感谢的话

最后，必须要说些感谢的话。这些都是发自内心的。

最要感谢的是家人。家人为我付出太多，也一再原谅我的任性、无知与自私。

首先要叩谢母恩。与父亲一样，母亲一生凄苦。父亲在时，她与父亲一起，无怨无悔地劳作。父亲走后，她老人家居无定所。我博士毕业时，选择合肥就业，一半是因为母亲。这些年，希望母亲能来同住，但又很矛盾：一方面，自从我有了孩子，母亲来时，便十分辛苦；另一方面，母亲久居农村，不习惯城市生活。父母一世辛劳，希望改变子女的生活；等真的改变了，自己却难融入。还要感谢姐姐。尽管父亲希望我和姐姐都能读书，可家境贫寒，无法负担两个孩子的费用。姐姐主动提出不读，初中毕业那年，姐姐才15岁，便一人去了外地打工。自此，我的大半学费都是姐姐给的，一直到我大学毕业。姐姐现已成家多年，但依旧在外漂泊。我只能尽绵薄之力，尽量帮助姐姐。

和妻子成家后，岳父母便将全部精力放在了我们身上。尤其是岳母，常年和我们一起生活，一家的起居饮食，全由她负责，十分辛苦。妻子是我的高中同学，她深知我一路“学霸”，如今却收入微薄，但她仍极力支持我，从未像其他亲戚般，劝我去做兼职。不论我怎样折腾，她都是我的后盾。她平时工作比我辛苦很多，仍挤出时间陪伴孩子，让我有更多时间独处。妻子以前很“小资”，但如今，为了家人，割舍了自己的喜好，做了个“平庸”的人。面对我的木讷与寡言，妻子也能忍受。我虽很少当面夸她，但在内心，觉得她真的很伟大。我们的孩子，在家很调皮，在外很善良，带给了我们太多快乐。希望小家伙健康成长，做个快乐的孩子！

家人之外，要特别感谢的，是领我入学术圈的导师。硕士期间的导师盛杰民教授及师母王老师，这些年里一直对我关心备至。除了学业上的指导，尤其让我感动的是他们给予我生活上的相助。尽管毕业多年，但我还是很喜欢去他们家里坐坐，和盛老师、王老师聊聊家常。博士期间的导师张守文教授，做学问与为人处世，都为我树立了楷模。张老师的博学、专业、宽容，于日常生活中随处可见。无论是学业上的提携点拨，还是平时的学闲话家常，都让我受益、令我铭记。2015年我来到中国政法大学，跟从时建中老师做博士后，时老师原谅了我基本上不在北京,还给我了很多机会,让我的学术视野开阔了很多。

还要感谢本科母校武汉大学,我在那里度过了终生难忘的4年。4年里,最喜欢做的事,就是在樱园楼顶上,看美丽的朝阳与晚霞,听秋日里树叶滑落的声音。现在想起,还是觉得樱园的宿舍最美丽、最特别。踩着缤纷满地的樱花,循着眼前那一片细长的天空,拾阶而上,一会便可到达顶楼。坐在顶楼的围墙上,可以俯瞰整个校园,一片翠绿与蔚蓝。这样的宿舍楼,只有这所学校有吧。这真是美丽的校园,以致毕业时,我一度不舍离开。毕业那年,校园里疯传这首歌:"半个月亮珞珈那面爬上来,又是一年三月樱花开;这一别将是三年还五载,明年花开你还来不来?我真想这一辈子坐在樱花树下,弹着我的破吉他,雪白的樱花贴着脸颊飘落下,美丽樱园我的家……"一首歌,道尽了毕业生的不舍。那时,我也在装"文艺青年",临走时,涂了一首小诗《怀念樱园》:几次楼顶共明月,多少幽思落心田。一树桂子一溪月,不知今夜谁人伴?昨日千杯有君扶,今朝酒醉向谁依?此别应须各努力,他日同行回故园。

武大之后,便是燕园的6年时光。最初的2年,学校把我们丢在万柳。万柳很简陋,住在里面,生活像在边缘。好在,沿长春桥路向西,不远处便是昆玉河。这是一条从颐和园昆明湖通向玉渊潭的水道,因而得名。两岸的河堤极为开阔,非常适合散步。岸边是一条不宽的马路,旁边是茂密的树林。可能因为较偏,平时很少有人来,因此很安静,也很干净。在万柳的很多时光,我都一个人在这里度过。后来搬去了燕园。燕园开阔得多,在湖边随便找个椅子,或一块石头,便能在美景中徜徉一下午。很喜欢未名湖北岸的石椅,那里可以完整地欣赏到博雅塔的倒影。在夕阳西下的傍晚,那种美让人陶醉。旁边的四条石碑上,镌刻着两副对联:画舫平临蘋岸阔,飞楼俯映柳阴多;夹镜光澄风四面,垂虹影界水中央。最早在霍达《穆斯林的葬礼》中看到这两副对联,那时在高中,萌生了对燕园的最初向往。

我庆幸自己整整10年的大学时光,在武大、北大这两所校园里度过。没有繁重的学业压力,生活极其自由安适,只要你想学,就能学到很多。

这些年认识了不少师长、同行。母校武大、北大的多位经济法老师,不仅给我授业解惑,还给过我很多生活上的帮助。兄弟院校及工作单位的很多老师都不吝赐教。他们虽多是长者,但更多地,他们如朋友般待我。经济法学界的很多同行,尤其是年龄相仿的年轻学者,很珍惜与你们交流的机会。帮助过我的师长、同行太多，恕我不一一列举你们名字，但请相信，我都记在心中。这个名单，也会越来越长。

感谢安徽大学法学院的领导决定资助本书的出版。感谢法律出版社的陈妮编辑及其他为本书出版付出劳动的老师。感谢在我的学术之路上，刊发我文章的各刊物编辑。

谢谢你们！

2017年3月15日

图书在版编目(CIP)数据

反垄断法实施中的承诺制度/焦海涛著. —北京:法律出版社,2017.3
(安徽大学法学文库/郭志远主编)
ISBN 978-7-5197-0621-0

Ⅰ.①反… Ⅱ.①焦… Ⅲ.①反垄断法—法的实施—研究—中国 Ⅳ.①D922.294.4

中国版本图书馆CIP数据核字(2017)第033362号

反垄断法实施中的承诺制度
FANLONGDUANFA SHISHI ZHONG DE CHENGNUO ZHIDU

焦海涛 著

策划编辑 陈 妮
责任编辑 陈 妮
装帧设计 李 瞻

出版 法律出版社
总发行 中国法律图书有限公司
经销 新华书店
印刷 北京京华虎彩印刷有限公司
责任校对 杨锦华
责任印制 吕亚莉

编辑统筹 财经出版分社
开本 720毫米×960毫米 1/16
印张 16.5
字数 290千
版本 2017年4月第1版
印次 2017年4月第1次印刷

法律出版社/北京市丰台区莲花池西里7号(100073)
网址/www.lawpress.com.cn
投稿邮箱/info@lawpress.com.cn
举报维权邮箱/jbwq@lawpress.com.cn
销售热线/010-63939792
咨询电话/010-63939796

中国法律图书有限公司/北京市丰台区莲花池西里7号(100073)
全国各地中法图分、子公司销售电话:
统一销售客服/400-660-6393
第一法律书店/010-63939781/9782 西安分公司/029-85330678 重庆分公司/023-67453036
上海分公司/021-62071639/1636 深圳分公司/0755-83072995

书号:ISBN 978-7-5197-0621-0 **定价**:49.00元
(如有缺页或倒装,中国法律图书有限公司负责退换)